ULLSTEIN

Von José Silva sind in unserem Hause erschienen:

Der Silva-Mind Schlüssel zum inneren Helfer
Silva-Mind Control

José Silva/Robert Stone

Der Silva-Mind Schlüssel zum inneren Helfer

Finden Sie den Weg zu Ihren verborgenen Kräften

Aus dem Amerikanischen von
Mascha Rabben

Ullstein

Besuchen Sie uns im Internet:
www.ullstein-taschenbuch.de

Ullstein Esoterik
Herausgegeben von Michael Görden

Aus dem Amerikanischen von Mascha Rabben

Titel der Originalausgabe
THE SILVA-MIND CONTROL METHOD
FOR GETTING HELP FROM YOUR OTHER SIDE
Erschienen bei Pocket Books, a division from Simon & Schuster, New York

Umwelthinweis:
Dieses Buch wurde auf chlor- und säurefreiem Papier gedruckt.

Ullstein Verlag
Ullstein ist ein Verlag der Ullstein Buchverlage GmbH.
Neuausgabe
1. Auflage August 2004

Umschlaggestaltung: FranklDesign, München
Titelabbildung: www.vietmeier.com
Gesetzt aus der Times
Druck und Bindearbeiten: Ebner & Spiegel, Ulm
Printed in Germany
ISBN 3-548-74124-X

Inhalt

Auskünfte und Anmeldungen zu Silva-Mind-Seminaren bei folgenden Kontaktadressen:

Albert Haller
Neubaustraße 26
A-4400 Steyr
Tel.: (0 72 52) 4 51 36
Fax: (0 72 52) 48 52 54

Brigitte Zimmermann-El Nagar
Eisenacher Straße 101
D-10781 Berlin
Tel.: (0 30) 2 15 92 62
Fax: (0 30) 2 15 62 58

Teil I

Den Kontakt entwickeln

1

Was ist ›die andere Seite‹?

»Kann ich Hilfe aus dem Jenseits, von der sogenannten ›anderen Seite‹, bekommen?«

»Selbstverständlich.«

»Du meinst, von Gott?«

»Ja, aber bevor du irgendwelche Rückschlüsse ziehst, solltest du erst ein paar Kapitel lesen.«

»Kann jeder Hilfe bekommen?«

»Jeder.«

»Jetzt gleich?«

»Jetzt sofort.«

Wir wissen nicht viel über die sogenannte andere Seite. Aber eins wissen wir: sie existiert. Sie und ich existieren. Wir sind die Wirkung einer bestimmten Ursache. Diese Ursache ist das Jenseits.

Einmal fragte ich einen Skeptiker: »Wer hat es schwerer: ein Mensch, der keine sichtbare Unterstützung im Leben hat, oder ein Mensch, der keine *unsichtbare* Unterstützung im Leben hat?«

»Derjenige, der keine sichtbare Unterstützung hat«, war die prompte Antwort.

Momentan mögen Sie die gleiche Antwort geben, doch im Verlauf des Trainings in diesem Buch werden Sie allmählich einsehen, wieviel wirksamer die unsichtbare Unterstützung im Leben sein kann. Sie werden die Macht der anderen Seite erkennen.

Vor Jahren schrieb ein Mann namens Lelani Melville

Jones ein Buch, das er *Kinder des Regenbogens* nannte. Darin beschrieb er die eingeborenen Heiler von Hawaii, die *Kahunas,* und ihre Art, die Naturgesetze zu kontrollieren. Als sein Manuskript fertig war, wurde es von einem Hund zerfetzt, und Jones sah sich gezwungen, das ganze Buch noch einmal zu schreiben. Kaum war das zweite Manuskript fertiggestellt, wurde es bei einem Wasserrohrbruch zerstört. Beim dritten Versuch erkrankte Jones und mußte eine Reihe von anderen Mißgeschicken überwinden, bevor das Manuskript endlich publiziert werden konnte.

In *Kinder des Regenbogens* hatte Jones Kahuna-Geheimnisse preisgegeben, die Schaden angerichtet hätten, wenn sie verfrüht veröffentlicht worden wären. Also stießen die Bemühungen des Autors auf Widerstand von der anderen Seite, und sein Buch wurde erst veröffentlicht, als die Zeit reif dafür war.

In diesem Buch werde ich keine derartigen Geheimnisse preisgeben, sondern schöpferische Wahrheiten wiederholen, die seit Jahrmillionen offenliegen – Wahrheiten, die die andere Seite uns zugänglich machen will. Diese Wahrheiten sind in den uralten Schriften der Taoisten Chinas enthalten; in den Upanischaden der Inder; der Kabbala der frühen Juden; sie sind im Koran der Moslems zu finden und im Evangelium von Jesus Christus. Aber diese Dinge werden entweder nicht gehört oder sie werden nicht richtig verstanden. Aber diese Wahrheiten sind all jenen zugänglich, die bereit sind, sie aufzunehmen. Sie sind da, für den, der um Hilfe von der anderen Seite bittet.

Der Anbruch eines Neuen Zeitalters

Wir befinden uns an der Schwelle eines Neuen Zeitalters. Viele definieren dieses Neue Zeitalter als eine Ära der vermehrten Kreativität. Andere sprechen von einer Phase der allgemeinen Erweckung und Bewußtseinserweiterung. Das erweiterte Bewußtsein eines Großteils der Menschheit hat das Diesseits dem Jenseits näher gebracht. Ich sage Ihnen, die andere Seite ist uns heute so nahe, daß man sie ›anfassen‹ kann.

Als ich mit meinen Forschungen begann und herausfinden wollte, wie man mehr von den Fähigkeiten seines Bewußtseins aktiviert, dachten die Leute, ich sei verrückt geworden. Das war im Jahr 1944. In jener Zeit durfte man die Macht des Bewußtseins noch nicht einmal erwähnen. Selbst nachdem die Silva Methode gründlich erprobt und im Jahr 1966 veröffentlicht worden war, grassierten Gerüchte, daß es sich um ein Teufelswerk handeln müsse.

Heute ist die Silva Methode zum Bestandteil des New-Age-Wissens geworden. Die Wirksamkeit der Methode wird von den Forschungsergebnissen aller Physiker bestätigt, die den Raum als ein Energiefeld der Intelligenz beschreiben, was wiederum die Theorie eines kollektiven Unbewußten bestätigt, wie es vor Jahrzehnten von Dr. Carl Jung postuliert wurde. Experimente mit Biofeedback-Maschinen, bei denen die Aktivitäten des Gehirns gemessen werden, zeigten uns, daß Veränderungen im Zustand der Entspannung stattfinden – ein weiteres wissenschaftliches Ergebnis, das mit der Silva Methode übereinstimmt. Dank eines wachsenden Verständnisses über die rechte Gehirnhälfte, wird die Silva Methode heute in nahezu allen Ländern der Welt akzeptiert, und Millionen von Menschen benutzen das Training mit großem Erfolg.

Hilft die Silva Methode uns dabei, den Kontakt mit der anderen Seite herzustellen? Nein, denn wir sind bereits in Kontakt mit ihr. Gibt sie uns besondere Privilegien im Umgang mit der anderen Seite? Nein – in den Augen des Jenseits ist niemand etwas Besonderes. Was also kann die Silva Methode für uns tun?

Einfach ausgedrückt, hilft sie uns dabei, den naturgegebenen Kontakt mit der anderen Seite zu benutzen, um unsere Welt zu einem besseren Lebensraum zu machen.

Das Ziel der anderen Seite ist Kreativität. Der Schöpfer ist auch heute noch kreativ, nicht nur dort draußen im Weltraum, sondern hier auf der Erde. Bestimmte Aspekte dieses Planeten befinden sich weiterhin im Formationsprozeß. Landmassen bewegen sich; Vulkane speien Lavaströme, die neues Land bilden; Erdbeben verändern die Landschaft; Erosionen schaffen ständig neues Flachland; in den Ozeanen tauchen brandneue Inseln auf.

Doch der Schöpfer braucht die Hilfe des Menschen. Der Mensch ist ein notwendiger Bestandteil der Schaffensprozesse, die beispielsweise ein Schiff, ein Flugzeug oder eine Lokomotive hervorbringen. Der Schöpfer braucht den Menschen, wenn es um die Schöpfung von Kleidung, Möbeln und Häusern geht. Der Mensch muß als Mitschöpfer bei der Entwicklung von Computern, Energiequellen und Industrien tätig werden.

Ist es vorstellbar, daß die andere Seite sich um mehr Unterstützung von seiten der Menschen bemüht, um uns zu kreativeren Mitschöpfern zu machen? Der Schöpfer mag die Antwort auf diese Frage bereits gegeben haben. Vielleicht antwortet er mit einem Neuen Zeitalter. Und ein Bestandteil dieses Neuen Zeitalters ist die Silva Methode.

Ein Blick hinter die Kulissen

Helen H. fühlte sich von den ständigen Telefonanrufen eines Mannes, dessen Zuneigung sie zurückgewiesen hatte, belästigt. Der Mann ließ ihr Nein einfach nicht als Antwort gelten. Sie kaufte sich ein neues Telefon, bei dem man das Klingeln abstellen konnte, aber er rief an ihrem Arbeitsplatz und stundenlang an den Wochenenden an. Sie wurde das Gefühl nicht los, daß er sie persönlich verfolgte. Sie erhielt anonyme Briefe, die sie ihm zuschrieb.

Helen beschloß, daß sie Hilfe bei der Lösung ihres Problems brauchte. Eines Abends, nachdem sie die Küche geputzt hatte, beschloß sie, diese Hilfe auf der anderen Seite zu suchen. Sie setzte sich im Wohnzimmer auf die Couch, schloß die Augen und atmete ein paarmal tief ein und aus. Nach etwa einer Minute öffnete sie die Augen. Sie fühlte sich wunderbar. Sie wußte, daß das Problem gelöst worden war. Und in der Tat: nie wieder wurde sie von diesem Mann belästigt.

Was tat Helen während dieser Minute? Nun, das gleiche, was Arthur tat, als er beschloß, die andere Seite um Hilfe bei der Suche nach einer Wohnung zu bitten. Sein Mietvertrag lief im kommenden Monat ab und konnte nicht verlängert werden, da der Eigentümer die Wohnung verkauft hatte. Arthur setzte sich in einen bequemen Sessel, schloß die Augen und atmete ein paarmal tief ein und aus. Nach etwa einer Minute öffnete er die Augen. Er hatte ein gutes Gefühl. Ein Instinkt sagte ihm, daß alles günstig verlaufen würde. Und so war es. Der neue Eigentümer rief ihn kurz darauf an und erzählte ihm, daß er erst in einem Jahr einziehen könne. Würde Arthur so lange in der Wohnung bleiben und die Miete zahlen?

Was taten Helen und Arthur, während sie mit geschlossenen Augen dasaßen? Haben sie gebetet? Nein, nicht im konventionellen Sinne. Aber sie haben das Jenseits kontaktiert, und zwar, indem sie ihre Gehirnschwingungen verlangsamten, um die rechte Hälfte ihres Gehirns zu aktivieren. Die rechte Gehirnhälfte ist unsere Verbindung zum Bereich der puren Kreativität. Wenn wir die rechte Gehirnhälfte benutzen, öffnen wir uns für die andere Seite.

Aber wie haben sie die Schwingungen ihres Gehirns verlangsamt? Wie haben sie die rechte Hälfte ihres Gehirns aktiviert? Wie benutzten sie die rechte Gehirnhälfte, um sofortige Hilfe von der anderen Seite zu erfahren?

Das Zweiunddreißig-Stunden-Training im Silva-Kursus beantwortet alle diese Fragen. Oder Sie lesen dieses Buch vom Anfang bis zum Ende durch und lernen dabei etwas über die Methode, die Helen und Arthur so unmittelbar geholfen hat. Lohnt es sich? Die Antwort ist sehr einfach: Wieviel ist Ihnen ›die unsichtbare Unterstützung im Leben‹ wert? Die andere Seite bietet uns genau diese Unterstützung an, und mit der anderen Seite auf Ihrer Seite, sind Ihren Möglichkeiten keine Grenzen mehr gesetzt. Glauben Sie mir, es lohnt sich.

Warum wir Hilfe von der anderen Seite brauchen

Irgendwann auf dem langen Weg in ihrer Entwicklung hat die Menschheit eine falsche Abzweigung genommen. Wir sind vom Wege abgekommen; wir haben uns von unserem Ursprung abgeschnitten. Wir sind dem hypnotischen Einfluß der physischen Welt erlegen. Mittlerweile werden wir vollkommen von unseren Sinneseindrücken beherrscht. Für die meisten von uns gibt es nichts anderes als die körperliche Realität. Wir leben in einer Welt der körperlichen Schmerzen und der körperlichen Freuden. Unsere Welt ist die der leiblichen Fähigkeiten und der körperbedingten Eindrücke des Sehens, Hörens, Riechens, Schmeckens und Tastens.

Und da wir von der körperlichen Realität völlig in Anspruch genommen sind, erziehen wir jede nachfolgende Generation zum Materialismus. Mit jeder neuen Generation wurde die menschliche Verstrickung im Materiellen verstärkt und die Orientierung weniger geistig. Was nicht gesehen, sondern nur intuitiv wahrgenommen, imaginiert oder visualisiert werden kann, wird schlichtweg nicht mehr anerkannt.

Das rechte Gehirn ist unsere ›Empfangsstation‹ für die Welt jenseits der physischen; es ist unsere Verbindung zur anderen Seite, zum kreativen Seinsbereich, in dem wir entstanden sind. Je nachhaltiger die Verwicklung im Körperlichen, desto geringer der Einfluß des rechten Gehirns – bis wir uns einzig und allein auf das linke Gehirn mit seinen logischen Denkfähigkeiten verlassen müssen.

Das rechte Gehirn ist mittlerweile fast ein verkümmertes Organ. Wir brauchen es nicht, um in der körperlichen Welt überleben zu können. Wir kommen gut zurecht als ›linkshirnige‹ Logiker und Materialisten. Aber irgendwann verlieren wir plötzlich den Job, die Firma wechselt den Besitzer, und unsere berufliche Position fällt dem Wechsel zum Opfer. Jetzt stapeln sich die unbezahlten Rechnungen. Wir sind am Ende unseres Lateins. Wir beten. Nichts geschieht, und wir fragen uns, warum. Wir brauchen unsere Inneren Helfer, aber unsere Hilferufe werden scheinbar von niemandem gehört. Es ist, als wären die Telefonleitungen gekappt worden.

Unsere Leitungen sind nicht gekappt, auch wenn es so scheint. Weil wir uns mit allen Sinnen auf die materielle Welt konzentriert haben, ist die Verbindung zwischen uns und der anderen Seite gestört. Der Kontakt mit dem kreativen Bereich des rechten Gehirns gibt uns die Möglichkeit, die Verbindung mit der anderen Seite neu herzustellen. Aber in dieser ›linkshirnigen‹ Welt gehen wir von der Wiege bis ins Grab, ohne daß uns jemals beigebracht wird, wie das rechte Gehirn benutzt werden muß, um die andere Seite zu kontaktieren. Doch die Gesinnung wandelt sich allmählich. Neue Perspektiven eröffnen sich, und die Silva Methode mag Ihre persönliche Chance sein, die Hilfe, die Sie brauchen, endlich zu erhalten.

Hilfe von der anderen Seite erkennen

Ein Segelboot geriet in den Gewässern östlich von Honolulu in Seenot. Die Mannschaft war auf dem Weg nach Kalifornien, als plötzlich ein Wasserleck festgestellt wurde. Die Küstenwache wurde per Funk zu Hilfe gerufen. In den Nachrichten im Fernsehen wurde später berichtet, daß die Küstenwache das Boot nicht vor Einbruch der Dunkelheit erreichen konnte und die Rettungsaktion nun bis zum nächsten Morgen warten müsse.

Eine Frau sah die Fernsehreportage und erkannte das Boot sofort. Es war von ihren Söhnen am selben Morgen hinausgefahren worden. Sie rief sofort den Silva-Mind-Control-Lehrer ihrer Ortsgruppe an.

Sie fragte: »Veranstalten die Kurs-Absolventen heute abend ihr monatliches Treffen?«

»Ja, wie immer zur selben Zeit«, war die Antwort.

Sie erklärte dem Lehrer ihr Problem. »Kann ich die Teilnehmer bitten, mir zu helfen?«

»Selbstverständlich.«

An jenem Abend schlossen etwa 30 Menschen die Augen und atmeten mehrmals tief ein und aus. Nach einer oder zwei Minuten öffneten sie die Augen.

Am nächsten Morgen berichtete die Küstenwache, daß das Boot nicht auffindbar und das Schlimmste befürchtet wurde. Die Mutter ›wußte‹ es besser. Tage vergingen ohne ein Lebenszeichen. Am achten Tag riefen ihre Söhne aus Kalifornien an. Auf seltsame Weise hatte das Wasserleck sich von selbst schon in der ersten Nacht behoben. Danach war der Ausflug ereignislos verlaufen, bis auf die Tatsache, daß das Funkgerät nicht funktionierte.

Vergleichen Sie diese Geschichte mit einer anderen Begebenheit, an der dieselbe Gruppe von Silva-Absolventen auf Hawaii beteiligt war. Ein paar Tage vor dem monatlichen Treffen berichteten die Zeitungen von einem Schwarm rabenartiger Vögel, der wie eine Plage über eine Gemeinde im Staate Maryland hergefallen war. Die Vögel hatten sämtliche Pflanzen in der Umgebung radikal abgefressen. Die Bauern hatten auf die Vögel geschossen, sie mit Holzfeuern bekämpft und etliche andere Methoden angewandt, um sie abzuschrecken. Alles umsonst.

»Warum helfen wir den Bauern in Maryland nicht dabei, diese Vogelplage loszuwerden?« schlug ein Mind-Control-Absolvent vor.

»Gute Idee«, war die übereinstimmende Meinung.

Augen zu, tiefe Atemzüge.

Um sechs Uhr in der Frühe am nächsten Morgen verließ der Vogelschwarm den Staat Maryland. Zur selben Zeit war es Mitternacht in Hawaii, keine zwei Stunden, nachdem die Gruppe an dem Problem ›gearbeitet‹ hatte.

Welche Ähnlichkeiten bestehen zwischen diesen beiden Vorkommnissen? Man kann den Erfolg in beiden Fällen einem schlichten Zufall zuschreiben.

Probleme, die mit Hilfe der anderen Seite gelöst werden, können nur selten mit der Logik ›dieser Seite‹ erklärt werden. Deshalb wird das Wort ›Zufall‹ ins Spiel gebracht. Ein ›Zufall‹ ist eine Serie von unzusammenhängenden Ereignissen, die nur scheinbar ursächlich miteinander verbunden sind. Zufälle wirken häufig, als seien sie von der Kausalebene (die Ebene der Ursachen) hervorgebracht worden – als entsprängen sie der anderen Seite. Der kausale Bereich ist der Bereich, welcher Zeit und Raum ›verursacht‹. Zeit, Raum und Materie sind die Bausteine der physischen Welt. Im Bereich der Ursachen existieren solche Dinge nicht. Also existiert die andere Seite nicht innerhalb der Grenzen von Zeit und Raum.

Das Boot, dessen Leck sich von selbst abdichtete, war meilenweit von den Silva-Absolventen, die die Reparatur bewirkten, entfernt. Die Vögel in Maryland befanden sich ebenfalls Tausende von Meilen weit entfernt von der Gruppe in Hawaii. In keinem der beiden Fälle machte sich die Entfernung als Hindernis bemerkbar. Lösungen, die Hilfe von der anderen Seite beinhalten, setzen sich in der Mehrzahl über die Gesetze von Zeit und Raum hinweg. Wissenschaftler haben früher immer den Kopf geschüttelt, wenn man sie mit Ereignissen wie diesen konfrontierte, und von ›Unmöglichkeiten‹ gesprochen. Doch heute wird bei wissenschaftlichen Experimenten beobachtet, daß Veränderungen atomarer Teilchen auf einem Erdteil Veränderungen atomarer Teilchen auf der gegenüberliegenden Seite der Erde verursachen.

Allein die Tatsache, daß etwas wie ein Zufall aussieht

oder Zeit und Raum transzendiert, ist allerdings noch kein Beweis dafür, daß es von der anderen Seite verursacht wurde. Genausowenig müssen alle Ereignisse, die von der anderen Seite verursacht wurden, die Gesetze der Wahrscheinlichkeit außer Kraft setzen.

Jawohl, wir erleben jeden Tag Wunder. Aber gleichzeitig erleben wir auch, daß geringfügige Übel vermieden werden, eine unbedeutende Krankheit geheilt, daß die richtige Person uns über den Weg läuft. Ohne großes Trara, ohne Magie, ohne jedes Drama.

Einfach nur Hilfe.

Worin besteht die Silva Methode?

Die Silva Methode besteht aus einer Technik, den Körper und das Gehirn zu entspannen und daraufhin die verlangsamten Gehirnschwingungen und die erhöhte Wachsamkeit der rechten Gehirnhälfte zu benutzen, um bestimmte positive Ergebnisse herbeizuführen.

Der Schlüssel liegt im Gebrauch des rechten Gehirns. Weil das rechte Gehirn in Kontakt mit dem Rest aller Intelligenz in diesem Universum ist – in Kontakt mit der Quelle aller Schaffenskraft – ist es schöpferisch.

Wo ein Problem ist, schafft es eine Lösung.

Wo Anomalien existieren, schafft es Normalität.

Wo Konflikte existieren, schafft es Harmonie.

Wäre die Silva Methode allein darauf beschränkt, den Körper zu entspannen und den Gedankenstrom zur Ruhe zu bringen, so könnte man sie als traditionelle Meditation bezeichnen – aber die Silva Methode ist mehr. Sie ist eine aktive, dynamische Meditation. Nachdem man dreimal oder mehr tief geatmet hat, tritt man nicht in einen Zustand der ›Gedankenlosigkeit‹ ein, wie in der traditionellen Meditation, sondern vielmehr in einen Zustand der ›Bewußtseinsfülle‹. Mit der Silva Methode erlangt jeder die Kontrolle über seine Gedanken und richtet sie darauf, die schöpferischen Energien seines eigenen Höheren Selbst anzuzapfen.

Die Silva Methode muß von der traditionellen passiven Meditation unterschieden werden, wie sie von den Yogis und Gurus des Ostens gelehrt wird. Die Autoren Robert Leichtman, M. S. und Carl Japikse beschreiben eine alternative Art des Meditierens in ihrem Buch *Aktive Meditation: Die Westliche Tradition.* Aktive Meditation ist eine gute Beschreibung für das, was bei der Silva Methode geschieht. Besser noch wäre dynamische Meditation. Das Wort ›dynamisch‹ hat mehr Energie und hört sich kreativer an.

Demnach ist die Silva Methode eine Form der dynamischen Meditation. Doch ist Meditation ein weit gefaßter, sehr allgemeiner Begriff, der noch keinen Hinweis auf die Technik liefert. Das althergebrachte öffentliche Image von Meditation als eine passive Geisteshaltung mag sogar dann noch irreführen, wenn man das Wort mit dem Adjektiv ›dynamisch‹ modifiziert.

Aber Sie werden selbst sehen, daß die Silva Methode nicht ›geistlos‹ ist, sondern ›geistvoll‹. Wer die Silva Methode benutzt, benutzt seinen Geist auf kontrollierte Weise. Die Begriffe ›Mind Control‹ beschreiben sehr gut, was dabei vor sich geht. Die Silva-Mind-Control-Methode übertrifft die gewöhnliche Meditation. Sie bietet einen bewährten Weg, den Geist zu benutzen, um mehr Intelligenz zu mobilisieren, als Sie je zuvor in sich wachgerufen haben.

Die andere Seite offenbart

Ich gebe nicht vor, zu wissen, wie die andere Seite aussieht oder wie sie funktioniert. Selbst wenn ich es wüßte, gäbe es keine Worte in unserer Sprache, um sie zu beschreiben. Unsere Sprache entstand, weil wir die materielle Welt beschreiben wollten, nicht den Bereich, in dem alles Sichtbare entstand: die Welt der puren Intelligenz und Energie.

Andererseits beschäftige ich mich aber mit den neuesten wissenschaftlichen Erkenntnissen. Ich weiß, was die Physiker bei ihrer Erforschung der winzigsten Partikel von Materie in subatomaren Teilchen entdeckt haben. Ich studiere die Neue Physik und die Theorien, die aufgestellt werden, um alte Erkenntnisse mit den neuesten Entdeckungen zu vergleichen. Alle neuesten Erkenntnisse auf dem Gebiet weisen auf eine spirituelle oder intelligente Kraft hin, die hinter den körperlichen Erscheinungen steht. Die moderne Wissenschaft liefert zunehmendes Beweismaterial für die Annahme, daß der Raum nicht leer ist, sondern gewisse Eigenschaften hat. Diese Eigenschaften bestehen in einer kontinuierlichen Selbsterhaltung mit bestimmten Charakteristika. Eine davon ist Intelligenz. Intelligenz erfüllt den Weltraum – und der von uns postulierte Weltraum mag nur einen Bruchteil der Gesamtheit bilden.

Und hier sind wir nun – Sie und ich – im Raum, ringsum umgeben von Intelligenz. Hält unsere materielle Schädeldecke diese Intelligenz von uns fern, so daß wir sie nicht anwenden können?

Die Antwort ist Nein.

Wie gesagt, jeder von uns hat Zugang zu der Intelligenz auf der anderen Seite unseres Schädels. Genau darum geht es auf den folgenden Seiten. Diese Intelligenz durchdringt uns und wir durchdringen sie. Also befindet sie sich sowohl in uns als auch außerhalb von uns.

Und wo ist nun diese ›andere Seite‹? Sie befindet sich zwei Kilometer weiter, gleich rechts neben der roten Scheune; außerdem befindet sie sich zwei Kilometer entfernt von hier in der entgegengesetzten Richtung. Sie ist außerdem da und dort und dort, wenn Sie mir das Zeigen mit dem nackten Finger verzeihen. Sie ist außerdem da oben und hier unten.

Tatsache ist, daß die sogenannte andere Seite auf dieser Seite ist, wohin man auch blickt. Aber sie ist auch dort, wohin man nicht blicken kann. Sie ist an einem raumlosen Platz – in einem Raum, der keinen Raum einnimmt und keine Zeit kennt. Die andere Seite ist dort, wo Zeit und Raum geschaffen wurden. Sie ist der Bereich der ursprünglichen Schöpferkraft. Sie befindet sich auf der anderen Seite der körperlichen Welt. Man kann sie weder im Flugzeug noch im Raumschiff erreichen. Man erreicht sie, indem man beide Hälften seines Gehirns auf korrekte Weise einsetzt.

Die Balance zwischen beiden Gehirnhälften finden

Der Besitzer eines Farben- und Handwerkszeug-Geschäfts in einer Kleinstadt in West Virginia hatte eine dominierende rechte Gehirnhälfte. Er ›wußte‹ intuitiv, wonach ein Kunde fragen würde, sobald sein Auto draußen vorfuhr. Bevor ein Kunde den Ladentisch erreichen konnte, waren die Farbtöpfe, Nägel und das Sandpapier, nach dem ihm der Sinn stand, bereits auf dem Tisch.

»Sonst noch etwas?« fragte der Besitzer dann.

Selbst wenn noch etwas fehlte, war der Kunde zu verblüfft, um sich daran zu erinnern. Das Resultat: Der Umsatz ging zurück, weil die meisten Kunden es vorzogen, 10 Meilen weiter zu einem Geschäft zu fahren, in dem man ihre Einkäufe nicht auf so unheimliche Weise voraussah.

Die Moral der Geschichte ist, daß wir in Schwierigkeiten kommen können, wenn wir eine Seite unseres Gehirns überbetonen – auch wenn es sich dabei um die schöpferische rechte Seite handelt. Nur wenn beide Hälften gleichermaßen funktionsfähig sind, erhalten wir Hilfe von der anderen Seite, die wir dann auch auf korrekte Weise einsetzen können. Nur wer ein Gleichgewicht erlangt, erzielt die gewünschten Resultate.

Wenn Sie mit Hilfe der Instruktionen in diesem Buch beginnen, die rechte Hemisphäre Ihres Gehirns zu benutzen, werden Sie feststellen, daß Sie plötzlich Glück haben, daß Sie den richtigen Leuten begegnen, scheinbar unlösbare Dilemma-Situationen lösen und Geistesblitze haben, die einem

Geniestreich gleichkommen. Durch derlei ungewohnte Fähigkeiten kann man leicht aus dem Gleis geworfen werden, wenn man beide Beine nicht fest in den Boden pflanzt. Die linke Gehirnhälfte dient uns als Anker.

Die Silva Methode bringt uns in den Genuß der Vorzüge beider Seiten, beider Welten.

Beistand für vermehrte Kreativität

Wenn Sie anfangen, Ihre rechte Gehirnhälfte zu aktivieren – was nach dem nächsten Kapitel geschehen wird – wissen Sie Dinge, die Sie normalerweise nicht wissen können. Es mag sich anfühlen, als errieten oder vermuteten Sie nur, doch Ihre Vermutungen werden sich als richtig erweisen.

Mit jeder Silva-Übung werden Sie besser. Eines Tages müssen Sie selbst die speziellen Schritte der Silva Methode nicht mehr wiederholen, um die gewünschten Informationen zu erhalten. Sie werden auf natürliche Weise immer kreativer.

Ein Einkäufer für ein größeres Geschäft beispielsweise, der mit diesem Buch trainiert, oder an einer Silva-Übung teilnimmt, wird sinnvollere Pläne für jede kommende Saison entwickeln. Er oder sie weiß einfach, welche Artikel in welchen Mengen gelagert werden müssen. Solche Voraussicht schlägt sich in rascheren Umsätzen und erhöhten Profiten nieder und trägt zu einer zufriedenen Kundschaft bei, da sie jederzeit vorfindet, was sie braucht. Der Einkäufer steigert dadurch nicht nur sein eigenes Einkommen, er trägt auch zur Steigerung der Lebensqualität in dieser Welt bei.

Ein Arzt oder Heilpraktiker, der seine Kreativität mit der Silva Methode erhöht, kann akkuratere Diagnosen stellen als jedes Gerät im Labor. Die Wahrnehmung des linken Hirns kann Täuschungen unterliegen; auf die Wahrnehmungen des rechten Hirns kann man sich verlassen. Darüber hinaus führt zunehmende Spiritualität zu einer Verringerung des Triebs ›schnell das große Geld zu machen‹ und zu dem erhöhten Wunsch, nur dem Wohlergehen von Patienten zu dienen.

Ein Industrieller kann das Training und die daraus resultierende Schaffenskraft einsetzen, um vorauszuwissen, welche Produkte zu welchem Preis produziert werden sollen. Ein Kriminalbeamter wird in der Lage sein, Verbrecher intuitiv zu erkennen und Spuren intuitiv zu verfolgen. Ein in der Silva Methode ausgebildeter Abgeordneter kann sein Bewußtsein kreativ in die Zukunft projizieren und erkennen, was die Gemeinde oder die Nation braucht, und sich darauf vorbereiten. Wären sämtliche Volksvertreter aller Nationen ausgebildet, so könnten sie die Zukunftspläne und Absichten ihrer Gegenspieler erkennen. Überraschungen wären damit ausgeschlossen, und Friede wäre das Resultat.

Aber wir müssen dort anfangen, wo wir sind. Das heißt, Sie müssen bei sich selbst anfangen. Sie müssen lernen, Ihr rechtes Gehirn zu aktivieren und Ihre Verbindung zur anderen Seite funktionsfähig machen.

Eine funktionsfähige Verbindung kann Ihnen Vorteile bringen, die Sie momentan für unmöglich oder unglaubhaft halten. Können Sie die Tatsache akzeptieren, daß Sie andere Menschen positiv beeinflussen können, ohne ein einziges Wort zu sprechen? Können Sie die Tatsache akzeptieren, daß Sie jedes für Sie vorstellbare Ziel erreichen können? Die Annahme dieser Tatsachen ist eine notwendige Voraussetzung; bevor Sie diese Art von Erfahrungen machen, müssen Sie und ich eine gewisse Vorarbeit leisten. Ich muß Ihr linkes Gehirn von den wunderbaren Eigenschaften Ihres rechten Gehirns überzeugen, sonst steht uns Ihr linkes Gehirn im Weg. Genau das tue ich im Moment, und zwar indem ich Ihnen die logischen Zusammenhänge erläutere, nach denen das linke Gehirn verlangt. Ihr rotes Warnlicht ist jetzt beinahe schon bereit, auf Grün umzuschalten. Wenn das geschieht, machen Sie sich auf den Weg in ein neues, schöpferisches Leben.

Die Silva-Übungen

Um im Silva-Training erfolgreich zu sein, müssen Sie keine höhere Mathematik beherrschen. Sie müssen noch nicht einmal das einfache Rechnen beherrschen. Sie müssen lediglich zählen können, das ist alles. Sie müssen kein Student der Literatur und kein Liebhaber der Poesie sein. Sie müssen nur sorgfältig lesen können. Bildung im herkömmlichen Sinne ist keine Voraussetzung für das Silva-Training. Das einzige, was verlangt wird, ist etwas, das in den meisten Schulen tabu ist: die Fähigkeit, sich Tagträumen hinzugeben! Die Übungen, die nun auf Sie zukommen, sind Entspannungstechniken und Anleitungen zum wirkungsvollen Tagträumen.

Am Anfang werden diese Übungen mit geschlossenen Augen gemacht. Später sind Sie mit Hilfe der anderen Seite auch mit offenen Augen funktionsfähig. Mit geschlossenen Augen entspannen Sie sich zunächst mit einigen Standard-Techniken, deren Wirkung durch ein paar Methoden erhöht wird, die nur in der Silva Methode angewandt werden. Sobald Sie entspannt sind, werden Sie angehalten, sich selbst verbale Instruktionen zu geben oder sich bestimmte Dinge im Geiste vorzustellen. Danach beenden Sie die Sitzung, indem Sie von unten nach oben zählen, sich positive Instruktionen geben und die Augen öffnen.

Die Silva Methode sieht schlicht und einfach aus, aber hinter den Kulissen sind bedeutsame Mechanismen am Werk; einfachste Handlungen können dramatische Resultate hervorbringen.

Ich werde nun die Handlungsfolge beschreiben, durch die Sie mit der anderen Seite in Kontakt kommen. Umfassendere Erklärungen folgen in den nächsten Kapiteln. Wenn Sie Ihren Körper entspannen, bewirken Sie zugleich eine Entspannung des Geistes. Und wenn der Geist entspannt wird, wird die Frequenz der Gehirnschwingungen verlangsamt. Wird die Schwingungsfrequenz des Gehirns auf etwa die Hälfte der normalen Schwingung reduziert, so wird die Funktionsfähigkeit des rechten Gehirns soweit erhöht, daß sie der Aktivität des linken Gehirns in etwa gleichkommt. Wenn beide Hälften des Gehirns aktiv sind, kann der Verstand bewußt und absichtsvoll programmiert werden, genauso wie ein Computer. Um unseren geistigen Computer zu programmieren und unseren Verstand unter Kontrolle zu bringen, werden Worte und/oder geistige Bilder benutzt. Wenn man sich etwas bildhaft vorstellt – also seine Phantasie, sein Vorstellungsvermögen benutzt – wird das rechte Gehirn aktiviert, und das rechte Gehirn ist mit der anderen Seite in Kontakt.

Damit ist Ihr mentaler Computer sozusagen mit einem größeren Computer verbunden, und die andere Seite empfängt Ihre Botschaften. Wenn Ihr Hilferuf von Ihrem Höheren Selbst vernommen wird – oder von der Höheren Intelligenz, dem Ursprung oder Gott – wird geantwortet und Hilfe gespendet.

So funktioniert das. Und so hat es seit Anbeginn der Menschheit auf dieser Erde funktioniert. Aber irgendwo auf unserem Weg haben wir diese einfache Formel vergessen. Wir haben den Kontakt verloren. Die Silva-Übungen machen uns die Formel wieder bewußt.

Ein Blick auf das Gesamtbild

Stellen Sie sich unsere Lage vor, wenn wir keine Hilfe von der anderen Seite bekämen. Wir wären allein auf diesem Planeten; von Schöpferkraft geschaffen, doch ohne Verbindung zu ihr; allein bei dem Versuch, unsere Probleme ohne die Unterstützung von Intuition oder Inspiration zu lösen; beschränkt auf unseren ›persönlichen‹ Computer, ohne Zugang zu einer größeren Datenbank. Eigentlich brauchen Sie sich dieses Dilemma nicht vorzustellen – wir befinden uns bereits in dieser Lage.

Sehen Sie sich an, wie wir unseren Planeten zerstören, uns bekriegen, unsere Gefängnisse und Krankenhäuser füllen. Wir brauchen offensichtlich Hilfe von einer höheren Instanz. Und diese Hilfe ist vorhanden, wenn wir sie von der anderen Seite annehmen können.

Sobald wir uns mit der anderen Seite verbinden, kontaktieren wir Weisheit, wir kontrollieren unsere Emotionen und werden zu ›Generatoren von Superideen‹. Wir fangen an, in Harmonie mit uns selbst und anderen zu leben. Unterstützt von den inneren Helfern werden wir zu Genies, zu Wohltätern, zu den Verwaltern der Erde; wir schaffen eine bessere Welt für uns und unsere Mitmenschen.

Allein dieses Buch zu lesen, genügt noch nicht. Sie müssen das Buch beiseite legen und die Silva Methode zum Bestandteil Ihres Daseins machen. Da gibt es keine Abkürzungen. Sie müssen alle Übungen gewissenhaft lernen und dann praktizieren. Jede Übung ist eine Vorbereitung für die nächste auf dem Weg; es ist ein Schritt-für-Schritt-Prozeß.

Der Kontakt mit der anderen Seite ist kein Fernziel – nur ein paar geistige Schritte, und Sie sind angekommen! Die Vorzüge dieses Kontakts machen sich nahezu unmittelbar bemerkbar. Je häufiger der Kontakt hergestellt wird, desto intensiver wird das Glücksgefühl.

Ich kenne Menschen, die ihr früheres Leben als eine ›unerträgliche Hölle‹ bezeichneten und durch die Methode eine so dramatische Wandlung erfuhren, daß sie nun in einem Zustand der frohen Gelassenheit leben. Aber ich kenne auch viele, die das Konzept der ›anderen Seite‹ kopfschüttelnd von sich wiesen und damit nichts zu tun haben wollten. Zur Zeit haben etwa acht Millionen Menschen ihren Kontakt zur anderen Seite durch die Silva Methode wiederentdeckt. Ich möchte Sie ermuntern, sich all jenen anzuschließen, die die Gelegenheit wahrnahmen, sich ihrem Höheren Selbst zu öffnen und der anderen Seite einen Platz in ihrem Leben einzuräumen. Wenn Sie bereit sind, die Silva Methode auszuprobieren, dann folgen Sie mir.

2

Was Hilfe von der anderen Seite für Sie bedeuten kann

Die kreative Regenerationsfähigkeit der Erde scheint auf unüberwindliche Hindernisse gestoßen zu sein. Unsere Luft ist verschmutzt, das Wasser verseucht, und unser Erdboden ist mit giftigen Chemikalien durchsetzt. Als Folge davon sind viele Arten der Flora und Fauna gefährdet oder endgültig ausgestorben. Der Mensch – ursprünglich als Verwalter der irdischen Schöpferkraft gedacht – ist selbst zur größten Bedrohung für diesen Planeten geworden. Wir haben uns zu einer destruktiven Kraft entwickelt und zerstören nicht nur diesen Planeten, sondern auch uns selbst. Wir vergiften unsere Körper mit suchtbildenden Substanzen und verseuchen unser Gehirn mit Bildern der Kriminalität, der Gewalt und des Todes.

Wann hat das angefangen? Wie soll das enden? Die Antwort auf solche Fragen liegt scheinbar eher bei der menschlichen Gesellschaft als beim einzelnen Individuum. Aber in wenigen Augenblicken werden Sie sehen, wie bedeutsam diese Antworten für Ihr Dasein sind, wie unmittelbar sie *Ihren* Erfolg, *Ihren* Wohlstand, *Ihre* Gesundheit, *Ihr* persönliches Wohlergehen betreffen.

Die Zerstörung begann, als der Mensch sich zum Exzentriker entwickelte. Unter Exzentrik verstehe ich keine Verschrobenheit oder Kauzigkeit; für mich bedeutet das Wort, daß man aus seinem Zentrum, seiner inneren Mitte, herausgeht.

Wie gesagt, ist der Mensch mit zwei Gehirnhälften ausgestattet. Die linke Hälfte interessiert sich für die materielle Welt, und die rechte Hälfte interessiert sich für den nichtmateriellen Seinsbereich. Nur 10 Prozent der Menschheit benutzt beide Gehirnhälften auf ausgewogene Weise. Die restlichen 90 Prozent benutzen ihre linke Gehirnhälfte unter nahezu vollständigem Ausschluß der rechten Hälfte. Damit findet das Denken außerhalb des Zentrums statt – ist also exzentrisch.

Was diesen unausgewogenen Zustand beheben kann, ist die Frequenz der Gehirnschwingungen. Materiell orientiertes Denken findet auf einer Wellenlänge von etwa 20 Zyklen per Sekunde statt. Wenn Sie Ihr Denken bei 10 Zyklen per Sekunde zentrieren, werden beide Gehirnhälften gleichermaßen aktiviert.

Wenn die linke Gehirnhälfte körperlich-materielles Denken ist, dann ist die rechte Hälfte spirituelles Denken. Exzentrisches Denken findet ohne spirituelle Hilfe statt. Zentriertes Denken findet statt, wenn spirituelle Hilfe benutzt wird.

Und hier sind wir nun – exzentrisch in unserem Denken, eine unmittelbare Gefahr für unseren Planeten und für uns selbst. Wie soll das enden?

Es endet, wenn wir Hilfe von der anderen Seite annehmen. Und es endet früher für denjenigen, der bewußte Schritte unternimmt, um seine rechte Gehirnhälfte zu aktivieren – seine naturgegebene Verbindung zur anderen Seite.

Wenn sich im Lauf der Zeit immer mehr geistige Computer auf ihre Mitte besinnen und zentrieren, hat dies nicht nur eine kumulative Wirkung auf das Massenbewußtsein, sondern auch eine kybernetische Wirkung, durch die sich die Geschwindigkeit der Veränderung exponentiell erhöht – also schneller und schneller vorangeht.

Wir können unseren Planeten retten und uns selber heilen.

Weniger Zerstörung – mehr Kreativität

Der normale Mensch lebt mit einer Gehirnfrequenz zwischen 1 und 20 Zyklen in der Sekunde: 20 Zyklen im Wachzustand, 1 bis 4 Zyklen während des Schlafs. Nur äußerst selten wird mit den Zwischenfrequenzen gearbeitet, außer bei der Übergangsphase vom Wachen zum Schlafen und vom Schlaf zum Erwachen. Aber genau diese Zwischenfrequenzen erlauben uns, das rechte Gehirn mit seiner Verbindung zum Spirituellen bewußt einzusetzen. Die ideale Schwingungsfrequenz wird im Zentrum der Skala gefunden, nämlich, wenn das Gehirn etwa 10 Zyklen per Sekunde schwingt, im Bereich dessen, was die Wissenschaftler die *Alpha-Stufe* nennen.

Wer seine Probleme von Alpha aus analysiert, nachdenkt oder um Beistand von der anderen Seite bittet, ist in seiner Mitte zentriert. Er hat seine Aufmerksamkeit mit der Höheren Intelligenz verbunden. Wenn in diesem Zustand eine Antwort erhalten wird, selbst wenn es sich anfühlt, als würde man raten oder vermuten, ist die Antwort sehr viel häufiger richtig als falsch. Man kann solche Menschen dann göttlich inspiriert nennen, oder, wenn es Ihnen lieber ist, instinktiv oder intuitiv begabt. Aber dies sind die Menschen, die mitschöpferisch aktiv werden, anstatt gegen die Schöpfung zu arbeiten. Das sind diejenigen, die eine Partnerschaft mit Gott eingegangen sind, wenn man so will, denn sie helfen Gott, und Gott hilft ihnen. Sie empfangen Hilfe von der anderen Seite, indem sie sich auf ihre Alpha-Stufe begeben. So einfach ist das.

Vielleicht sind manche von Ihnen nun enttäuscht, daß der Kontakt so unkompliziert sein soll. Vielleicht möchten Sie viel lieber hören, daß Gebete helfen, solange man der Kirche angehört oder die Fingerspitzen auf bestimmte Weise zusammenpreßt oder sich in heiligen Wassern taufen läßt oder seine Sünden beichtet. Wenn Ihnen solche Handlungen etwas bedeuten, dann deshalb, weil diese eine unterstützende Wirkung auf Ihrem Weg zur Alpha-Stufe haben. Dieses zusätzliche, rituelle Beiwerk kann Ihren Kontakt in der Tat verstärken. Nichts bei der Silva Methode steht im Widerspruch zu irgendwelchen internationalen religiösen Praktiken. Die Silva Methode sorgt einzig und allein dafür, daß der spirituelle Bereich dem einzelnen zugänglicher gemacht wird.

Wir müssen unsere Gottesnähe erkennen. Deshalb sollten wir allem nachspüren, was das Gefühl unserer Nähe zu Gott vertieft. Wenn Sie sich vom Göttlichen getrennt fühlen, dann wissen Sie, wer sich verirrt hat oder abgeschweift ist. Wenn Sie sich getrennt von Ihrer Schöpferkraft fühlen, leiden Sie unmittelbar darunter, denn was Sie auch tun, Sie haben es schwerer als ein Mensch, der sich der Kraft nahe und verbunden fühlt.

Sich auf ein leichteres Leben ›einstimmen‹

Sidney W. benutzte die Silva Methode und wußte, daß er sich auf die Alpha-Stufe begeben mußte, wenn er mit der Höheren Intelligenz in Kontakt kommen wollte. Er mußte sich entspannen und sein Vorstellungsvermögen benutzen. Sidney war Buchprüfer und Besitzer einer florierenden Praxis. Aber seine Tätigkeit konnte ihn nicht innerlich erfüllen. Er fühlte sich wie ein Außenseiter, der das Leben durch eine Glaswand betrachtet. Er meinte, mehr leisten zu können, als täglich mit Zahlen zu jonglieren. Er wollte kreativer werden.

Also beschloß er, eine bestimmte Silva-Technik zu benutzen, die ›Der Spiegel des Bewußtseins‹ genannt wird. Er entspannte seinen Körper und seinen Geist mit der einfachen Technik, die er gelernt hatte, und stellte sich sein Problem als ein Bild innerhalb eines blau eingerahmten Spiegels vor. Er sah sich gute Leistungen vollbringen, aber innerlich unausgefüllt davon bleiben. Dann verwandelte er den blauen

Spiegelrahmen in einen weißen und stellte sich sein Wunschziel bildlich vor: einen erweiterten Aufgabenbereich und größere seelische Zufriedenheit. Der gesamte Vorgang dauerte weniger als drei Minuten. In den folgenden Tagen stellte Sidney sich jedesmal den weiß eingerahmten Spiegel und die von ihm gewünschte Lösung vor, wenn seine Arbeit ihn leer und unzufrieden machte.

Innerhalb von einer Woche schlug ein Klient ihm ein neues Unternehmen vor, bei dem es darum ging, ein neues Produkt auf den Markt zu bringen. Dieses Projekt war eine Herausforderung für Sidney, denn hier wurden nicht nur umfassende Kenntnisse in der Buchhaltung, sondern auch ein Gespür für innovative Marketing-Strategien und Phantasie verlangt. Sidney nahm die Herausforderung an, und am Jahresende hatte er Umsätze zu verbuchen, die alle Zielvorstellungen bei weitem übertrafen. Aber wichtiger noch war die Tatsache, daß er mehr Enthusiasmus spürte, mehr Energie und mehr Freude an seiner Tätigkeit.

Besteht ein Zusammenhang zwischen Sidneys Visualisation in Alpha und dem Angebot seines Klienten?

Die Skeptiker werden es einen ›Zufall‹ nennen.

Wir Silva-Absolventen erleben viele derartige ›Glücksfälle‹. So viele, daß wir irgendwann anfangen, sie als Werke Gottes zu betrachten – Meisterwerke, die ohne Signatur des Künstlers auf diese Welt kommen.

Mind-Control und das Ergebnis

Das Gehirn hat 30 Millionen Neuronen. Jedes Neuron ist ein Konglomerat von Atomen, die wie die Komponenten eines Computers für uns arbeiten. Jeder von uns verfügt über einen eingebauten Computer mit Milliarden und Abermilliarden von Komponenten, die denen des vom Menschen fabrizierten Computers weit überlegen sind. Die meisten Computer können mit anderen Computer-Systemen über

Telefonlinien kommunizieren und somit Informationsquellen anzapfen, mit denen sie ihr eigenes Programm ergänzen.

Durch die rechte Gehirnhälfte können wir unsere mentalen Computer auf gleiche Weise einsetzen, also die Informationen eines größeren Computers empfangen, welcher ›Höhere Intelligenz‹ genannt wird. Wer sein rechtes Gehirn nicht aktiviert, kann auch keine Verbindung zu diesem größeren Computer herstellen.

Als Sidney, der Buchprüfer, sich entspannte und sein Vorstellungsvermögen auf Silva-Art einsetzte, ließ er beide Gehirnhälften für sich arbeiten. Während er sein Problem im blau eingerahmten Spiegel visualisierte und die Lösung im weiß eingerahmten Spiegel, verband er seinen geistigen Computer sofort mit dem größeren Computer, welcher Zugang zu vielen anderen Informationsquellen hat und so eine Lösung für Sidneys Problem suchen konnte. Sidney erhielt Hilfe von der anderen Seite.

Würde ich die allgemein gängige Computer-Sprache in diesem Buch benutzen, so würden die meisten Leser das Buch in die Ecke werfen. Die Clique der Computer-Experten hat ihre eigene, einem Außenseiter kaum verständliche Sprache. Philosophen haben ihre eigene Sprache, genauso wie die Gläubigen und die Wissenschaftler. Alle benutzen unterschiedliche Begriffe, um letzten Endes dasselbe zu sagen. Nehmen wir einmal an, wir würden jedem dieser Experten die gleiche Frage stellen: Wie bekommt man Hilfe von der anderen Seite? Wie würden die Antworten ausfallen?

Der Philosoph würde vielleicht sagen: »Indem man seine persönliche Intelligenz auf die Höhere Intelligenz einstimmt.«

Der religiöse Mensch würde sagen: »Indem du die Heiligen Schriften liest und aus tiefem Herzen zu Gott betest.«

Der Wissenschaftler würde unter Umständen sagen: »Indem man die rechte Gehirnhälfte aktiviert und Kontakt mit dem morphogenen Feld aufnimmt.«

Alle drei sagen in Wirklichkeit dasselbe. Aber Sie, der Leser, werden sich wahrscheinlich wohler mit einer bestimmten Ausdrucksweise fühlen und weniger wohl mit einer anderen. Wie soll ich allen meinen Lesern in diesem Buch gerecht werden? Wie kann ich alle Sprachen gleichzeitig sprechen?

Die Aussagen in diesem Buch sind von so großer potentieller Bedeutung für Sie, daß ich unbedingt Ihre bevorzugte Ausdrucksweise benutzen muß. Deshalb alterniere ich im Verlauf des Texts zwischen religiöser, wissenschaftlicher und philosophischer Terminologie. Manche Leute fühlen sich wohler mit dem Wort ›Gott‹ als mit dem Begriff ›Höhere Intelligenz‹. Oder ›Höhere Intelligenz‹ ist ihnen lieber als ›morphogenes Feld‹. Wenn ich alle drei Begriffe benutze und immer die Worte wähle, die am besten im Zusammenhang wirken, werden Sie sich irgendwann vielleicht mit allen drei Ausdrücken anfreunden.

In gewisser Weise erleichtert die Anwendung verschiedener Begriffe uns allen den Zugang zur anderen Seite. Der Grund dafür ist folgender: Unterscheidungen, Trennungen und Polarisationen sind typische Merkmale des linken Gehirns. Das rechte Gehirn – unsere Verbindung zur anderen Seite – sieht keine Unterschiede. Es sieht Gemeinsamkeiten. Es erkennt die gemeinsame Grundlage ›unter‹ allen Unterschieden. Es erkennt die Einheit hinter der Vielheit.

Wer toleranter gegenüber Unterschiedlichkeiten in allen Dingen wird, entwickelt sich zum Fachmann im Umgang mit seinem geistigen Computer, denn so stimmt man sich genauer auf die Höhere Intelligenz ein, so ist man näher bei Gott, mehr im rechten Gehirn.

Die Aktivität der rechten Gehirnhälfte erhöhen

Wenn die Menschen überall ein mehr ganzheitliches Weltverständnis hätten – wenn sie die Erde als einen lebenden

Organismus sähen, bei dem jeder Teil notwendig für das Wohlergehen der Gesamtheit ist – dann würden sich die Konflikte entspannen, und das harmonische Gleichgewicht zwischen den einzelnen Menschen und zwischen Mensch und Natur würde wieder hergestellt. Nicht nur unser globales Verantwortungsbewußtsein würde gesteigert, wir würden auch unsere zwischenmenschlichen Beziehungen und unsere spirituelle Wahrnehmung vertiefen. Der Planet Erde würde zum Paradies werden. Jetzt fragen Sie wahrscheinlich: »Wo und wie soll diese Veränderung beginnen?« Die Antwort ist simpel: Sie beginnt mit Ihrer Person. Sie entspannen Ihren Körper und Ihren Geist und stellen sich die gewünschten Veränderungen in Ihrem Leben vor. Sobald sich Ihr Zustand dadurch bessert, verändert sich auch Ihre Einstellung auf subtile Weise. Ihre Erwartung und Ihr Glaube werden bestärkt, was wiederum dazu führt, daß Sie frohen Mutes weitere Verbesserungen einleiten. Sie entspannen sich und visualisieren – und wieder erfahren Sie eine nachfolgende Wandlung zum Besseren. Nun steigt der Erwartungs- und Glaubenspegel noch ein wenig höher.

Erwartung und Glaube sind wichtige Faktoren auf dem Weg zum Erfolg. Je stärker Ihre Erwartung und Ihr Glaube, desto größer die Wahrscheinlichkeit, daß Sie Hilfe von der anderen Seite erfahren. Mangelnde Erwartung und mangelnder Glaube entspringen dem linken Gehirn, welches auf diese Weise dafür sorgt, daß die Beschränkungen der körperlichen Welt Ihre Handlungen diktieren. Das linke Gehirn sagt: »Das kann nie wahr werden, weil es unlogisch ist.«

Wenn Sie Ihrem mentalen Computer sagen, er soll ›an die Arbeit gehen‹, dann macht er sich an die Arbeit. Wenn Sie ihm ›Halt, Stop‹-Instruktionen erteilen, dann hält er inne. Wer häufiger mit seinem rechten Gehirn arbeitet, bringt das linke Gehirn dazu, sich weniger häufig störend einzuschalten. Danach erlaubt es uns immer öfter, über die Begrenzungen der Logik hinauszugehen und unsere Fähigkeiten auf den Gebieten der unlogischen Problemlösung und Wunschziel-Verwirklichung zu erkennen. Uns wird geholfen, neue Ebenen der Lebenskraft, des Wohlstands und der Zufriedenheit zu bewohnen. Und mittlerweile wissen Sie auch, woher die neue Antriebskraft kommt: von der anderen Seite.

Wie sich Hilfe von der anderen Seite bemerkbar macht

Am Anfang der sechziger Jahre – wenige Jahre vor dem Stapellauf der Silva Methode – hatten meine Forschungen mich finanziell so gut wie ruiniert. Außerdem fing ich an, mich auch spirituell ausgelaugt zu fühlen. Eines Nachts nun, etwa zwei Stunden nachdem ich eingeschlafen war, wurde ich von einem strahlendem Lichtschein in meinem Kopf geweckt. Mitten in dem Licht standen deutlich lesbar zwei Zahlenreihen, eine über der anderen. Die erste war: 3-4-3. Die Zahlen darunter waren: 3-7-3. Darüber hinaus hatte ich einen Eindruck von der Christus-Gegenwart und sah eine Passage aus einem anonymen Traktat *Ein einziges Leben,* welche ich vor langer Zeit einmal gelesen hatte. Die Passage war eine bewegende Darstellung, wie ein Menschenleben viele andere beeinflussen kann.

Die Silva Methode beinhaltet unter anderem auch Übungen, durch die Antworten von der anderen Seite im Traum empfangen und erinnert werden können, deshalb konnte ich es gar nicht abwarten, meinen Traum auf Silva-Art zu deuten und zur Lösung meiner Schwierigkeiten einzusetzen.

Den ganzen nächsten Tag grübelte ich über die Bedeutung der Zahlen in meinem Traum nach. War ich aufgerufen worden, jemanden mit dieser Telefonnummer anzurufen oder einen Autofahrer mit jenem Nummernschild zu kontaktieren? Ich suchte überall nach diesen Zahlen, aber vergeblich.

Als ich meinen Elektronik-Laden in Laredo, Texas, nahe der mexikanischen Grenze, um 8.45 Uhr schloß, kam meine

Frau mir aus unserem Haus auf der anderen Straßenseite entgegen.

»José, wenn du zu einem Kunden auf der mexikanischen Seite der Grenze gerufen wirst, dann könntest du mir eine Flasche mit medizinischem Alkohol aus Nuevo Laredo mitbringen«, sagte sie.

»Schatz«, antwortete ich, »ich habe keinen Anruf von einem Kunden jenseits der Grenze erhalten. Aber ich mache mich trotzdem auf den Weg und bringe dir die Flasche.«

In dem Moment tauchte ein alter Freund von mir auf, und dann fuhren wir gemeinsam los. Während der Fahrt erzählte ich ihm von meinem Traum. Er interessierte sich ebenfalls für die noch unerforschten Eigenschaften des menschlichen Bewußtseins, und so wußte ich, daß er mich nicht für verrückt erklären würde.

»In Mexiko gibt es eine nationale Lotterie«, sagte er. »Warum gehen wir nicht in einen Laden, der Lose verkauft?«

»Wir können es versuchen«, stimmte ich zu.

Wir hielten vor einem Laden, der aber um neun Uhr schloß, und wir waren ein paar Minuten zu spät gekommen.

Dann gingen wir in ein Geschäft, um den medizinischen Alkohol für meine Frau zu kaufen. Während ich zahlte, wanderte mein Freund durch die Auslagen und entdeckte ein paar Lotterielose, die an einem Faden befestigt waren.

»Welche Zahlen hast du im Traum gesehen?« rief er mir zu.

»3-4-3 und 3-7-3«, rief ich zurück.

»Die Nummer 3-4-3 ist hier!«

»Du willst mich auf den Arm nehmen!« schrie ich und rannte zu ihm. Tatsächlich, da war das Los mit der geträumten Nummer. Ich kaufte es und die fünf übrigen Lose noch dazu. Die Nummer 3-7-3 konnte ich nirgends finden, aber nach wenigen Tagen stellte sich heraus, daß ich zehntausend Dollar netto nach Abzug der Steuern für das Los 3-4-3 gewonnen hatte.

Beachten Sie die Folge der Ereignisse, die mich zu dem Los mit meiner ›Traumnummer‹ führten. Welch ein Timing! Welch eine Kette von ›Zufällen‹!

Mein Lotteriegewinn brachte mich finanziell und spirituell wieder auf die Höhe. Das Gefühl der Christus-Gegenwart und die Passage aus dem Büchlein *Ein einziges Leben* – waren diese Eindrücke so etwas wie eine Signatur des ›Urhebers‹ der glücklichen Umstände, die mir zuteil geworden waren? Auf alle Fälle war es Hilfe von der anderen Seite, soviel war klar.

Manchmal ist die Hilfe von der anderen Seite sogar noch direkter. Und manchmal ist sie subtiler und nicht so offensichtlich. Sie kann sich durch ein Mitglied der eigenen Familie bemerkbar machen oder durch einen Fremden, den man noch nie gesehen hat. Sie kann vom Meer herangespült werden oder vom Wind herübergeweht.

Eine Witwe mußte ihre vier Kinder an einem heißen Sommertag enttäuschen, weil sie das Fahrgeld für den Bus, mit dem alle an den Strand fahren wollten, nicht aufbringen konnte. Sie entspannte sich und stellte sich ihre Familie am Strand vor. Fünf Minuten später kam eins ihrer Kinder angelaufen.

»Schau, Mama, das hat der Wind über die Straße geweht«, rief das Kind. Es schwenkte eine Fünf-Dollar-Note in der Hand. Ein weiteres Beispiel für Hilfe von der anderen Seite.

In einem Moment werde ich Sie bitten, dieses Buch beiseite zu legen und sich ein paar streßfreie Minuten zu gönnen. Sie werden die Augen schließen, tief einatmen und eine friedliche Szene im Geiste sehen. Damit aktivieren Sie Ihre rechte Gehirnhälfte; damit verbinden Sie sich mit der anderen Seite – mit der schöpferischen Dimension und der Lebenskraft. Wenn Sie die Augen öffnen, werden Sie sich wohler fühlen als jetzt. Sie werden sich erfrischt und erneuert fühlen.

Hier sind die Schritte. Lesen Sie sie zuerst einmal durch.

1. Setzen Sie sich bequem hin.
2. Schließen Sie die Augen.
3. Atmen Sie einmal tief ein, und entspannen Sie Ihren Körper während des Ausatmens.
4. Stellen Sie sich einen friedvollen Platz vor, den Sie von früher als angenehm kennen – einen Meeresstrand, eine Wiese, einen Wald – und sehen Sie sich dort für ein oder zwei Minuten.
5. Sagen Sie sich, daß Sie beim Öffnen der Augen ein großartiges Gefühl haben, daß Sie hellwach sind und sich besser als vorher fühlen.
6. Öffnen Sie die Augen.

Lesen Sie die sechs Schritte noch einmal durch. Machen Sie sich klar, wie einfach und natürlich diese Schritte sind. Die ersten drei Schritte werden von den meisten Menschen vollzogen, sobald sie nach einem harten Arbeitstag nach Hause kommen. Die letzten drei sind eine weitverbreitete Form des Tagträumens.

Sind Sie bereit? Dann legen Sie das Buch nieder und machen die Übung.

Sie haben soeben den ersten Schritt auf die andere Seite zugetan. Je näher Sie ihr kommen, desto eindeutiger kommt die andere Seite auf Sie zu. Ergebnis: Hilfe kommt schneller und auf breiterer Basis, solange, bis Ihr Leben transformiert worden ist.

Die Geschenke mehren sich

Gesunde menschliche Körper leben länger und können mehr leisten, mitschöpferisch aktiv werden und den Planeten in ein Paradies verwandeln. Und was geschieht, wenn Ihr Verstand sich mit der Höheren Intelligenz verbindet und deren Datenbanken anzapft? Dann werden Sie zum unerschöpflichen Springquell origineller Ideen, zu einem Wegweiser für andere Menschen, zum einfallsreichen Problem-Löser, zu einem Katalysator für zwischenmenschliche Verständigung.

Die Übung, die Sie gerade gemacht haben, wird von etwas längeren Übungen gefolgt. Aber dadurch wird die Kontaktaufnahme immer mehr verkürzt, bis Sie nur noch den Fokus Ihrer Augen entspannen und bei wachem Bewußtsein träumen müssen. An diesem Punkt wird kontrolliertes Tagträumen zu einem Schlüssel, der Ihnen ›die Tore des Himmels‹ öffnet.

Wenn Sie in der Lage sind, sich auf Ihre Alpha-Stufe zu begeben – wenn Sie visualisieren (also sich etwas im Geiste vorstellen, das Sie bereits gesehen haben) und Ihre Imagination einsetzen (sich etwas vorstellen, was man noch nicht gesehen hat) – ist Ihr Wachbewußtsein in Kontakt mit dem schöpferischen Bereich. Man ist in Kontakt mit der körperlosen Welt der Intelligenz, mit der unsichtbaren spirituellen Welt, welche diese sichtbare, körperliche Welt ursprünglich geschaffen hat.

Woher kommt die Hilfe?

Ohne Hilfe von der anderen Seite verwirklichen wir sehr viel weniger von unserem Potential, als sein müßte. Vielleicht sind Sie ein Mensch, der leicht wütend wird, sich sprachlich nicht ausdrücken kann, erfolglos handelt und wenige Freunde hat. Vielleicht sind Sie jemand, der nicht weiß, was er mit seinem Leben anfangen soll, das Gefühl hat, nirgendwo dazuzugehören; jemand, der oft krank ist und unglückliche Liebesbeziehungen erfährt.

Aber Sie müssen nur die andere Seite Ihres Gehirns aktivieren – und schon aktivieren Sie unmittelbaren Beistand von der anderen Seite bei der Überwindung Ihrer Schwierigkeiten.

Kann man also sagen, daß ›die andere Seite‹ lediglich die andere Seite unseres Gehirns ist? Oder ist sie in Wirklichkeit ein gigantischer Mann mit einem langen weißen Bart, der irgendwo oben im Himmel sitzt?

Zwischen diesen beiden Vorstellungen liegt die Wahrheit, die von verschiedenen Denkern unterschiedlich gesehen wird.

Seit Jahrmillionen hat der Mensch sich Gott als das Ebenbild des Menschen vorgestellt. Aber das Gegenteil mag eher der Fall sein. Gott, als der Schöpfer, hat den Menschen nach seinem Ebenbild geschaffen.

Gott ist schöpferisch, intelligent und bewußt. Also ist der Mensch schöpferisch, intelligent und bewußt.

Als Erklärung für ihre neuesten Entdeckungen haben die modernen Physiker die Theorie aufgestellt, daß der gesamte Raum von Intelligenz durchdrungen sein muß. Der Raum wird erwiesenermaßen von verschiedenen Energiefeldern durchdrungen, also würde die Hinzufügung eines Intelligenzfeldes die derzeitigen Paradigmen der Wissenschaft nicht widerlegen. Aber viele Wissenschaftler scheuen sich noch, dieses Konzept offiziell zu vertreten, weil die Theorie eines Intelligenzfeldes sie zu sehr in die Nähe des religiösen Weltverständnisses rückt.

Zunehmendes Beweismaterial zwingt die wissenschaftliche Gemeinde mittlerweile jedoch dazu, diese Theorie ernster zu nehmen. Seit Jahrhunderten sprechen die Theosophen und Metaphysiker von einer spirituellen Grundlage, auf der das physische Universum beruht. Heute werden Wissenschaftler mit dieser Möglichkeit in Form von stichhaltigen Beweisen konfrontiert.

Individuelle Wissenschaftler haben die Idee einer Höheren Intelligenz in den vergangenen Jahrzehnten unterschiedlich formuliert. Dr. Fritjof Capra, ein amerikanischer Physiker und der Verfasser des Buches *Das Tao der Physik,* verglich den heutigen Wissensstand auf dem Gebiet der Atom- und Quantenphysik mit uralten chinesischen Texten über die spirituelle Welt und entdeckte dabei eine Reihe verblüffender Ähnlichkeiten.

Dr. Karl Pribram, ein bekannter amerikanischer Gehirnchirurg, sieht in den Neuronen des Gehirns das holographische Abbild des materiellen Universums, was darauf schließen läßt, daß unsere Gehirnzellen von Anfang an dem Konzept des Universums ›ausgesetzt‹ waren. Der britische Wissenschaftler Jacob Boehm postulierte die gleiche holographische Theorie in einem Wissenschaftsmagazin. Keiner der beiden Forscher wußte etwas von der parallel laufenden Forschung des anderen.

Der Physiker Peter Russell weist auf eine Intelligenz hin, die der Erde selbst innezuwohnen scheint, und die er die ›globale Intelligenz‹ nennt. Er fand Beweise dafür, daß die Erde ihre Eigentemperatur erhält und ihre Gewässer reinigt, trotz der störenden Einmischung von seiten der Menschheit.

Der Biologe Rupert Sheldrake hat in wiederholten, streng kontrollierten Laborexperimenten bewiesen, daß bestimmte Tierarten ein gemeinsames Intelligenzfeld benutzen. Wenn genügend Mäuse in einer Gruppe gelernt haben, den Weg aus einem Labyrinth zu finden, kennt plötzlich auch der Rest der Mäuse den kürzesten Weg. Wenn genügend Menschen etwas gelernt haben, wird es leichter für den Rest der Menschheit, dasselbe zu lernen. Sheldrake nennt diese kommunizierbare Intelligenz das ›morphogene Feld‹.

Cleve Backster, ein Lügendetektor-Experte, stellte fest, daß er die Reaktionen von Pflanzen auf die Gedanken von Menschen mit seinem Lügendetektor abmessen konnte, was selbst dann funktionierte, wenn menschliche Gedanken aus beträchtlicher Entfernung ausgesandt wurden. Seine Arbeit wurde in dem Buch *Das Geheime Leben der Pflanzen* beschrieben. Backster hat inzwischen festgestellt, daß tierische Zellen – wozu auch die menschlichen Zellen gehören – dieselben Fähigkeiten besitzen. Er benutzt elektroenzephalographische (EEG) Geräte für seine Messungen und erhält

Ergebnisse, die sich beliebig wiederholen lassen. Körperzellen, die dem Mund eines Menschen entnommen und mit Elektroden versehen wurden, reagierten auf die Gefühle ihres Eigentümers, selbst wenn dieser sich weit entfernt von seinen Zellen befand.

Inzwischen haben Wissenschaftler die winzigsten Partikel der Materie analysiert und hinter der materiellen Erscheinungsform Energiesysteme und Intelligenzfelder entdeckt. Obwohl dies nicht die letzte umwälzende Entdeckungsreise sein mag, handelt es sich hier um einem Bereich, der nicht mehr mit materiellen Instrumenten gemessen werden kann. Das Bewußtsein des Forschers selbst – genau wie Ihres und meins – wird zum besten uns derzeit verfügbaren Instrument der Forschung in diesen Bereichen.

3

Wie die andere Seite kontaktiert wird

In diesem Kapitel werden wir die Zusammenhänge näher untersuchen. Wie kann etwas so Einfaches wie der Akt der Entspannung dem Menschen etwas so Bedeutungsvolles wie den Kontakt mit der anderen Seite verschaffen?

Die meisten verstehen unter körperlicher Entspannung schlicht ›Nichtstun‹, aber Entspannung ist mehr. Wenn Sie nach einem anstrengenden Arbeitstag nach Hause kommen oder die Kinder endlich ins Bett gebracht haben und in einen bequemen Sessel sinken – dankbar, daß Sie einfach nur sitzen dürfen und nichts tun müssen – mögen Sie kurz darauf entspannter sein als zuvor, aber noch nicht entspannt genug, um die rechte Gehirnhälfte zu aktivieren und den Kontakt mit der anderen Seite herzustellen.

Die Muskeln, Bindegewebe, Drüsen und Organe Ihres Körpers halten weiterhin an den im Lauf des Tages erworbenen Spannungen fest. Diese Spannungen müssen ebenfalls gelöst werden. Sobald Sie wissen, wie Sie auch diese Art der Verkrampfung bewußt loslassen können, werden Sie ein gesünderes Leben führen, denn Entspannung ist das beste Heilmittel.

Jetzt fragen Sie wahrscheinlich: »Und wie entspanne ich meinen Körper tief genug?« Die Antwort ist einfach: Ihr Gehirn kontrolliert Ihren Körper, und Sie kontrollieren Ihr Gehirn. Wenn Sie Ihr Gehirn auf korrekte Weise benutzen, entspannen Sie Ihren Körper.

Das werden wir jetzt gleich ausprobieren. Sie müssen das

Buch nicht beiseite legen; halten Sie es aber in der linken Hand. Ihre rechte Hand ist nun frei. Machen Sie eine Faust... Ihre rechte Hand hat sich jetzt zur Faust geballt, denn Ihr Gehirn hat die Anweisung im letzten Satz aufgegriffen. Daraufhin hat Ihr Gehirn den Befehl über die Nervenstränge und Muskeln an Ihre Hand weitergegeben.

In einem Moment werde ich Sie bitten, die Faust so fest Sie nur können zu ballen, fester und fester, und dann loszulassen. Damit will ich Ihnen zeigen, wie sich wahre körperliche Entspannung anfühlt. Im Moment des Loslassens *spüren* Sie die Entspannung. Nicht fünf Sekunden später, sondern im Moment des Loslassens. Erinnern Sie sich daran, und machen Sie sich bereit für dieses Gefühl.

Fertig? Ballen Sie die Hand zur Faust... noch fester... und jetzt lassen Sie los!

Entspanntsein fühlt sich gut an, nicht? Erinnern Sie sich an dieses Gefühl. Es ist das Gefühl, das Ihnen durch die Übungen auf den nächsten Seiten vermittelt wird.

Wenn Sie wollen, können Sie es auch mit anderen Körperteilen ausprobieren. Halten Sie das Buch in beiden Händen. Verkrampfen Sie nun Ihre Fußgelenke, indem Sie die Zehen steil nach unten richten... noch mehr anspannen... Und nun lassen Sie los. Es fühlt sich wirklich wundervoll an.

Pressen Sie die Zähne aufeinander, indem Sie die Kinnlade verkrampfen... fester... Jetzt lassen Sie los. Es fühlt sich einfach gut an.

Morgens, mittags und abends

An diesem Punkt fragen Sie sich vielleicht: »Aber was hat Entspanntsein mit dem Kontakt zur anderen Seite zu tun?« Die Antwort ist: alles.

Eine kurze Gedächtnisstütze:

- Die Entspannung des Körpers führt zur Entspannung des Geistes.

- Geistige Entspannung führt zur Verlangsamung der Schwingungsfrequenzen des Gehirns.
- Verlangsamte Gehirnschwingungen aktivieren die Funktion der rechten Gehirnhälfte.
- Die rechte Gehirnhälfte ist Ihre Verbindung zum nichtstofflichen, schöpferischen Bereich – Ihr Kontakt zur anderen Seite.

Entspanntsein ist genauso notwendig, wenn man die andere Seite kontaktieren will, wie es notwendig ist, den Hörer abzunehmen und eine Nummer zu wählen, wenn man jemanden über das Telefon erreichen will.

Wenn Sie Hilfe von der anderen Seite so schnell wie möglich empfangen wollen, müssen Sie demnach so schnell wie möglich lernen, sich tief und nachhaltig zu entspannen.

Ich nehme jetzt einmal an, daß schnelles Lernen eine Priorität von Ihnen ist, und schlage Ihnen deshalb ein paar Übungen vor, die Sie an den nächsten 20 Tagen morgens, mittags und abends machen können. Dazu muß ich allerdings sagen, daß dieses rigorose Programm nicht unbedingt eingehalten werden muß. Auch wenn Sie nur die Hälfte oder sogar nur ein Viertel der vorgeschlagenen Übungen in diesem Zeitraum machen, kommen Sie mit der anderen Seite in Kontakt. Aber dann dauert es eben doppelt oder viermal so lange.

Mit anderen Worten: Sie können die Übungen für jeden Tag auch am nächsten Tag wiederholen (oder an mehreren folgenden Tagen), wenn Sie rasche Fortschritte machen möchten.

Wenn das Silva-Übungsprogramm im Rahmen einer Gruppe praktiziert wird, lernen sämtliche Teilnehmer in etwa fünf bis sechs Stunden, worauf es ankommt. Allerdings wird jeder mit zunehmender Übung noch besser, und Ihnen wird es nicht anders gehen. Wer sich die Methoden mit diesem Buch selbst beibringt, braucht länger als jemand, der mit einem Lehrer übt.

Lassen Sie mich jetzt eine kleine Vorausschau auf das Morgens-, Mittags- und Abendprogramm geben. Ausführliche Anleitungen und Erklärungen folgen später.

Morgens: Sobald Sie morgens aufwachen, schließen Sie noch einmal die Augen und zählen rückwärts von 100 bis 1. Diese Übung sorgt für Tiefenentspannung und wird mit zunehmenden Fortschritten immer mehr verkürzt.

Mittags: Nach dem Mittagessen setzen Sie sich bequem hin – sei es an Ihrem Arbeitsplatz oder Zuhause – Sie entspannen sich und üben kontrolliertes Tagträumen.

Abends: Am Ende des Tages, wenn Sie sich ungestört ausruhen können, machen Sie Entspannungsübungen und stellen sich bestimmte Dinge gezielt vor.

Schon bald werden Sie lernen, sich innerhalb weniger Minuten körperlich und geistig zu entspannen. Sie werden Ihre Alpha-Stufe erreichen und den Kontakt zur anderen Seite mit Ihrer rechten Gehirnhälfte aufnehmen.

Nun werde ich Ihnen detaillierte Instruktionen für die ersten fünf Tage geben. Dann, am Ende dieses Kapitels, wird das Gesamtprogramm für jeden Tag übersichtlich aufgeführt, damit Sie Ihre Aufgaben auf einen Blick erkennen können.

Morgens: Tag 1 – 5

Wenn Sie morgens aufwachen, setzen Sie sich im Bett auf und lehnen sich bequem in die Kissen zurück. Dann schließen Sie die Augen und zählen rückwärts von 100 bis 1.

Rückwärtszählen entspannt. Vorwärtszählen macht uns handlungsbereit. Ein Beispiel: Eins, zwei, drei – los!

Um zu verstehen, warum morgens von oben nach unten gezählt werden soll, kann man sich die Grafik auf Seite 46 anschauen. Die Grafik wird ›Skala der Evolution des Gehirns‹ genannt, und sie illustriert die Wirkung von Entspannung auf das Gehirn.

<table>
<tr><td>Zeichnung 1

Physische ↑ Welt

Sehen
Hören
Riechen
Schmecken
Tasten
Zeit ↓ Raum</td><td colspan="2">Beta

21</td><td>Handeln</td><td>Äußerlich bewußte Bereiche</td></tr>
<tr><td>Spirituelle Welt
Zeitlos ↑ raumlos
Außersinnliche
Wahrnehmungen</td><td>14 Alpha</td><td rowspan="3">Schlafen</td><td rowspan="3">Denken</td><td rowspan="3">Innerlich bewußte Bereiche</td></tr>
<tr><td rowspan="2">↓</td><td>7 Grundstufe</td></tr>
<tr><td>Theta</td></tr>
<tr><td>?</td><td>4 Delta</td><td></td><td></td><td>Unbewußtes</td></tr>
<tr><td>Gehirnrhythmus
(Zyklen per Sek.)</td><td></td><td colspan="3"></td></tr>
</table>

Skala der Evolution des Gehirns

Dieses Diagramm besteht aus drei Abschnitten. Die linke Seite stellt den Körper dar; die Mitte das Gehirn mit seinen Schwingungsfrequenzen; die rechte Seite zeigt die verschiedenen Bewußtseinsebenen.

Zuerst möchte ich Sie bitten, den mittleren Bereich zu studieren. Darin werden vier Frequenzstufen des Gehirns aufgeführt, also die Anzahl der Energiewellen pro Sekunde, die von Ihrem Gehirn ausgesandt werden. In diesem Augenblick, während Sie diese Zeilen lesen, ›vibriert‹ Ihr Gehirn auf einer bestimmten Frequenzstufe – wahrscheinlich zwischen 14 und 21 Zyklen oder Wellen pro Sekunde. Forscher sind heute in der Lage, unsere Gehirnschwingungen mit einem Biofeedback-Gerät, welches Elektroenzephalograph genannt wird, zu messen. Im wachen, aktiven Zustand schwingt Ihr Gehirn im Bereich der sogenannten Beta-Stufe.

Wenn Sie sich entspannen, verlangsamen Sie die Frequenz Ihrer Gehirnschwingungen. Der Bereich zwischen 7 und 14 Schwingungen pro Sekunde wird die Alpha-Stufe genannt. Diese Alpha-Stufe versuchen wir zu erreichen, denn in diesem Schwingungsbereich arbeiten beide Gehirnhälften zusammen.

Auf der Alpha-Stufe können wir unseren mentalen Computer programmieren und den größeren Computer auf der anderen Seite anzapfen.

Wenn das Gehirn zwischen 1 und 7 Zyklen pro Sekunde schwingt, nennt man die ausgesandten Wellen Theta-Wellen. Auf der Theta-Stufe befindet man sich am Rande des Schlafs. Die niedrigsten Frequenzen – weniger als 4 Zyklen pro Sekunde – werden im Tiefschlaf ausgesandt.

Beachten Sie nun, was mit dem Körper auf der linken Seite des Diagramms geschieht, wenn Sie sich in die Bereiche der niedrigeren Schwingungen begeben. Im Beta-Zustand gehören Sie dieser körperlichen Welt an, der Welt der Sinne – Sehen, Hören, Riechen, Schmecken und Tasten – der Welt von Zeit und Raum.

Im Alpha-Zustand befinden Sie sich in einer anderen Welt – einem Bereich, in dem die körperbedingten Sinne zurückgelassen werden und die ›Wahrnehmung außerhalb der Sinne‹ beginnt.

Der Alpha-Bereich ist eine nichtkörperliche Dimension, in der Zeit und Raum nicht als Begrenzung existieren. Dort werden wir von Intuition, außersinnlichen Wahrnehmungen und medialen Fähigkeiten geleitet.

Wenn Sie sich durch Entspannung auf die Alpha-Stufe begeben und Ihre Gehirnschwingungen verlangsamen, wie auf der rechten Seite des Diagramms gezeigt wird, tritt Ihr Bewußtsein von den äußeren Bereichen in die inneren Bereiche der Wahrnehmung ein. Die Psychologen nennen diese Bereiche das ›Unterbewußtsein‹. Aber mit Hilfe der Silva Methode werden diese Bereiche nicht mehr als ›unter‹- sondern eher als ›super‹-bewußt empfunden, weil wir sie bewußt ansteuern und einsetzen.

Also lernen Sie während der morgendlichen Übung, sich auf Ihre Alpha-Stufe zu begeben, wo Sie in einem ›superbewußten‹ Bereich und in Verbindung mit Ihrem Höheren Selbst – dem Teil Ihres Bewußtseins, der in Kontakt mit der anderen Seite ist – funktionieren können.

Und hier ist Ihr morgendliches Programm für die ersten fünf Tage:

1. Beim Erwachen setzen Sie sich auf und machen es sich in den Kissen bequem.
2. Sie schließen die Augen und blicken leicht nach oben.
3. Zählen Sie rückwärts von 100 bis 1.
4. Bei 1 sagen Sie im Geiste zu sich: »Mit jeder Entspannung komme ich schneller in die Tiefe – schneller, tiefer.«
5. Beenden Sie die Übung, indem Sie von 1 bis 5 zählen. Bei 3 halten Sie mit dem Zählen inne und sagen sich: »Wenn ich die Augen aufmache, bin ich hellwach und fühle mich großartig.«
6. Bei 5 öffnen Sie die Augen und sagen sich: »Ich bin hellwach und fühle mich großartig.«

Lesen Sie diese Anweisungen noch einmal durch, damit Sie die Übung jeden Morgen richtig machen.

Schon im voraus möchte ich Ihnen nun gratulieren, daß Sie den Alpha-Bereich bewußt angesteuert und erreicht haben.

Mittags: Tag 1–5

Während wir tagsüber gedankenverloren vor uns hinträumen, sind wir schöpferisch tätig. Unser Vorstellungsvermögen ist unser schöpferisches Handwerkszeug. Demnach müßte das Träumen und Phantasieren als wichtigstes Lehrfach an unseren Schulen und Universitäten gelehrt werden, nicht wahr?

Nein. Noch vor kurzem galt Tagträumen während des Unterrichts als unmögliches Benehmen an unseren Schulen. Die einfachste Methode der Entfaltung der menschlichen Kreativität – sich zu entspannen und sich etwas bildlich vorzustellen – galt als tabu. Doch mittlerweile erkennen mehr und mehr Lehrer und Eltern den Nutzwert des kontrollierten Phantasierens. Jedes Gemälde wird zuallererst von den inneren Augen des Malers erblickt. Ein Modeschöpfer muß ein Kleid im Geist sehen, bevor er das stoffliche Kleid herstellt – nur so können Schnittmuster gemacht werden, nach denen der Stoff später zugeschnitten wird. Jeder Architekt muß seine Bauwerke erst innerlich sehen, lange bevor er die Pläne zeichnet, sich Gedanken über die Kosten macht und irgendwelche Bauarbeiten einleitet.

Was wir uns im Geist vorstellen, kann nicht von der anderen Seite ignoriert werden, da beide Seiten miteinander verknüpft sind. Das Vorstellungsvermögen ist unsere Brücke zur anderen Seite, zur rechten Gehirnhälfte.

Jeden Tag, wenn Sie sich nach dem Mittagessen entspannen, werden Sie sich nun etwas bildlich vorstellen. Zuerst werden Sie visualisieren, und dann werden Sie imaginieren.

Und was ist der Unterschied? Visualisieren bedeutet, daß man sich etwas vorstellt, was man bereits mit eigenen Augen gesehen hat – man ruft sich ein Bild ins Gedächtnis zurück. Imaginieren ist, wenn man sich etwas vorstellt, was man noch nicht mit den körperlichen Augen gesehen hat. Also stellt man sich völlig neue, unbekannte Szenen im Geiste vor. Wenn ich Sie bitte, sich eine Zitrone vorzustellen, dann *visualisieren* Sie eine Zitrone. Wenn ich Sie bitte, sich mein Büro in Laredo, Texas, vorzustellen, dann... *imaginieren* Sie mein Büro in Laredo.

Wir beginnen mit Bildern, die uns bereits bekannt sind – also mit Visualisationen. Ich werde Ihnen jetzt fünf Visualisationsübungen vorschlagen, die Spaß machen, und die Sie im Zusammenhang mit den morgendlichen Entspannungen praktizieren.

Die erste Visualisation sollten Sie jetzt sofort machen, damit Sie wissen, wie es geht. Sie besteht aus drei Teilen: Entspannung, Visualisation und Rückkehr. Prägen Sie sich jeden der drei Schritte ein, legen Sie dann das Buch beiseite, und probieren Sie es.

Schritte für den ersten Tag:

1. Sie setzen sich bequem hin und schließen Sie die Augen. Drehen Sie die Pupillen leicht nach oben.
2. Zählen Sie von 100 bis 1.
3. Visualisieren Sie eine unaufgeschnittene Wassermelone.
4. Stellen Sie sich vor, daß Sie die Melone halbieren und beide Hälften auseinanderfallen, so daß Sie das Innere der Melone sehen können.
5. Fügen Sie die Hälften wieder zusammen, und lassen Sie die Wassermelone verschwinden.
6. Zählen Sie von 1 bis 5 und öffnen Sie die Augen. Bei 3 sagen Sie sich selbst, daß Sie bei 5 hellwach sein und sich großartig fühlen werden. Bei 5 angekommen, bestätigen Sie noch einmal, daß Sie nun hellwach sind und sich großartig fühlen.

Am ersten Tag ist das Visualisieren der Wassermelone Ihre Mittagsübung. Für die nächsten vier Tage werde ich Ihnen andere Visualisationen vorschlagen.

Was haben Sie vorhin ›gesehen‹, als Sie die Wassermelone halbierten? Das rote Fruchtfleisch? Schwarze Melonenkerne? Weiße, innere Rinde? Ich habe Sie nicht beauftragt, solche Einzelheiten zu ›sehen‹, dennoch kamen Ihnen diese

Dinge automatisch in den Sinn, weil sie in Ihrem Gedächtnis gespeichert sind.

Halten Sie nach solchen Einzelheiten Ausschau, wenn Sie morgen mittag die nächste Übung machen. Vielleicht erinnern Sie sich sogar an den köstlichen Geschmack einer Wassermelone und kaufen sich eine als Nachspeise!

Hier sind die Visualisationen für die nächsten vier Tage:

2. Tag – Visualisieren Sie sich selbst, wie Sie vor einem bodenlangen Spiegel stehen. Wenn Sie sich die Einzelheiten Ihres Gesichts nur schwer vorstellen können (viele halten ihr Gesicht für selbstverständlich), schauen Sie in den Spiegel und prägen sich Ihre Gesichtszüge ein. Dann versuchen Sie es noch einmal.

3. Tag – Visualisieren Sie jemanden, mit dem Sie zusammenleben (eine eng befreundete Person oder einen Verwandten, wenn Sie allein leben). Auch hier kann es sein, daß Sie sich die Gesichtszüge von eng vertrauten Menschen nur schwer vorstellen können. Werfen Sie vorher noch einen Blick auf die Person, wenn es geht.

4. Tag – Visualisieren Sie einen friedlichen Ort der Geborgenheit, den Sie von früher kennen. Es kann ein Sandstrand, eine Hängematte, eine Wiese, eine Bergspitze oder schattige Ecke in Ihrem Garten sein. Dann visualisieren Sie sich selbst an diesem Platz. Lassen Sie das Bild so real werden, daß Sie den Frieden und die Geborgenheit von früher wieder spüren. Wenn Sie sich dabei tief entspannen, benutzen wir diesen Platz bei späteren Übungen als Ihren ›entspannten Lieblingsplatz‹.

5. Tag – Visualisieren Sie das Haus oder den Apartment-Komplex, in dem Sie leben. Betrachten Sie das Gebäude von außen. Erinnern Sie sich an so viele Details wie möglich. Wandern Sie im Geiste von oben bis unten an dem Gebäude herab und sehen Sie die verschiedenen Farben und alle Einzelheiten.

Damit haben Sie ein Programm für die ersten fünf Morgen und Mittage. Jetzt folgt das Abendprogramm.

Abends: Tag 1 – 5

Am Morgen üben Sie sich in Entspannung, was bedeutet, daß Sie lernen, Ihre Alpha-Stufe zu erreichen, wo das Denken zentriert ist.

Mittags üben Sie sich in bildlicher Vorstellung – eine Aktivität der rechten Gehirnhälfte.

Am Abend werden Sie diese beiden Praktiken nun kombinieren. Sie entspannen sich und stellen sich dazu etwas bildlich vor. Entspannung plus bildliches Vorstellen = Ergebnisse.

So einfach ist das. Und Sie haben die Formel schon immer gekannt und täglich benutzt.

Wie? Nun, wenn Sie abends erschöpft von der Arbeit nach Hause kommen, setzen Sie sich irgendwo bequem hin und stellen sich Ihre Probleme bildlich vor: wie schlecht das Geschäft geht, wie viele unbezahlte Rechnungen auf Sie warten, wie klein die Wohnung doch ist, wie alt das Auto, wie krank das Baby und so weiter und so fort... Sie machen sich Sorgen.

Wenn Sie sich auf diese Weise entspannen und etwas bildlich vorstellen, sind Sie kreativ. Aber was kreieren Sie? Sie schaffen genau die Dinge, die Sie von sich abwenden wollen! Sie pumpen Ihre Probleme mit schöpferischer Energie voll! Und dann wundern Sie sich, daß Ihre Probleme einfach nicht verschwinden wollen.

Aber das wird sich jetzt ändern. Sie werden die Problemlösungs-Formel benutzen, anstatt die Formel für die Erzeugung von Problemen, und ein neues Leben beginnen. Die morgendliche Entspannung und das bildliche Vorstellen am Mittag werden nun im Abendprogramm kombiniert. Ein paar Minuten der Entspannung und des bildlichen Vorstellens vor dem Schlafengehen vermitteln nicht nur zunehmende Übung in beiden Praktiken – bald werden Sie auch feststellen, daß bedeutsame Veränderungen in Ihrem Leben eingeleitet worden sind.

Die fortschreitende Entspannungsübung

Konzentrieren Sie Ihre Aufmerksamkeit auf einen Körperteil nach dem anderen, und fühlen Sie, wie jeder Teil reagiert und sich entspannt.

Fangen Sie mit dem Kopf an, und gehen Sie dann langsam nach unten bis zu den Zehen. Bevor Sie zum nächsten Körperteil übergehen, müssen Sie sicherstellen, daß der vorangegangene Teil mit Entspannung reagiert hat. Zuerst entspannen Sie Ihre Kopfhaut. Dann die Stirn. Die Augen. Das Gesicht, den Nacken, die Schultern und die Arme. Gehen Sie nicht zum oberen Rücken über, bevor Sie nicht deutlich spüren, daß Ihre Arme und Schultern entspannt und angenehm ausgeweitet sind. Danach kommt Ihre Brust an die Reihe, die Bauchgegend, der untere Rücken, die Hüften, Schenkel, Knie, Beine, Fesseln, Füße und Zehen.

Die Reihenfolge brauchen Sie sich nicht zu merken, weil die Entspannung ganz natürlich vom Kopf bis zu den Füßen fortschreitet. Lesen Sie diese Anleitung vor der ersten abendlichen Übung noch einmal durch, und vollziehen Sie jeden Schritt langsam und gründlich.

Am zweiten und dritten Abend können Sie den Vorgang der Entspannung etwas beschleunigen. Sie werden merken, daß Ihr Körper schneller und tiefer reagiert.

Aktionsplan: Abends 1 – 5

Bei jeder abendlichen Übung entspannen Sie sich wie am Morgen und fahren dann mit den unten aufgeführten Übungen fort, um die Entspannung und den Kontakt zur anderen Seite noch zu vertiefen.

1. Abend – Machen Sie zuerst die fortschreitende Entspannungsübung, die ich eben beschrieben habe. Als nächstes stellen Sie sich die Wassermelone vom Mittag noch einmal vor. Visualisieren Sie die Kerne, das rote Fruchtfleisch, die grüne Schale und die weiße innere Rinde. Erinnern Sie sich an ihren Geruch, ihren Geschmack. Jetzt lassen Sie die Melone verschwinden. Wiederholen Sie die Übung mit einer Zitrone und einer Zwiebel. Die Sitzung wird beendet, indem Sie sich von 1 bis 5 nach oben zählen wie am Morgen.

2. Abend – Machen Sie die Schnellversion der fortschreitenden Entspannungsübung. Visualisieren Sie sich selbst vor einem Spiegel wie am Mittag. Verändern Sie das Bild. Jetzt sehen Sie sich selbst, aber Sie sind jünger, gesünder, strahlender und vitaler. Sie kehren zurück, indem Sie auf die bewährte Methode von 1 bis 5 zählen.

3. Abend – Zuerst wird die Schnellversion der fortschreitenden Entspannungsübung gemacht. Nun visualisieren Sie die Person, die Sie sich am Mittag vorgestellt haben. Verzeihen Sie dieser Person alles, was jemals zwischen Ihnen vorgefallen ist, und bitten Sie danach Ihrerseits um Vergebung. Fühlen Sie, daß alles vergeben wurde. Rückkehr wie immer durch Zählen von 1 bis 5.

4. Abend – Nachdem Sie von 100 bis 1 zurückgezählt haben, entspannen Sie Ihre Augenlider. Konzentrieren Sie sich auf dieses Gefühl und lassen Sie es an sich herabfließen, bis ganz nach unten zu den Zehen. Begeben Sie sich an den friedlichen Platz der Geborgenheit, den Sie mittags visualisiert haben. Wiederholen Sie im Geiste: »Jeden Tag wird mir wohler, und ich werde wohlhabender. Jeden Tag werde ich besser und besser in allem, was ich unternehme. Jeden Tag mache ich diese Welt etwas lebens- und liebenswerter.« Rückkehr, indem Sie sich von 1 bis 5 nach oben zählen.

5. Abend – Zuerst zählen Sie sich von 100 bis 1 nach unten. Visualisieren Sie Ihren ›entspannten Lieblingsplatz‹. Nun verändern Sie Ihren Standort. Sehen Sie Ihre Wohnung oder Ihr Haus von außen wie bei der Mittagsübung. Umgeben Sie Ihr Zuhause mit einem weißen Licht. Sehen Sie das gesamte Gebäude in strahlendes weißes Licht getaucht. Fühlen Sie dieses Licht, denn es ist das Licht des Geistes, der Liebe, des Schutzes. Rückkehr wie üblich.

Zusammenfassung der Übungen – Tag 1–5

Hier ist die Übersicht für die ersten fünf Tage. Falls notwendig, schlagen Sie bei den ausführlichen Erklärungen in diesem Kapitel nach.

In den ersten fünf Tagen lernen Sie die grundlegende Entspannungstechnik und geistiges Visualisieren. Sobald Sie sich an die Übungen gewöhnt haben, wird es Ihnen erstaunlich leicht fallen, den Kontakt mit der anderen Seite aufzunehmen.

Während der nächsten fünf Tage kürzen Sie die Technik dann immer mehr ab und werden mit jedem Tag besser und besser.

1. Tag Morgens

Rückwärts von 100 bis 1 zählen.
Innerlich bestätigen: »Schneller, tiefer.«
Vorwärts von 1 bis 5 zählen.

Mittags

Rückwärts von 100 bis 1 zählen.
Sie visualisieren die Wassermelone.
Vorwärts von 1 bis 5 zählen.

Abends

Rückwärts von 100 bis 1 zählen.
Die fortschreitende Entspannungsübung machen.
Visualisation einer Melone, einer Zitrone und einer Zwiebel.
Vorwärts von 1 bis 5 zählen.

2. Tag Morgens

Rückwärts von 100 bis 1 zählen.
Innerlich bestätigen: »Schneller, tiefer.«
Vorwärts von 1 bis 5 zählen.

Mittags

Rückwärts von 100 bis 1 zählen.
Das Äußere der eigenen Person visualisieren.
Vorwärts von 1 bis 5 zählen.

Abends

Rückwärts von 100 bis 1 zählen.
Schnellversion der fortschreitenden Entspannungsübung.
Sich selbst strahlender und jünger visualisieren.
Vorwärts von 1 bis 5 zählen.

3. Tag Morgens

Rückwärts von 100 bis 1 zählen.
Innerlich bestätigen: »Schneller, tiefer.«
Vorwärts von 1 bis 5 zählen.

Mittags

Rückwärts von 100 bis 1 zählen.
Einen Bekannten visualisieren.
Vorwärts von 1 bis 5 zählen.

Abends

Rückwärts von 100 bis 1 zählen.
Schnellversion der fortschreitenden Entspannungsübung.
Einen Bekannten visualisieren und ihm/ihr verzeihen.
Vorwärts von 1 bis 5 zählen.

4. Tag Morgens

Rückwärts von 100 bis 1 zählen.
Innerlich bestätigen: »Schneller, tiefer.«
Vorwärts von 1 bis 5 zählen.

Mittags

Rückwärts von 100 bis 1 zählen.
Friedlichen Platz visualisieren.
Vorwärts von 1 bis 5 zählen.

Abends

Rückwärts von 100 bis 1 zählen.
Augenlider entspannen.
Friedlichen Platz visualisieren.
Positive Bestätigungen im Geist wiederholen.
Vorwärts von 1 bis 5 zählen.

5. Tag Morgens

Rückwärts von 100 bis 1 zählen.
Innerlich bestätigen: »Schneller, tiefer.«
Vorwärts von 1 bis 5 zählen.

Mittags

Rückwärts von 100 bis 1 zählen.
Eigenes Zuhause von außen visualisieren.
Vorwärts von 1 bis 5 zählen.

Abends

Rückwärts von 100 bis 1 zählen.
Friedlichen Platz visualisieren.
Das Heim mit weißem Licht umgeben.
Vorwärts von 1 bis 5 zählen.

4

Wie der Kontakt verstärkt wird

Bill tat einen Sprung ins kalte Wasser. Er hatte sich für den Silva-Trainings-Kurs in Texas angemeldet, unter anderem, weil die Ölquelle auf seinem Grundbesitz allmählich austrocknete. Also entspannte Bill sich und benutzte im Alpha-Zustand eine bestimmte Silva-Technik, um zu fragen, wo er nach einer neuen Ölquelle bohren solle. Er empfing einen Eindruck von einem Platz auf seinem Grundstück, fuhr sofort nach Hause, versammelte seine Crew und erklärte den Männern, wo sie bohren sollten. Dann ging er wieder in seinen Silva-Kursus und ließ die Männer arbeiten. Am Ende des Tages kehrte er vom Training zurück und stellte fest, daß die Crew bereits so tief gebohrt hatte, daß es sich nicht lohnte, noch weiter zu drillen. Auf Öl war man leider nicht gestoßen.

Wutentbrannt rief Bill seinen Silva-Lehrer an und erzählte ihm von dieser Enttäuschung.

»Sie haben Ihr Training noch nicht beendet, aber schon mit dem Bohren angefangen?« gab der Lehrer zurück.

»Ja, ich weiß. Ich konnte nicht länger abwarten.«

»Einen Augenblick bitte«, sagte der Lehrer. Während Bill am Telefon wartete, versetzte sein Lehrer sich in tiefe Alpha-Entspannung und fragte innerlich, wo man nach weiteren Ölquellen auf Bills Grundstück bohren solle, obwohl er das Land noch nie mit eigenen Augen gesehen hatte.

»Sie haben 500 Fuß an einem Ölreservoir vorbeigebohrt«, sagte er, als er ans Telefon zurückkam. »Wenn Sie 500 Fuß westlich vom jetzigen Bohrloch ansetzen, müßten Sie Erfolg haben.«

Bills Crew bohrte an der Stelle, die der Lehrer angedeutet hatte, und stieß schon nach kurzer Zeit auf Öl, und zwar in der größten Quelle, die in jenem Jahr auf dem Gebiet entdeckt wurde.

Die Moral der Geschichte ist allerdings *nicht*, daß Sie mich anrufen und um meine Hilfe bitten sollen, wenn Sie Probleme haben. Die Moral ist, daß die Silva-Übungen gewissenhaft praktiziert und vollendet werden müssen, bevor die Techniken angewandt werden. Warum denn ins eiskalte Wasser springen?

Das vielversprechendste Neuland der Welt

Dr. Edgar D. Mitchell, ein Astronaut der Apollo-14-Raumfähre und Gründer des Instituts für Noetische Wissenschaften in den Vereinigten Staaten, erklärte kürzlich in einem Brief an die Mitglieder des Instituts, daß die verschiedenen Bereiche des menschlichen Bewußtseins ›das vielversprechendste Neuland der Welt‹ seien. Er wies darauf hin, daß Frauen und Männer mit völlig unterschiedlichem Fachwissen, unter anderem in Psychologie, Anthropologie, Neurophysiologie und theoretischer Physik, sich heute für die potentiellen Fähigkeiten des menschlichen Bewußtseins interessieren und Nachforschungen anstellen.

Dabei werden Bereiche untersucht wie beispielsweise:

- Welche Rolle das Vorstellungsvermögen, positive Affirmationen und Gebete beim Heilungsprozeß spielen.
- Warum die Tagträume von Wissenschaftlern wie Albert Einstein zu monumentalen Durchbrüchen und Neuentdeckungen führten.
- Worauf die erstaunlichen Fähigkeiten mancher Menschen auf dem Gebiet des Hellsehens, der Telepathie und Prophetie zurückzuführen sind.

Die Erforschung des Südpols ist zweifellos ein Vorstoß des Menschen in wichtiges Neuland. Die Weltraumforschung der NASA kann sich ebenfalls als weltweit nutzbringend für die Menschheit erweisen, aber ich halte die Erforschung des inneren Weltraums für vielversprechender als alles andere, denn damit werden nicht nur neue materielle Ressourcen für uns erschlossen wie am Südpol. Damit gehen wir sogar über die Entdeckung unbekannter Lebensformen auf anderen Planeten oder die Gelegenheit, den Mond und andere Sterne zu bevölkern, hinaus. Die Erforschung des inneren Raums erschließt uns ein Reich der grenzenlosen Möglichkeiten.

Welche Grenzen können wir der anderen Seite setzen? Welche Grenzen sind dem Menschen gesetzt, wenn er den Kontakt zum Bereich seines Ursprungs selbst in der Hand hat und kontrolliert benutzen kann?

Mitchell und seinen Kollegen zufolge »...haben wir heute unleugbare Beweise dafür, daß das Bewußtsein ein bedeutender Kontroll-Faktor (wenn nicht *der* Kontroll-Faktor überhaupt) bei der Entstehung von Krankheiten ist«. Kontrollieren Sie Ihren Geist, und Sie kontrollieren Ihre Gesundheit.

Ihre Gesundheitsprobleme entspringen nicht dem Jenseits, sondern Sie selbst sind es – Ihr Bewußtsein, Ihre Sorgen, Ängste, Ihr Streß, Ihre negativen Gedanken – die Krankheiten erzeugen. Also ist die andere Seite immer auf Ihrer Seite, wenn es darum geht, Sie gesünder und heiler werden zu lassen.

Und gute Gesundheit ist erst der Anfang. Die andere Seite möchte Reichtum und Überfluß auf diesem Planeten sehen. Und Überfluß herrscht überall in der Natur. Genauso, wie ein gesundes geistiges Klima für körperliche Gesundheit sorgt, sorgt ein reichhaltiges geistiges Klima für Reichtum und Wohlstand in der Außenwelt. Nicht alles Gute ist unseren menschlichen Bemühungen zu verdanken. Zollen Sie auch der anderen Seite ein wenig Anerkennung.

An das ›Unglaubliche‹ glauben

Wenn das Jenseits in die physische Welt eintritt, um einem Menschen bei der Lösung eines Problems, das seine rechte Gehirnhälfte formuliert hat, zu helfen, sind die Resultate nicht immer mit wissenschaftlichem Vokabular erklärbar, wenigstens nicht mit dem heute gängigen wissenschaftlichen Vokabular. Unsere Wissenschaftler haben inzwischen erkannt, daß sie keineswegs die neutralen Beobachter sind, für die sie sich noch unlängst gehalten haben. Jedes bei einem Experiment anwesende Bewußtsein beeinflußt das Ergebnis des Experiments. Das Training und die Erfahrungen des Wissenschaftlers bestimmen, was bei Untersuchungen wahrgenommen wird.

Bei dem Versuch, festzustellen, ob der winzigste Bestandteil von Licht eine Energiewelle oder ein Partikel ist, wurde jahrelang der sogenannte ›Öffnungs-Test‹ benutzt. Wenn Materie durch eine kleine Öffnung geschickt wird, kommt sie am anderen Ende in einem Muster an. Besteht die Materie aus Partikeln, wie Sand, so formt sie ein konisches Muster am anderen Ende; besteht sie aus Wellen, so bricht sie in kleinere Wellen auseinander. Nach Ansicht mancher Wissenschaftler verhalten Lichtstrahlen sich wie Partikel, während andere zu der Überzeugung gelangten, daß Licht sich wie eine Welle benimmt. Also erhielt jeder Wissenschaftler das Forschungsergebnis, das er von vornherein bevorzugte. Wenn man will, kann man nun von der ›Herrschaft des Geistes über die Materie‹ sprechen – jedenfalls wurde das Verhalten des Lichts von dem Glauben und den Erwartungen der Anwesenden beeinflußt, oder die Wahrnehmung der Anwesenden wurde von Glaube und Erwartung beeinflußt. Heute wissen wir, daß Licht sich sowohl wie Partikel als auch wie Wellen verhalten kann.

Lange Zeit glaubten die Wissenschaftler, daß Handlung A, vollzogen an Punkt A, nur dann eine Verbindung zu Handlung B, vollzogen an Punkt B, haben könne, wenn beide Punkte durch identifizierbare Faktoren miteinander gekoppelt sind, wie durch Licht, Hitze oder Energie. Heute ist es eine bewiesene und wissenschaftlich anerkannte Tatsache, daß Fernverbindungen ohne identifizierbare Verbindungsquellen existieren, auch wenn man sich das Phänomen bis heute nicht erklären kann. Das heißt, wenn ein Atom hier an Punkt A bewegt wird, beeinflußt diese Störung Atom B dort drüben an Punkt B, und zwar ohne identifizierbare Verbindungsquellen.

Wenn unser Bewußtsein den Kontakt mit der anderen Seite herstellt, werden ebenfalls Ergebnisse erzielt, die kaum, wenn überhaupt, mit unserem heutigen Wissen erklärt werden können. Die Wissenschaft hat ungeheure Fortschritte gemacht, aber vieles im Universum ist weiterhin unerklärlich geblieben.

Hier ist ein weiteres unglaubliches Phänomen, das moderne Wissenschaftler gezwungenermaßen akzeptieren müssen: In der *New York Times* wurde kürzlich berichtet, daß eine Gruppe von italienischen, französischen, kanadischen und israelischen Biologen Beweise dafür gefunden habe, daß eine chemische Reaktion zwischen zwei Tinkturen stattfinden kann, selbst wenn eine der beiden Tinkturen derartig verwässert wird, daß nichts von ihrer ursprünglich wirksamen Substanz übrigbleibt.

Eins der weltweit anerkanntesten und respektiertesten Wissenschafts-Magazine, das Londoner *Nature Journal*, veröffentlichte die Forschungsergebnisse dieser Biologen vor kurzem mit der Anmerkung, daß die Lektoren den Bericht für absolut unglaublich hielten. Ihr Kommentar: »Wir sind sicher, daß diese Egebnisse fehlerhaft sein müssen, sind jedoch nicht in der Lage, die Beweise zu widerlegen.«

Die zweite Tinktur war 1 zu 10^{120} – 10 mit 120 Nullen dahinter! – verwässert worden. Das heißt, die Tinktur enthielt derartig geringe Mengen der wirksamen, unverwässerten Substanz, daß eine chemische Reaktion unmöglich stattfinden konnte. Trotzdem fand sie statt.

Wie? Denken Sie darüber nach. Schließen Sie die Augen, drehen Sie die Pupillen leicht nach oben und fragen Sie nach innen, wie das angehen kann. Die wahrscheinlichste Antwort: durch den Einfluß der feinstofflichen anderen Seite.

Aktionsplan: Tag 6–10

Während der nächsten 5 Tage wird Ihr Morgenprogramm noch mehr vereinfacht; die Mittagsübungen werden interessanter, und das Abendprogramm wird produktiver.

Mit anderen Worten, Ihre drei Übungen pro Tag werden Sie der Alpha-Stufe näherbringen und Ihnen das Gefühl vermitteln, die rechte Gehirnhälfte aktiviert zu haben – und damit den Kontakt zur anderen Seite!

Selbst nach dem erfolgreichen Abschluß des Silva-Trainings-Kurses empfehle ich allen, weiterhin dreimal täglich in Alpha zu gehen, um zentriert, feingestimmt und in Übung zu bleiben. Außerdem empfehle ich jedem, sich in Alpha neu zu programmieren (wie wir es nennen), um dem eigenen Leben und dem der engsten Freunde eine positive Richtung zu geben. Schon 5 Minuten im Alpha-Zustand sind gut; 10 Minuten sind sehr gut, und 15 Minuten sind hervorragend.

Bei Gesundheitsproblemen kann die Alpha-Stufe wie eine Therapie wirken. Ich werde Ihnen ein paar Selbsthilfe-Techniken zeigen. Dreimal täglich 15 Minuten in Alpha zu verbringen, mag die beste Medizin für Sie sein.

Eine Lebensversicherungsgesellschaft gab vor kurzem bekannt, daß vier von fünf Nervenzusammenbrüchen nicht durch Krisensituationen ausgelöst werden, sondern damit anfangen, daß der Betreffende sich Sorgen macht. Eine vergleichbare Studie an einer Klinik ergab, daß 35 Prozent der behandelten Krankheiten auf eine anfänglich übermäßig besorgte Geisteshaltung des Patienten zurückzuführen waren.

In den nun folgenden Übungen lernen Sie, Ihre Sorgen abzuschalten und sie durch positive, lösungsorientierte Gedanken zu ersetzen. Davon profitiert jede Zelle und jedes Organ Ihres Körpers, und damit bauen Sie die Verbindungskanäle zwischen Ihrer Person und deren Ursprung immer mehr aus – Sie bahnen der anderen Seite einen Weg.

Der morgendliche und mittägliche ›Countdown‹ wird zur Hälfte reduziert, damit Sie mehr Zeit für interessantere Dinge haben. Zum Beispiel werden Sie sich mittags vorstellen, daß bestimmte Dinge genauso geschehen, wie Sie es wünschen. Sie werden Ihren geistigen Computer neu programmieren – und, wenn nötig, den großen Computer – damit alles so wird, wie Sie es haben wollen.

Abends werden Sie nach dem Countdown eine Vertiefungsübung machen und entweder die Mittagsübung vertiefen oder ein neues Programm einführen. Nun folgt die ausführliche Beschreibung der Übungen und danach die Gesamtübersicht.

Morgens: Tag 6 – 10

Der Aktionsplan für die nächsten fünf Morgen:

1. Beim Aufwachen lehnen Sie sich in die Kissen zurück.
2. Mit geschlossenen Augen und leicht nach oben gedrehten Pupillen zählen Sie von 50 bis 1.
3. Bei 1 angekommen sagen Sie innerlich: »Jedesmal, wenn ich mich entspanne, gehe ich schneller, tiefer.«
4. Dann bestätigen Sie innerlich: »Positive Gedanken ziehen alles, was ich mir wünsche, magnetisch zu mir hin.«
5. Beenden Sie die Übung wie üblich, indem Sie von 1 bis 5 zählen, bei 3 innehalten und sich sagen: »Wenn ich die Augen bei 5 aufmache, bin ich hellwach und fühle mich großartig.« Bei 5, wenn Sie die Augen öffnen, sagen Sie: »Ich bin hellwach und fühle mich großartig.«

Also unterscheiden sich die zweiten fünf Morgen von den ersten nur dadurch, daß Sie jetzt von 50 bis 1 zählen und daß Sie im Zustand der Entspannung eine positive Affirmation (Bestätigung) aussprechen.

Am Ende des 20-Tage-Trainings in der Silva Methode werden Sie innerhalb von Sekunden in Alpha gehen und ein gewünschtes Resultat einprogrammieren können. Nach all diesem Training, empfangen Sie die Hilfe der anderen Seite ohne weitere Vorbereitung.

Schon während der zweiten Woche zählen Sie im Verlauf der Entspannung nur noch von 50 bis 1, ganz einfach weil Sie nun allmählich die Kontrolle über Ihre Gehirnfrequenzen erlangen.

Zeit Ihres Lebens sind Sie mindestens zweimal am Tag in Alpha gegangen, aber nicht fähig gewesen, in diesem Frequenzbereich zu bleiben. Obwohl Sie bei jedem Erwachen und bei jedem Einschlafen durch den Alpha-Bereich gleiten, haben Sie keine Kontrolle darüber, sonst hätten Sie die Vorteile von Alpha längst für sich eingesetzt.

Jetzt erhalten Sie diese Art von Kontrolle. Vom 11. bis zum 15. Tag zählen Sie nur noch von 25 bis 1. Und schließlich, vom 16. bis zum 20. Tag, nur noch von 5 bis 1. Von nun an ist Von-5-bis-1-Zählen Ihre Standard-Technik, um in Alpha zu gehen.

Außerdem brauchen Sie sich dann nicht mehr morgens im Bett zurückzulehnen oder es sich in einem Sessel bequem zu machen. Sie können Ihre Neu-Programmierung in Alpha bei einem Spaziergang vornehmen oder während des Autofahrens.

Mittags: Tag 6 – 10

In den ersten fünf Tagen haben Sie mittags ›visualisiert‹ – also bekannte Dinge bildlich im Geiste gesehen.

Während der nächsten fünf Mittage werden Sie ›imaginieren‹ – also weniger bekannte Gesichter, Dinge und Orte im Geiste sehen.

Um hellsichtige Fähigkeiten zu entwickeln, muß man zunächst visualisieren und imaginieren können. Deshalb werden wir letztere Fähigkeiten von nun an immer mehr ausbilden.

Und was ist Hellsehen? Mein amerikanisches Wörterbuch liefert zwei verschiedene Definitionen: 1. Die vermeintliche Fähigkeit, Dinge wahrzunehmen, die sich außerhalb des natürlichen Wahrnehmungsbereichs der menschlichen Sinne befinden. 2. Akkurate intuitive Einsicht oder Wahrnehmung.

In der ersten Erklärung wird das Wort ›vermeintlich‹ benutzt, was wohl ein Überbleibsel aus einer Zeit ist, in der das Thema noch nicht wissenschaftlich untersucht wurde. Aber seit Jahren haben Versuchspersonen in einem von der amerikanischen Regierung finanzierten Forschungsprojekt, das *Remote Viewing* oder ›Fernsicht‹ genannt wird, akkurate Beschreibungen von weit entfernten Plätzen gegeben, die vorher wahllos bestimmt worden waren. Von ›vermeintlichen Fähigkeiten‹ kann also keine Rede sein!

An der zweiten Definition habe ich nichts auszusetzen. Jawohl, Hellsicht ist intuitive Einsicht, also eine ›innere‹ Methode des Wahrnehmens mit der rechten Gehirnhälfte.

Die Alpha-Stufe ist unser hellsichtiger Verbindungsdraht, weil das rechte Gehirn in Alpha aktiviert wird. Wir haben Grund zu der Annahme, daß dieser Teil unseres Bewußtseins sich wenigstens teilweise auf der anderen Seite befindet. Er ist fähig, Informationen aus großen Entfernungen zu empfangen und sowohl vorwärts als auch rückwärts in der Zeit zu gehen. Dieses Transzendieren von zeitlicher und räumlicher Entfernung ist ein Merkmal der anderen Seite – der schöpferischen Dimension. Also bereiten Sie Ihr Bewußtsein während der nächsten fünf Tage durch Visualisationen und Imaginationen darauf vor, hellsichtig wahrzunehmen und die Hilfe von der anderen Seite anzunehmen.

Und hier sind die Übungen: Setzen Sie sich bequem hin, schließen Sie die Augen, atmen Sie tief ein, und entspannen

Sie Ihren Körper beim Ausatmen. Drehen Sie die Pupillen leicht nach oben, und zählen Sie rückwärts von 50 bis 1. Bei 1 machen Sie die nachfolgend beschriebenen Imaginationsübungen für den 6. bis 10. Tag. Beenden Sie die Übung wie am Morgen, indem Sie von 1 bis 5 zählen und sich die ›Hellwach und großartig‹-Affirmationen im Geiste geben.

6. Tag – Nach Ihrem Countdown stellen Sie sich selbst in einem herrlichen Blumengarten vor. Sehen Sie die Blüten plastisch vor sich, riechen Sie den Duft. Jetzt betrachten Sie eine Blüte näher und sehen einen Tautropfen darauf liegen. Betrachten Sie, wie sich sämtliche Farben des Regenbogens in dem Wassertropfen spiegeln. Beenden, indem Sie sich von 1 bis 5 nach oben zählen.

7. Tag – Nach dem Countdown stellen Sie sich einen stillen See vor. Das Wasser ist so glatt, daß Sie Ihr Spiegelbild darin betrachten können. Schauen Sie Ihr Spiegelbild an, und sagen Sie drei Worte zu ihm: »Ich liebe dich.« Wie üblich von 1 bis 5 nach oben zählen.

8. Tag – Nach dem Countdown stellen Sie sich vor, daß Sie etwas tun, was Sie sich schon immer gewünscht haben. Sehen Sie sich als erfolgreicher Erfinder, Musiker, Schauspieler oder Schriftsteller – träumen Sie, daß Ihre heimliche Sehnsucht sich erfüllt hat. Fühlen Sie die Freude, die Genugtuung! Beenden wie üblich.

9. Tag – Nach dem Countdown stellen Sie sich vor, daß Sie Ihr Lieblingsgericht essen. Ihre Lieblingsvorspeise, Hauptspeise, Salat und Nachspeise oder sonstige vier oder fünf Gerichte, die Sie am liebsten mögen. Lassen Sie den Geschmack, den Geruch und das angenehme Gefühl im Gaumen und auf der Zunge so real wie möglich werden. Beenden wie üblich.

10. Tag – Nach dem Countdown stellen Sie sich vor, daß es eine Stunde später als in Wirklichkeit ist. Sehen Sie im Geiste, daß etwas Schönes geschieht. Vielleicht finden Sie einen neuen Freund, einen neuen Kunden oder Geschäftspartner. Vielleicht fällt Ihnen die Lösung für ein bestimmtes

Problem ein. Lassen Sie eine glückliche Begebenheit vor Ihren inneren Augen abrollen wie einen Film. Beenden wie üblich. Dann denken Sie noch einmal darüber nach. Kann Ihnen so etwas passieren?

Abends: Tag 6 – 10

In den nächsten fünf Nächten lassen Sie Ihre Träume ebenfalls für Sie arbeiten. Die Übungen werden im Bett vor dem Einschlafen gemacht. Halten Sie Schreibzeug unter dem Kopfkissen oder in der Nähe bereit, damit Sie Ihre Träume aufschreiben können.

Und so wird es gemacht: Nach dem Zubettgehen schließen Sie die Augen, atmen tief ein, drehen die Pupillen leicht nach oben und zählen rückwärts von 50 bis 1. Bei 1 atmen Sie tief ein, und beim Ausatmen entspannen Sie Ihren Körper vom Kopf bis zu den Zehen. Jetzt sagen Sie sich im Geiste: »Ich will mich an einen Traum erinnern, und ich werde mich an einen Traum erinnern.« Hierbei zählen Sie *nicht* von 1 bis 5, um hellwach zu werden, sondern schlafen entspannt ein. Im Lauf der Nacht oder am nächsten Morgen werden Sie aufwachen und sich an einen Ihrer Träume erinnern. Schreiben Sie die wichtigsten Einzelheiten sofort auf.

Manchmal werden wir nachts von einem Traum geweckt, der so lebendig war, daß wir uns sagen: »Das werde ich nie vergessen!« Aber am Morgen fällt er uns einfach nicht mehr ein. Schreiben Sie Ihre Träume also unbedingt auf, denn wir werden sie später näher untersuchen und deuten.

Selbst wenn Sie sich häufig an einen oder mehrere nächtliche Träume erinnern, sollten Sie diese Übung machen, um den Vorgang mehr unter Kontrolle zu bekommen.

In den ersten beiden Nächten programmieren Sie sich für die Erinnerung eines einzigen Traums; danach steigern Sie sich allmählich, und schließlich werden Sie sich – so hoffen wir – an alle Ihre Träume erinnern.

6. und 7. Abend – Nach dem Countdown von 50 bis 1 entspannen Sie Ihre Augenlider wie in vorherigen Übungen. Dann sagen Sie zu sich: »Ich will mich an einen Traum erinnern, und ich werde mich an einen Traum erinnern.« Sie schlafen ein. Beim ersten Erwachen schreiben Sie Ihren Traum auf.

8., 9. und 10. Abend – Siehe oben, nur sagen Sie sich diesmal: »Ich will mich an meine Träume erinnern, und ich werde mich an meine Träume erinnern.« Beim Erwachen in der Nacht oder am nächsten Morgen schreiben Sie alle Träume auf.

Wenn Sie häufig Alpträume haben und während der Trainingsphase oder danach wieder von einem Alptraum heimgesucht werden, sagen Sie sich bei Ihrer morgendlichen Übung, nach dem Countdown, während Sie in Alpha sind: »Ich habe einen Traum geträumt, den ich nie wieder träumen will. Nie wieder werde ich diesen Traum träumen!« Sie sind in Kontrolle. Sie können unerwünschte Träume abstellen und erwünschte Träume einladen.

Wie Sie Ihre Träume deuten können

Die Skeptiker erklären Träume als Ausscheidung von unnötigem Informationsmaterial durch die Neuronen des Gehirns – also als eine Art internen Hausputz. Aber warum speichert das Gedächtnis diesen sogenannten mentalen Müll?

Sollte man nicht annehmen, daß unsere Gehirnzellen schlau genug sind, ihren Abfall nicht immer wieder neu ins Haus zu tragen?

Träume verdienen unsere Aufmerksamkeit, andernfalls würden wir uns nicht an sie erinnern. Sie müssen einen bestimmten Zweck erfüllen. Und wenn wir von dieser Annahme ausgehen, dann müssen wir uns fragen, welcher Zweck das sein mag.

Die vornehmste Aufgabe der Gehirnzellen ist, für individuelles Überleben und damit das Überleben der Menschheit zu sorgen. Wenn Sie Ihre Träume von diesem Standpunkt aus betrachten, treffen Sie womöglich ins Schwarze. Ihre Gehirnzellen benutzen den Mechanismus des Träumens, um Ihnen im Endeffekt mitzuteilen: »Schau dir an, wie du reagierst. Du machst dir Sorgen, du tust dir weh, und du verkürzt dein Leben. Du mußt deine Haltung korrigieren.«

Deshalb sollte man sich mit seinen Träumen auseinandersetzen und sich fragen, welche Traumbotschaften auf eventuelles Fehlverhalten hinweisen. Oft kann man davon ausgehen, daß jede geträumte Person ein Aspekt von einem selbst ist. Der Nachbar, Bruder, Vater, Hund – können diese Figuren Ihre eigene Nachbarlichkeit, Brüderlichkeit, Väterlichkeit, Ihre tierische Natur darstellen? Überlegen Sie sich, welche Aspekte Ihrer Persönlichkeit von nun an mehr beachtet werden müssen.

Am zehnten Tag des Programms können Sie auf fünf Nächte und deren Träume zurückblicken. Schauen Sie sich Ihre Träume genau an. Welche Einsichten erwachsen Ihnen daraus? Wenn ein bestimmter Traum schwer zu deuten ist, zählen Sie rückwärts von 50 bis 1 und versetzen sich an Ihren ›entspannten Lieblingsplatz‹, um sich dort mit Ihrem Traum zu beschäftigen. Lassen Sie ihn vor sich ablaufen. Bitten Sie darum, die Bedeutung jetzt verstehen zu können. Ihr Bewußtsein wird positiv reagieren und Antworten liefern. Vielleicht haben Sie eine bedeutsame Einsicht, die Ihr Leben vereinfacht und damit verlängert.

Zusammenfassung der Übungen – Tag 6–10

Hier folgt nun die Übersicht für die zweite Woche unseres Trainingsprogramms. Vergessen Sie nicht, die Augen geschlossen zu halten und die Pupillen leicht nach oben zu drehen.

6. Tag Morgens

Rückwärts von 50 bis 1 zählen.
Innerlich bestätigen: »Schneller, tiefer.«
Positive Gedanken bestätigen.
Vorwärts von 1 bis 5 zählen.

Mittags

Countdown von 50 bis 1.
Blumengarten.
Regenbogenfarben auf Tautropfen.
Beenden mit 1 bis 5.

Abends

Countdown von 50 bis 1.
»Ich werde mich an einen Traum erinnern.«
Traum aufschreiben.

7. Tag Morgens

Countdown von 50 bis 1.
Innerlich bestätigen: »Schneller, tiefer.«
Positive Gedanken bestätigen.
Beenden mit 1 bis 5.

Mittags

Countdown von 50 bis 1.
Stiller See.
»Ich liebe dich.«
Beenden mit 1 bis 5.

Abends

Countdown von 50 bis 1.
»Ich werde mich an einen Traum erinnern.«
Traum aufschreiben.

8. Tag Morgens

Countdown von 50 bis 1.
Innerlich bestätigen: »Schneller, tiefer.«
Positive Gedanken bestätigen.
Beenden mit 1 bis 5.

Mittags

Countdown von 50 bis 1.
Tagtraum von erfolgreichem Ereignis.
Sich darüber freuen.
Beenden mit 1 bis 5.

Abends

Countdown von 50 bis 1.
»Ich werde mich an meine Träume erinnern.«
Träume aufschreiben.

9. Tag Morgens

Countdown von 50 bis 1.
Innerlich bestätigen: »Schneller, tiefer.«
Positive Gedanken bestätigen.
Beenden mit 1 bis 5.

Mittags

Countdown von 50 bis 1.
Lieblingsgerichte riechen, schmecken.
Die Erfahrung plastisch machen.
Beenden mit 1 bis 5.

Abends

Countdown von 50 bis 1.
»Ich werde mich an meine Träume erinnern.«
Träume aufschreiben.

10\. Tag Morgens

Countdown von 50 bis 1.
Innerlich bestätigen: »Schneller, tiefer.«
Positive Gedanken bestätigen.
Beenden mit 1 bis 5.

Mittags

Countdown von 50 bis 1.
Eine Stunde in die Zukunft sehen.
Positive Ereignisse in der Zukunft sehen.
Beenden mit 1 bis 5.

Abends

Countdown von 50 bis 1.
»Ich werde mich an meine Träume erinnern.«
Träume aufschreiben.

Sie haben es jetzt zur Hälfte geschafft. Sie haben die Fähigkeit erlangt, den schöpferischen Bereich der Höheren Intelligenz zu kontaktieren. Wenn Sie sich an Ihre Träume erinnern können, machen Sie der anderen Seite Tür und Tor auf.

Während der nächsten fünf Tage nähern Sie sich der Dimension der schöpferischen Intelligenz noch ein Stück und lernen, deren Informationen für sich einzusetzen.

Werden, was man im Idealfall sein könnte

Man sollte nicht vergessen, daß das Erinnern der nächtlichen Träume nur ein Anfang ist. Sie können Ihr Bewußtsein Tag und Nacht unter Kontrolle haben; es ist Ihr Draht zur Verwirklichung Ihres Potentials. Ihre Tagträume werden Ihnen neue Perspektiven eröffnen, und Ihre nächtlichen Träume werden Ihr Verständnis vertiefen.

Mit der Silva Methode erlangen Sie diese Art von Kontrolle über Ihr Bewußtsein. Im Verlauf des Trainings erkennen Sie immer mehr, wer Sie eigentlich sind und in welcher Weise Sie von der anderen Seite unterstützt werden.

Bisher haben Sie sich und Ihre Fähigkeiten weit unterschätzt. Sie haben die geringschätzigen Meinungen Ihrer Eltern, Lehrer, Nachbarn und Vorgesetzten übernommen und glauben mittlerweile selbst, daß Ihre Intelligenz beschränkt, Ihre Talente und Fähigkeiten ungenügend sind. Mangelhaftes Selbstwertgefül sagt Ihnen, daß Sie nur begrenzte Mengen an Liebe, Zuneigung und Reichtum verdient haben und nur begrenzte Mengen an Verantwortung übernehmen können.

Diese Art der Selbstbeurteilung wird das Selbstbild genannt, und ein begrenztes Selbstbild ist wie ein Gefängnis, das man sich selbst zurechtgezimmert hat. Sie werden nie besser sein, als Sie selbst für möglich halten! Die meisten Menschen verbringen ihr ganzes Leben in diesem Gefängnis. Aber Sie nicht! Bald werden Sie herausfinden, daß Ihre Zellentür nie abgeschlossen war – daß Sie jederzeit frei sein und in ein neues Leben der unbegrenzten Möglichkeiten und Freude gehen können.

In den nächsten Tagen werden Sie sich die Erlaubnis erteilen, das alte Gefängnis Ihres Selbstbilds zu verlassen. Dann allerdings werden Sie sich eingestehen müssen, daß Sie persönlichen Zugang zu Kräften haben, die zeit Ihres Lebens von Ihnen unterschätzt worden sind. Und Sie müssen bereit sein, diese Kräfte und die phänomenalen Fähigkeiten, die daraus erwachsen, zu benutzen. Dann werden auch andere Menschen davon profitieren. Sie werden das schlummernde Potential in Ihrer Umgebung wecken, sowohl in Ihrer Familie als auch an Ihrem Arbeitsplatz. Sie werden Ihre Welt transformieren.

Vielleicht sagen Sie immer noch: »Ich nicht. Solche Geschichten hört man von anderen Leuten, die vielleicht Erfolg damit haben. Mir gelingt so was nicht.«

Damit haben Sie recht. Solange Sie nein sagen, wird Ihnen so etwas nicht gelingen. Sie halten Ihre Zellentür zu und sagen im Endeffekt: »Schuster, bleib bei deinen Leisten.« Aber damit bleiben Sie bei Ihren altbekannten ›Leisten‹!

Wie wäre es, wenn Sie ja sagten? Wie sähe es aus, wenn Sie klüger, vielleicht sogar ein Genie wären? Was wäre, wenn Sie Ihr Bewußtsein benutzen könnten, um gesund zu werden, finanziellen Wohlstand zu erzeugen, enger mit dem Schöpfer verbunden zu sein und selbst kreativer zu werden? Was wäre, wenn die andere Seite Ihnen bei allen Ihren Unternehmungen helfen würde?

Wenn Sie wüßten, wie das wäre, könnten Sie unmöglich nein sagen. Sie müßten einfach begeistert zustimmen.

Und sobald Sie ja dazu sagen, werden alle diese Dinge möglich.

Der schöpferische Zugang

Wie könnte es aussehen, wenn Sie die Kanäle zur anderen Seite öffneten und sich zu einem schöpferischen ›Channel‹ (Medium) entwickelten? Kennen Sie jemanden, der die ›Kanäle‹ offen und ständigen Zugang zur anderen Seite hat? Man kann solche Menschen unter anderem an ihrer Warmherzigkeit und Hilfsbereitschaft erkennen. Solche Menschen strahlen eine stille Weisheit aus. Sie tun Dinge, die ihnen Freude machen und inspirieren andere. Sie genießen ihr Leben.

Möchten Sie wissen, was für ein Mensch Sie wären, wenn Sie Ihr volles Potential verwirklichen? Lesen Sie die folgenden Anweisungen durch. Dann machen Sie die Übung, die Ihnen Ihr Potential offenbart.

1. Bestimmen Sie ein vorläufiges Wunschziel. Was ist Ihnen im Moment am wichtigsten: A. Wohlstand, B. Liebe, C. Gesundheit.

2. Suchen Sie sich die Ihrem Wunschzettel entsprechende Übung auf den folgenden Seiten aus. Beachten Sie, daß zwei verschiedene Übungen im Bereich der Liebe für Alleinstehende und Verheiratete aufgeführt werden.
3. Wenn Sie Ihre Übung gemacht haben, öffnen Sie die Augen, lesen den letzten Abschnitt mit dem Titel: ›Ihre Welt lieben‹ durch, legen das Buch beiseite und machen jene Übung.

Wohlstand erzeugen

Sie zählen rückwärts, entweder von 100 oder von 50 bis 1, je nach Fortschritt in der Silva Methode. Mit geschlossenen Augen, Pupillen leicht nach oben gedreht, lassen Sie einen Film vor den inneren Augen ablaufen. Sie selbst schreiben das Drehbuch. Es handelt von Ihnen und Ihrer Familie. Sie besitzen alles, was Sie im Leben brauchen, und wenn Sie etwas Neues brauchen, wird es Ihnen in kurzer Zeit gegeben. Nehmen Sie gefühlsmäßig Anteil an dem Film. Wie fühlt es sich an, wenn Sie alles tun können, was Sie wollen und alles haben, was Sie dazu benötigen? Beenden Sie die Sitzung, indem Sie von 1 bis 5 zählen und sich großartig fühlen. Jetzt legen Sie das Buch beiseite und lassen Ihren Film abrollen.

Liebe finden (alleinstehende Leser)

Sie zählen rückwärts, entweder von 100 oder von 50 bis 1, je nach Fortschritt in der Silva Methode. Mit geschlossenen Augen, Pupillen leicht nach oben gedreht, lassen Sie einen Film vor Ihren inneren Augen ablaufen. Sie sind allein, wollen es aber nicht länger sein. Sie suchen nach jemandem, den Sie lieben können und der Sie liebt – jemanden, mit dem Sie Ihr Leben teilen können. Plötzlich taucht diese Person vor Ihnen auf. Sie schauen einander in die Augen. Beide Partner sind überglücklich, daß sie sich gefunden haben. Beenden wie üblich durch Zählen von 1 bis 5 und sich großartig fühlen. Jetzt legen Sie das Buch beiseite und lassen den Film abrollen.

Liebe finden (verheiratete Leser)

Sie zählen rückwärts, entweder von 100 oder 50 bis 1, je nach Fortschritt. Mit geschlossenen Augen, Pupillen leicht nach oben gedreht, lassen Sie einen Film vor den inneren Augen ablaufen. Sie und Ihr Ehepartner sitzen im Haus und lesen. Sie haben sich seit einiger Zeit nicht mehr viel zu sagen. Aber plötzlich schauen Sie sich an. Beide lächeln, legen ihre Bücher beiseite, stehen auf und gehen aufeinander zu. Beide sehen einander tief in die Augen. Alle früheren Mißverständnisse und Konflikte fallen von beiden ab. Es ist, als begegneten sie sich zum ersten Mal. Dies ist der Beginn eines neuen Beziehungsglücks. Beenden wie üblich durch Zählen von 1 bis 5 und sich großartig fühlen. Jetzt legen Sie das Buch beiseite und machen die Übung.

Gesundheit erzeugen

Sie zählen rückwärts, entweder von 100 oder 50 bis 1, je nach Fortschritt. Mit geschlossenen Augen, Pupillen leicht nach oben gedreht, lassen Sie einen Film vor den inneren Augen ablaufen. Sie sehen sich selbst als Patient und als Ihr eigener Arzt. Sie spielen also zwei Rollen gleichzeitig. Schauen Sie zu, wie Sie sich selbst behandeln und dann positiv auf die Behandlung reagieren, ganz gleich, was Ihnen fehlt. Sehen Sie sich sämtliche Krankheiten und Schmerzen loswerden. Sehen Sie sich als jünger, kräftiger und bei strahlender Gesundheit. Beenden wie üblich durch Zählen von 1 bis 5 und sich großartig fühlen. Jetzt legen Sie das Buch beiseite und machen die Übung.

Ihre Welt lieben

Sie zählen rückwärts, entweder von 100 oder 50 bis 1, je nach Fortschritt. Mit geschlossenen Augen, Pupillen leicht nach oben gedreht, sehen Sie den Raum, in dem Sie sich befinden von oben, als schwebten Sie an der Decke. Steigen Sie höher auf und stellen Sie sich vor, daß Sie das Haus von oben betrachten. Es fühlt sich gut an in dieser Höhe zu schweben. Lassen Sie Ihre Imagination frei fliegen. Jetzt sehen Sie die ganze Stadt und das ganze Land. Nun umfassen Sie im Geiste den gesamten Planeten, das gesamte Sonnensystem, die Galaxis und den unendlichen Weltraum. Fühlen Sie Ihre Liebe für den Weltraum. Fühlen Sie sich vom Weltraum zurückgeliebt. Bringen Sie diese Liebe nun zur Erde zurück, in Ihre Stadt, Ihr Haus und in den Raum, in dem Sie sich momentan befinden. Beenden wie üblich durch Zählen von 1 bis 5 und sich großartig fühlen. Nun legen Sie das Buch beiseite und machen die Übung.

Sagen Sie Ja zum Leben? Machen Sie sich auf Zeichen und Wunder gefaßt, wenn das Leben anfängt, Ihr Ja zu spiegeln und zurückzustrahlen.

5

Wichtige Hinweise über die andere Seite

Jeder Teilnehmer bei den Silva-Mind-Control-Kursen wird an einem bestimmten Punkt instruiert, sich einen imaginären ›Berater‹ zu schaffen, der ihm bei der kreativen Problemlösung hilft.

Die Idee kam mir, als eine meiner Töchter – sie war zu der Zeit sechs Jahre alt – versuchte, eine Frau zu heilen, die eigentlich mich um Hilfe gebeten hatte. Meine Tochter hatte sich in eine Art von Trance versetzt, sah dabei aber ziemlich verstört aus.

»Was ist los?« fragte ich sie, als ich dazukam.

»Ihre Augen sind so groß, und das macht mir angst«, war die Antwort.

»Schnalze mit den Fingern deiner linken Hand, dann wird die Frau kleiner«, sagte ich. Meine Tochter tat, wie ihr geheißen und fuhr mit ihrem Heilungsversuch fort. Augenblicke später strahlte sie über das ganze Gesicht.

»Was ist jetzt passiert?« fragte ich.

»Jetzt ist sie so klein wie eine Puppe«, antwortete meine Tochter. »Jetzt habe ich keine Angst mehr vor ihr.«

Darüber dachte ich längere Zeit nach. Was wäre passiert, wenn ich nicht dazugekommen wäre? Vielleicht müßten alle Kinder einen imaginären Erwachsenen im inneren Phantasie-Labor haben, nicht als Aufpasser, sondern als Lebensberater. Und vielleicht sollten auch die Erwachsenen einen inneren Berater haben.

Also beschloß ich, meinen Studenten den Auftrag zu geben, einen erwachsenen Berater zu ersinnen oder einzuladen. Der Erfolg war spektakulär. Jeder hatte jetzt einen imaginären inneren Helfer, den er um Rat bitten konnte, wenn er nicht weiter wußte. Und die Antworten kamen! Nicht hörbar, sondern mittels der eigenen Intelligenz, als hätte jeder die Antworten selbst erfunden. Meinen Studenten wurde einfach ›eingegeben‹, was sie von Fall zu Fall tun sollten.

Die ganze Idee gefiel mir ausnehmend gut. Eines Tages fragte ich einen meiner damals noch sehr jungen Söhne, während er sich auf der Alpha-Stufe befand und an einem ›Fall‹ in seinem Phantasie-Labor arbeitete: »Würdest du deinen Berater bitten, uns zu sagen, was er von meiner Idee hält, jemanden wie ihn zu schaffen?«

Wie aus der Pistole geschossen antwortete mein Sohn: »Er sagt: ›Wie kommst du darauf, daß es *deine* Idee war?‹«

Eine nicht gerade typische Reaktion für einen kleinen Jungen, oder?

Heute haben über 8 Millionen Silva-Absolventen imaginäre Berater, die ihnen dabei behilflich sind, den Kontakt mit der anderen Seite herzustellen.

Die Wahl der inneren Berater

Sie können sich Ihren eigenen, ganz persönlichen Berater aussuchen. Es kann jemand sein, der noch lebt, oder jemand, der bereits auf die andere Seite gegangen ist; ein Verwandter, Freund, eine historische oder religiöse Persönlichkeit. Oder Sie bilden sich einfach jemanden ein, den es noch nie gegeben hat. Nach dem zehnten Übungstag sind Sie in der Lage, sich Helfer einzubilden, und zwar, indem Sie sich an Ihren ›entspannten Lieblingsplatz‹ begeben und alle Menschen, deren Rat und Hilfe Ihnen etwas bedeutet, einladen, Sie dort zu besuchen. Von nun an müssen Sie sich nur mehr an Ihren entspannten Lieblingsplatz versetzen, um Ihre Berater zu treffen und ihren Beistand zu erhalten.

Ich rate Ihnen, sich sowohl einen männlichen als auch einen weiblichen Berater auszusuchen, damit Ihnen ein breites Spektrum an Einsichten zur Verfügung steht. Als ich das Trainingsprogramm mit Hilfe meiner eigenen Kinder entwickelte, hatte jeder Silva-Teilnehmer jeweils nur einen Berater. Aber irgendwann verweigerte ein männlicher Berater seinen Beistand bei einer Frage, in der es um ein Frauenleiden ging, einfach, weil die Frage ihm peinlich war. Seitdem raten wir jedem, sich zwei Berater auszusuchen, einen männlichen und einen weiblichen.

Jetzt werde ich Ihnen die Technik zur Erschaffung solcher inneren Berater geben. Ich gehe davon aus, daß Ihre Übungen mit der Lektüre dieses Buches schrittgehalten und Sie den zehnten Übungstag absolviert haben. Wenn Sie nicht ganz sicher sind, daß Sie die bisherigen Techniken beherrschen, können Sie Ihre Berater auch zu einem späteren Zeitpunkt schaffen.

Fangen Sie nun an, darüber nachzudenken, von wem Sie Hilfe annehmen können. Stellen Sie sich vor, wie Ihre Berater aussehen sollen, wenn es imaginäre Personen sind. Real oder eingebildet – Sie werden diese Personen erzeugen, und zwar durch bildliches Vorstellungsvermögen. Also sind diese Berater nicht körperlich existent und können uns daher mit dem nicht-körperlichen Bereich in Verbindung bringen – mit der anderen Seite. Und so ist es kein Wunder, daß die Antworten solcher Helfer so häufig geradezu genial sind. Sie entspringen der Höheren Intelligenz, deren Dimension wir durch Entspannung und bildliches Vorstellen anzapfen.

Selbst wenn Sie Ihren jüngeren Bruder als Berater wählen, wird er sich als Genie erweisen. Die Berater, in Ihrer Eigenschaft als Brücke zwischen dem Diesseits und dem Jenseits, sind immer genial und weise, ganz gleich, wer sie in unseren Augen sein mögen.

Und wie empfängt man diese Antworten? Nachdem Sie

sich tief entspannt haben, versetzen Sie sich an Ihren entspannten Lieblingsplatz und stellen Ihren Beratern eine Frage. Aber keine Donnerstimme ertönt vom hohen Himmel. Die Antwort wird nicht gehört. Sie wird mental vermittelt. Nachdem Sie eine Frage gestellt haben, beginnt etwas in Ihnen, die Antwort herauszufinden. Die Antwort kommt wie durch Telepathie von Ihrem inneren Berater.

Die Erzeugung der inneren Berater

Zuerst werden wir Ihren männlichen Berater schaffen. Die Übung kann im Sitzen gemacht werden.

1. Augen schließen, Pupillen leicht nach oben drehen und rückwärts von 50 bis 1 zählen.
2. Die Entspannung vertiefen, indem Sie die abgekürzte Version der ›fortschreitenden Entspannungsübung‹ machen.
3. Sich im Geist an den entspannten Lieblingsplatz versetzen.
4. Den männlichen Berater einladen, sich an diesen Platz zu begeben. Sehen Sie ihn ankommen. Schaffen Sie ihn. Stellen Sie sich vor, daß er da ist. Danken Sie ihm, daß er gekommen ist.
5. Jedesmal, wenn Sie sich an diesen Platz begeben und um Hilfe von Ihrem Berater bitten, wird er sofort auftauchen. Nachdem Sie seine Hilfe empfangen haben, danken Sie ihm jedesmal von Herzen. Danken Sie ihm jetzt dafür, daß er da ist.
6. Rückkehr, indem Sie sich von 1 bis 5 nach oben zählen, bei 3 innehalten und bestätigen, daß Sie sich bei 5 hellwach und großartig fühlen werden.

Nach Beendigung der Übung können Sie sofort zurückgehen und Ihren weiblichen Berater mit derselben Methode schaffen.

Wie die Berater eingesetzt werden

Sie werden die Berater erst nach Abschluß weiterer Übungen benutzen, wenn der Kontakt mit der anderen Seite vollends etabliert wurde. Beim zweiten Teil dieses Buches angekommen, bieten sich verschiedene Gelegenheiten, diese Genies produktiv einzusetzen.

Zu dem Zeitpunkt werden Sie ohne lange Vorbereitung in der Lage sein, in Alpha zu gehen. Dann versetzen Sie sich an Ihren entspannten Lieblingsplatz und laden die Berater ein, zu Ihnen zu kommen. Sie stellen Ihre Frage, indem Sie an Ihr Problem denken, und dann wird Ihnen die Antwort eingegeben.

Edna G. hatte sich einen männlichen Berater geschaffen, indem sie einen ehemaligen Englisch-Professor an ihrer Universität visualisierte. Der Professor stellte sich als äußerst hilfreich heraus und konnte Fragen beantworten, die nicht im Bereich seiner vermuteten Fachkenntnisse lagen.

Victor H. schuf sich einen weiblichen Berater, indem er an Florence Nightingale dachte. Sie konnte aber nicht nur medizinische Ratschläge erteilen, sondern kannte sich auch auf finanziellem Gebiet und bei Beziehungsfragen aus.

Barbara B. wählte mich als männlichen Berater. Zahllose andere Menschen haben mich zu ihrem Berater gemacht. Ich weiß, daß mein Superbewußtsein sich der Höheren Intelligenz Tag und Nacht als Medium (Channel) zur Verfügung stellt, was meine eigenen geistigen Funktionen auf der persönlichen Ebene aber keineswegs beeinträchtigt.

Andere Leute haben Einstein, Buddha, Christoph Columbus, Jesus, Benjamin Franklin oder sonstige berühmte Persönlichkeiten als Berater eingesetzt. Unter den weiblichen Beratern fanden sich Madame Curie, Carry Nation, die Jungfrau Maria, Golda Meir und Hunderte von anderen Frauen.

Selbstverständlich eignen sich auch Freunde und Verwandte für diese Aufgabe, seien sie lebendig oder gestorben.

Die Tatsache, daß jemand noch lebt, verringert seine Verbindung zur anderen Seite in keiner Weise. Auch lebend sind wir mit der spirituellen Dimension verbunden. Als sogenannte Tote sind wir *in* der spirituellen Dimension. So oder so nehmen wir ständig Informationen aus feinstofflichen Ebenen auf, die den normalen Sinnen verborgen bleiben. Stellen Sie sich einmal vor, welche unermeßliche Menge an Informationsmaterial darin enthalten ist! Das sind Informationen, die von Intelligenzen auf anderen Planeten gesammelt wurden, in anderen Sonnensystemen, vielleicht auch in unsichtbaren Existenzbereichen auf diesem Planeten.

Morgens: Tag 11 – 15

In der dritten Fünf-Tage-Phase wird Ihr Morgenprogramm noch mehr vereinfacht. Jetzt zählen Sie nur noch von 25 bis 1, und entspannen sich bei diesem Countdown genauso tief oder noch tiefer als vorher.

Ihr Körper und Geist gewöhnen sich jetzt an das Entspanntsein, also brauchen Sie immer weniger Zeit, um in Alpha zu gehen. Da das Zurückzählen der auslösende Faktor ist, müssen Sie allerdings immer zurückzählen, aber angefangen mit dem 16. Morgen nur noch von 5 bis 1. Von da an wird dies Ihre Standard-Technik, um in Alpha zu gehen.

Das Morgenprogramm vom 11. bis zum 15. Tag ist dasselbe wie das Programm für Tag 6 bis 10, bis auf den abgekürzten Countdown.

Um es noch einmal zusammenzufassen:

1. Sich im Bett bequem zurücklehnen.
2. Mit geschlossenen Augen, Pupillen leicht nach oben gedreht, zählen Sie rückwärts von 25 bis 1.
3. Innerlich sagen: »Jedesmal, wenn ich mich entspanne, gehe ich schneller, tiefer.«
4. »Positive Gedanken ziehen alles, was ich mir wünsche, magnetisch zu mir hin.«

5. »Eins, zwei, drei… wenn ich die Augen aufmache, bin ich hellwach und fühle mich großartig!«
6. »Vier, fünf«… Augen auf. »Ich bin hellwach und fühle mich großartig!«

In diesen fünf Tagen werden Sie tiefer gehen und schneller in der Tiefe ankommen. Deshalb werden die zweimal wiederholten Bestätigungen am Ende der Übung noch stärker betont: »Hellwach und großartig fühlen!«

Beachten Sie, daß die Sätze jetzt mit einem Ausrufungszeichen versehen wurden, weil Sie mehr Überzeugungskraft und Gewicht darein legen sollen. Da Sie tiefer in Alpha gegangen sind, brauchen Sie die stärkere Betonung auf ›hellwach‹ und ›großartig‹, um sich vollends auf die Beta-Stufe zurückzubringen.

Selbst wenn Sie auf halbem Weg in der Alpha-Frequenz hängenbleiben, besteht keine Gefahr – das heißt, nicht mehr als am Morgen, wenn Sie zu rasch aufstehen müssen. Sie gähnen mehrmals und verlangen nach einer weiteren Tasse Kaffee, das ist alles.

Mittags: Tag 11 – 15

Während der kommenden fünf Mittage werden Sie die von Ihnen notierten Träume (von der sechsten bis zehnten Nacht) studieren. Und zwar auf folgende Weise:

Wenn man sich auf der Alpha-Stufe befindet, ist man weitaus kreativer als sonst. Als Beispiel dafür nehme ich einen unserer Silva-Lehrer und seine Unterrichtsmethode. Die Studenten werden angehalten, einen Satz, der ihnen gerade einfällt, auf ein Stück Papier zu schreiben. Danach versetzen alle sich in Alpha, öffnen die Augen und schreiben den Satz auf, der ihnen nun in den Kopf kommt.

Die ganze Klasse hört zu, während jeder seine beiden Sätze vorliest, ohne jedoch bekanntzugeben, welcher im

Alpha-Zustand geschrieben wurde. Die Klasse kann fast ausnahmslos den in Alpha geschriebenen Satz identifizieren, weil er häufig einen philosophischen Unterton hat, weiser ist, ebenso wie schöpferischer oder origineller. Was in Alpha durchkommt, ist generell von tieferer Bedeutung als alles, was einem in Beta einfällt.

Nun werden Sie diese größere Weisheit und Kreativität zur Interpretation Ihrer Träume benutzen. Sie lesen Ihre Träume im Beta-Zustand durch, suchen sich ein paar besonders eindringliche Träume aus und lesen diese noch einmal im Alpha-Zustand.

Damit trainieren Sie Ihre rechte Gehirnhälfte und gewinnen möglicherweise einen tieferen Einblick in die eigene Person. Hier die Methode für die nächsten fünf Mittage:

11. Tag – Nach dem Mittagessen nehmen Sie sich das gesammelte Traummaterial der vergangenen fünf Tage vor. Zählen Sie von 25 bis 1, die Pupillen leicht nach oben gedreht. Bei 1 sagen Sie sich im Geiste: »Ich werde meine Träume jetzt noch einmal lesen. Mit meinem erweiterten Bewußtsein und meiner Konzentration werde ich erkennen, welches Hauptthema mehreren meiner Träume zugrunde liegen könnte.« Bei dieser Übung müssen Sie sich nicht von 1 bis 5 aus Alpha herauszählen, da Sie durch den Vorgang des Lesens ohnehin allmählich in Beta gehen. Danach schreiben Sie das von Ihnen erkannte Haupt- oder Grundthema auf.

12. Tag – Zurückzählen von 25 bis 1. Öffnen Sie die Augen und finden Sie heraus, welche Träume auch nur annähernd das gestern von Ihnen identifizierte Grundthema haben. Wenn Sie sich zu entspannt dafür fühlen, zählen Sie von 1 bis 5.

13. Tag – Sie nehmen sich einen der Träume mit Ihrem Grundthema vor und lesen ihn noch einmal. Dann gehen Sie in Alpha mit dem Countdown von 25 bis 1. Jetzt lassen Sie die Elemente dieses Traums wie einen Film vor sich abrollen, aber anstatt mit dem Ende des Traums aufzuhören, spinnen Sie ihn weiter aus. Was könnte als nächstes geschehen? Beenden, indem Sie von 1 bis 5 zählen und danach die Weiterführung des Traums und irgendwelche neuen Einsichten, die Ihnen daraus erwachsen sind, aufschreiben.

14. Tag – Die Einsichten von gestern noch einmal lesen. Von 25 bis 1 zählen, in Alpha gehen und über diese Einsichten nachdenken. Inwiefern müssen Sie Ihr Verhalten, Ihre Einstellung und Ihre Gefühle korrigieren? Welche Änderungen können oder sollten Sie vornehmen? Beenden, indem Sie von 1 bis 5 zählen und danach sofort aufschreiben, welche persönlichen Veränderungen Ihnen in Alpha eingeleuchtet haben.

15. Tag – Die gestrigen Veränderungsvorschläge durchlesen. Einen davon wählen. Von 25 bis 1 zählen und in Alpha gehen. Sehen Sie sich selbst mit dem unerwünschten Charakterzug, der Ihnen gestern aufgefallen ist. Jetzt tun Sie etwas, das diesen Charakterzug ausmerzt. Sie waschen ihn von sich ab, lassen ihn vom Wind fortpusten, Sie radieren ihn aus. Sehen Sie sich jetzt davon befreit. Spüren Sie, daß Sie besser aussehen und sich besser fühlen als je zuvor. Beenden wie üblich.

Hier mag ein Wort über wiederkehrende Träume oder sich wiederholende Grundthemen in verschiedenen Träumen angebracht sein. Ein Beispiel für letzteren Fall kann eine Reihe von Träumen sein, in denen Sie sich zum Beispiel in einem Zugabteil befinden, der Zug aber nicht abfährt. Ein paar Nächte später träumen Sie, daß Sie ein Pferd reiten wollen, welches sich nicht fortbewegen will oder nicht auf Ihre Befehle reagiert. Ein weiterer Traum mit demselben Thema könnte eine Situation sein, in der Sie sich beeilen müssen, Ihre Beine aber nicht schnell genug laufen können.

Alle diese Träume weisen darauf hin, daß eine Angelegenheit, die wahrscheinlich etwas mit Ihrem Fortschritt zu tun hat, einen starken psychischen Druck auf Sie ausübt.

Während der fünf Mittagsübungen vom 11. bis zum 15. Tag haben Sie sich anhand von Träumen näher mit der eigenen Person bekannt gemacht. Bald werden Sie auch feststellen, daß Sie sich immer besser mit der eigenen Person vertragen.

Abends: Tag 11 – 15

Da Sie die rechte Gehirnhälfte aktivieren, sollten Sie auch wissen, wie sie nutzbringend eingesetzt werden kann.

Vielleicht ist es am besten, wenn Sie den zweiten Teil dieses Buches erst nach Beendigung der 20 Übungstage lesen, damit Sie ganz sicher sind, daß Sie lange genug im Alpha-Zustand verweilen können. Aber wenn Sie erst das ganze Buch durchlesen wollen, ist es auch gut. Halten Sie sich jedoch von den Übungen im zweiten Teil zurück, bevor Sie nicht das gesamte 20-Tage-Programm absolviert haben.

Um die rechte Gehirnhälfte vollends zu aktivieren, müssen noch zwei weitere Hindernisse überwunden werden, die wir nun, im Abendprogramm zwischen dem 11. und dem 15. Tag, in Angriff nehmen. Diese Hindernisse oder Blockierungen wurden im Lauf des Lebens von uns selbst geschaffen und sowohl im Körper als auch im Gehirn gespeichert.

Wenn Sie jemals ein angsterregendes oder traumatisches Erlebnis hatten, wissen Sie, daß der Geist das Trauma mit der Zeit vergißt, während der Körper sich weiterhin daran ›erinnert‹, weil er die Spannungen in irgendeinem Muskel, Gewebe oder Organ speichert.

Vom Körper gespeicherte Schockerlebnisse:

Autounfall
Tod eines Familienmitglieds
Geschäftlicher Verlust
Raub oder Diebstahl
Überfall, Verbrechen
Gebrochenes Versprechen
Verlust der beruflichen Position
Schwere Krankheit
Gerichtliche Auseinandersetzung
Große Enttäuschung
Langwährender Streit
Untreue

Solche im Körper gespeicherten negativen Erfahrungen verhindern die zur Aktivierung der rechten Gehirnhälfte notwendige Entspannung, weil Teile des Körpers permanent an diesen Verkrampfungen festhalten.

Es gibt eine Anzahl von Therapien, deren Ziel es ist, solche Verkrampfungen zu lösen, denn sie verhindern nicht nur die tiefere Entspannung, sondern stören auch die normale und positive Funktion des Körpers.

Rolfing ist eine derartige Therapie – eine Massage der Tiefengewebe, die von Ida Rolf entwickelt wurde und heute überall von sogenannten ›Rolfern‹ praktiziert wird. Die Alexander-Technik ist eine weitere Therapie. Dabei handelt es sich um ein System von Körperübungen, die durch mentales Training unterstützt werden. Ilana Rubenfeld kombiniert eine Reihe von Körpertherapien mit Gestalt-Therapie und ihren eigenen Techniken und schuf daraus die ›Rubenfeld Synergy-Methode‹.

Alle diese Methoden sind anerkannt und wirkungsvoll, nur ist man dabei immer auf einen erfahrenen Therapeuten angewiesen. Mit der Silva Methode hingegen wird die gleiche tiefe ›Entkrampfung‹ mit eigener Kraft erreicht.

An den nächsten beiden Abenden gehen Sie folgendermaßen vor:

Sie entspannen sich. Dann stellen Sie sich vor, daß Sie in Ihren Körper hineingehen. Sie geben verschiedenen Körperteilen Instruktionen, alle negativen Erinnerungen loszulassen. Das heißt, Sie ›besuchen‹ bestimmte Körperteile, in denen alte Spannungen normalerweise gespeichert werden.

Aktionspläne: Abends Tag 11–15

11. Abend – Machen Sie die Übung im Sessel, nicht im Bett. Sie zählen von 25 bis 1 und gehen in Alpha. Sie stellen sich vor, daß Sie sich im Inneren Ihres rechten Beins befinden. Dort spüren Sie einen großen Muskel, zu dem Sie nun liebevoll ›Hallo‹ sagen, wie zu einem guten Freund. Dann sagen Sie mit Gewißheit und Autorität: »Du läßt alle Spannungen los, allen Druck auf den Sehnenbändern, und setzt alle negativen Erinnerungen frei. Von nun an funktionierst du normal und bist absolut gesund.« Danach ›besuchen‹ Sie Ihr linkes Bein. Dann die Muskeln in beiden Armen. Auch sie werden liebevoll begrüßt und mit denselben Instruktionen programmiert. Jetzt besuchen Sie Ihre Rückenmuskeln, dann die Bauchmuskeln. Danach sind die Nackenmuskeln an der Reihe.

Nachdem diese die Anweisungen erhalten haben, fügen Sie hinzu: »Ich rufe alle Muskeln, Sehnenbänder und Gewebe in meinem Körper auf, sämtliche Spannungen, Verkrampfungen, allen Druck und alle negativen Erinnerungen loszulassen. Von nun an funktioniert ihr normal und seid absolut gesund.«

Beenden, indem Sie sich von 1 bis 5 nach oben zählen.

12. Abend – Sie wiederholen dieselbe Methode wie am Abend zuvor, doch diesmal ›besuchen‹ Sie Ihr Herz, Ihre Lungen und Leber, und geben diesen Organen dieselben Instruktionen. Dann wenden Sie sich an die Därme, die Nieren und die Geschlechtsorgane und geben ihnen dieselben Instruktionen.

Zum Schluß fügen Sie hinzu: »Ich rufe alle meine Organe, Drüsen und Körpersysteme auf, sämtliche Spannungen, jeden Druck und alle negativen Erinnerungen loszulassen. Von nun an funktioniert ihr normal und seid absolut gesund.« Von 1 bis 5 zählen.

Nach dem zwölften Abend werden Sie einen Großteil des im Körper gespeicherten Widerstands gegen eine derartige Tiefenentspannung losgeworden sein. Wenn Sie jetzt von oben nach unten zählen, werden Sie tatsächlich schneller tiefergehen.

Und nun werden wir die Widerstände untersuchen, die der Verstand gegen die Benutzung der rechten Gehirnhälfte gespeichert hat.

Die Widerstände des Verstands überwinden

Das linke Gehirn liebt Konflikte, Dichotomien, Gegensätzlichkeiten. Das rechte Gehirn geht über diese Unterscheidungen hinaus und sieht die Einheit dahinter.

John W. haßte seinen Bruder. Zwischen den beiden fand seit vierzig Jahren eine Fehde statt, und da beide in derselben Stadt lebten, wurden die negativen Gefühle ständig neu entfacht.

John nahm am Silva-Trainings-Kurs teil, konnte sich aber nicht ohne weiteres entspannen, und noch schwerer fiel ihm das Visualisieren von Lösungen für seine Probleme. Während einer Mittagspause erklärte er seinem Silva-Lehrer, daß er mit den Resultaten seiner Übungen nicht zufrieden war und noch einmal von vorn anfangen wollte, was jedem Teilnehmer an den Kursen freisteht.

»Ich programmiere mich für einen perfekten Tagesablauf, aber es klappt nie«, beschwerte er sich.

»Hast du irgendwelche Sorgen?« fragte der Lehrer.

»Absolut nicht«, antwortete John.

»Geldprobleme?«

»Nein, mein Geschäft läuft gut.«

»Gesundheitsprobleme?«

»Mir ist es noch nie besser gegangen.«

»Ist irgend etwas nicht in Ordnung in der Ehe?«

»Nein. Könnte gar nicht besser sein.«

»Wie steht's mit dem inneren Frieden?«

»Was meinst du damit?« fragte John.

»Innerer Friede ist, wenn man mit allem und jedem in Frieden lebt«, meinte der Lehrer.

»Ja, ich lebe in Frieden mit allen«, sagte John, und dann fügte er hinzu: »Mit einer Ausnahme.«

»Ein Stein genügt, um Wellen im Wasser zu schlagen«, bemerkte der Lehrer. »Wer ist die Ausnahme?«

John fing an, seinen Bruder schlechtzumachen, aber der Lehrer unterbrach ihn, indem er erklärte, daß jede negative

Einstellung einer anderen Person gegenüber das Bewußtsein in der linken Gehirnhälfte verankert, einfach, weil solche Gedanken trennend und entzweiend sind.

»Das rechte Gehirn arbeitet auf einer Ebene, wo wir alle zusammengehören – im Überbewußtsein oder im kollektiven Unbewußten. Jedes anhaltende Gefühl der Trennung verhindert das notwendige Gemeinsamkeitsgefühl«, sagte der Lehrer.

»Und was soll ich da machen?« fragte John mißtrauisch.

»Vergib deinem Bruder.«

»Nie und nimmer!« John verhärtete sich sichtlich. »Nicht diesem Versager!«

Der Lehrer erklärte geduldig, daß Johns Bruder sich nur seinem inneren Programm entsprechend verhielt, immer im guten Glauben, daß er das einzig Richtige tat. Johns Weigerung, Vergangenes zu begraben, fügte nicht seinem Bruder Schaden zu, sondern John selbst. Er untergrub seine eigene Gesundheit und würde damit letzten Endes vielleicht seine Lebensspanne verkürzen.

»Also, was willst du von mir?« fragte John den Lehrer noch einmal.

»Es geht nicht darum, was ich will, sondern um das, was *du* für dich selbst willst.«

Dann erklärte der Lehrer die Methode: John sollte sich auf die Alpha-Stufe begeben, sich an seinen ›entspannten Lieblingsplatz‹ versetzen und seinen Bruder einladen, ihn dort zu besuchen. Dann sollte er eine imaginäre Unterhaltung mit ihm führen, ihm verzeihen und seinen Bruder um Vergebung bitten.

»Fühle, daß die Vergebung von beiden Seiten gewollt und angenommen wird«, beschwor der Lehrer ihn. »Umarme deinen Bruder in Gedanken. Beende die Sitzung, fühle den Unterschied und dann warte ab, ob du Unterstützung von der anderen Seite bekommst.«

John machte die Übung noch während jener Mittagspause.

Ein paar Tage später rief er seinen Silva-Lehrer an. »Ich habe mich für einen perfekten Tageslauf programmiert und einen wundervollen Tag gehabt«, berichtete er.

Einen Monat später wurde er zum ersten Mal seit Jahren von seinem Bruder angerufen und zur Hochzeit der Tochter seines Bruders eingeladen. Alles, was danach geschah, war eine objektive Wiederholung der subjektiven Handlungen in Johns Visualisation.

Was wir auf subjektiver Ebene mit unserer Vorstellung schaffen, manifestiert sich auf physischer Ebene als Realität.

Mentaler Hausputz

Jede negative Emotion, die über längeren Zeitraum aufrechterhalten wird, kann den Kontakt zur anderen Seite blockieren, weil sie die Funktionsfähigkeit der rechten Gehirnhälfte untergräbt. Häufig empfundene negative Emotionen:

Eifersucht	Haß
Feindseligkeit	Frustration
Abscheu	Schuldzuweisung
Ablehnung	Ekel
Mißtrauen	Bitterkeit
Rachsucht	Rivalität
Wut	Überheblichkeit
Angst	

Im Grunde müssen alle diese Gefühle von einem einzigen ersetzt werden: Liebe. Aber um vom negativen Extrem des Hasses zum positiven der Liebe gehen zu können, muß man durch das Stadium der Vergebung passieren.

An den folgenden drei Abenden werden Sie deshalb jedem wichtigen Menschen in Ihrer Vergangenheit und Gegenwart verzeihen. Ihr Leben wird dadurch transformiert!

Hier sind Ihre Aktionspläne für den 13. bis 15. Abend:

13. Abend – In bequemer Sitzhaltung schließen Sie die Augen, drehen die Pupillen leicht nach oben und zählen von 25 bis 1. Bei 1 begeben Sie sich an Ihren ›entspannten Lieblingsplatz‹. Der Reihe nach laden Sie die unten aufgeführten Personen ein, Sie dort zu besuchen. Sie vergeben ihnen alles, und bitten um ihre Vergebung. Fühlen Sie die entsprechenden Emotionen. Sehen Sie sich den Pakt mit einem Handschlag besiegeln oder mit einer Umarmung. Mit jeder der folgenden Personen wird diese Übung gemacht, sei sie gestorben oder am Leben.

Väterlicherseits	Mütterlicherseits
Großvater und -mutter	Großvater und -mutter
Vater	Mutter
Ehepartner oder Gefährte	Schwestern
Brüder	Kinder

Beenden, indem Sie sich von 1 bis 5 nach oben zählen.

14. Abend – An diesem Abend vergeben sie allen sonstigen Familienmitgliedern. Sie können Zeit sparen, wenn Sie sich zum Beispiel einen Cousin aussuchen, der stellvertretend für sämtliche Cousins erscheint.

Das gleiche gilt für andere Verwandte oder auch Freunde und Kollegen.

Ein Onkel	Ein(e) SchwagerIn der älteren Generation
Eine Tante	Ein(e) SchwagerIn der gleichen Generation
Ein Neffe	Ein(e) SchwagerIn der jüngeren Generation
Eine Nichte	Ein Cousin
Eine Cousine	Ein(e) FreundIn
Ein Nachbar	Ein Arbeitskollege
Ein(e) LehrerIn	

15. Abend – Eine wichtige Person haben wir bisher ausgelassen – Sie selbst. Sie müssen sich erst selber lieben, bevor Sie andere lieben können. Bitten Sie sich also selbst an Ihren entspannten Lieblingsplatz, als wären Sie eine andere Person. Vergeben Sie sich alle Schwächen, alle Fehler, alle Unannehmlichkeiten, die Sie meinen, anderen zugefügt zu haben. Umarmen Sie sich selbst. Von 1 bis 5 zählen.

Zusammenfassung der Übungen – Tag 11–16

Hier folgt die Übersicht für die dritte Woche des Trainingsprogramms. Bevor Sie die täglichen Übungen machen, lesen Sie die ausführlichen Erklärungen in diesem Kapitel am besten noch einmal durch.

11. Tag Morgens

Rückwärts von 25 bis 1 zählen.
Innerlich bestätigen: »Schneller, tiefer.«
Positive Gedanken bestätigen.
Vorwärts von 1 bis 5 zählen.

Mittags

Von 25 bis 1 zählen.
Konzentriertheit bestätigen.
Aufgeschriebene Träume durchlesen.
Grundthema erkennen.
Grundthema aufschreiben.

Abends

Bequeme Sitzhaltung einnehmen.
Von 25 bis 1 zählen.
Jeden Muskel innerlich ›besuchen‹.
Aufruf zum Loslassen.
Generelles Loslassen bestätigen.
Von 1 bis 5 zählen.

12. Tag Morgens

Von 25 bis 1 zählen.
Innerlich bestätigen: »Schneller, tiefer.«
Positive Gedanken bestätigen.
Von 1 bis 5 zählen.

Mittags

Von 25 bis 1 zählen.
Konzentriertheit bestätigen.
Aufgeschriebene Träume durchlesen.
Träume mit einem Grundthema auswählen.
Von 1 bis 5 zählen.

Abends

Bequeme Sitzhaltung einnehmen.
Von 25 bis 1 zählen.
Innere Organe und Verdauungstrakt ›besuchen‹.
Bestätigen, daß jedes Organ losläßt.
Aufruf zum generellen Loslassen.
Von 1 bis 5 zählen.

13. Tag Morgens

Von 25 bis 1 zählen.
Innerlich bestätigen: »Schneller, tiefer.«
Positive Gedanken bestätigen.
Von 1 bis 5 zählen.

Mittags

Das wichtigste Grundthema aus dem Traummaterial wählen.
Von 25 bis 1 zählen.
Traum noch einmal ablaufen lassen.
Den Traum weiterträumen.
Von 1 bis 5 zählen.
Neue Erkenntnisse aufschreiben.

Abends

Bequeme Sitzhaltung einnehmen.
Von 25 bis 1 zählen.
Sich an entspannten Lieblingsplatz versetzen.
Wichtigsten Familienangehörigen verzeihen.
Von 1 bis 5 zählen.

14. Tag Morgens

Von 25 bis 1 zählen.
Bestätigen: »Schneller, tiefer.«
Positive Gedanken bestätigen.
Von 1 bis 5 zählen.

Mittags

Am Vortag aufgeschriebene Erkenntnisse durchlesen.
Von 25 bis 1 zählen.
Erkenntnisse kontemplieren.
Welche persönlichen Veränderungen sind notwendig?
Von 1 bis 5 zählen.
Notwendige Veränderungen aufschreiben.

Abends

Bequeme Sitzhaltung einnehmen.
Von 25 bis 1 zählen.
Sich an entspannten Lieblingsplatz versetzen.
Stellvertretenden Verwandten und Kollegen verzeihen.
Von 1 bis 5 zählen.

15. Tag Morgens

Von 25 bis 1 zählen.
Bestätigen: »Schneller, tiefer.«
Positive Gedanken bestätigen.
Von 1 bis 5 zählen.

Mittags

Notizen über notwendige Veränderungen durchlesen.
Von 25 bis 1 zählen.
Unerwünschte Eigenschaft im Geiste sehen.
Unerwünschte Eigenschaft verschwinden lassen.
Sich verändert sehen.
Von 1 bis 5 zählen.

Abends

Bequeme Sitzhaltung einnehmen.
Von 25 bis 1 zählen.
Sich an entspannten Lieblingsplatz versetzen.
Sich selbst verzeihen.
Von 1 bis 5 zählen.

In den vergangenen fünf Tagen haben Sie nicht nur geübt, Sie haben sich der anderen Seite effektiv geöffnet, indem Sie sich von körperlichen und mentalen Widerständen befreit haben. Jetzt sind Sie bereit, vollends Kontakt aufzunehmen.

Im nächsten Kapitel ist es soweit.

6

Wie man Antworten von der anderen Seite erhält

Dieses Kapitel enthält die Instruktionen für die letzten fünf Tage unseres 20tägigen Trainingsprogramms. Wenn Sie die Übungen gewissenhaft gemacht haben, haben Sie jetzt die Fähigkeit entwickelt, Ihre Gehirnschwingungen zu verlangsamen und Ihre rechte Gehirnhälfte zu aktivieren, und zwar in nicht viel mehr als der Zeit, die Sie brauchen, um diesen Abschnitt durchzulesen.

Während der letzten fünf Übungstage setzen Sie die Alpha-Stufe bewußt zu Ihrem Vorteil ein. Diese Vorteile mögen noch keine dramatischen, lebensverändernden Transformationen auslösen, wie sie später möglich werden, aber bevor man laufen lernt, muß man normalerweise erst krabbeln können.

Ein jetzt schon spürbarer Vorteil Ihres Trainings ist die Tatsache, daß Sie jetzt mehr von Ihrer Gehirnkapazität bewußt einsetzen. Wenn ein Gehirnschlag einen Teil unserer Gehirnkapazität funktionsunfähig macht, sind wir von dem Moment an in der Hinsicht behindert. Umgekehrt wird ein Mensch, der sein Gehirn trainiert, ab einem bestimmten Punkt vermehrte Denkfähigkeiten entwickeln.

Ein Großteil des Denkens des normalen Menschen kreist um Negatives – man macht sich Sorgen, denkt über Konflikte nach und fürchtet Verluste. Aber mit dieser Art des Denkens bestrafen wir uns selbst. Wir vermehren unsere Sorgen; wir verstricken uns in weiteren Konflikten; wir erleiden jetzt schon Verluste. Negatives Denken nährt sich von negativem Denken, da es unsere Schöpferkraft unterminiert und weitere Zerstörung einlädt. Anstatt Fortschritte zu machen, machen wir Rückschritte. Und das ist unsere Strafe – das unausweichliche Resultat negativen Denkens. Die Strafe folgt sozusagen automatisch auf dem Fuß. Aber das Gute daran ist, daß positives Denken genauso automatisch die Gehirnkapazität erhöht und belohnt wird.

Die Macht positiver Vorstellungen

Carl Simonton war ein Arzt am Travis Luftwaffen-Stützpunkt in Kalifornien als er anfing, mit der Silva Methode zu arbeiten, um Krebspatienten beizubringen, wie man sich entspannt, das eigene Abwehrsystem visualisiert und Krebsgeschwüre von innen bekämpft. Seine Erfolge mit dieser Methode waren dermaßen spektakulär, daß auch später, als er eine Privatpraxis in Texas eröffnete, unzählige Krebspatienten aus allen Teilen des Landes zu ihm kamen und um seine Hilfe baten.

Simonton schickte seine Patienten zunächst in einen Aufklärungskursus, in dem erklärt wurde, daß jeder aktiv an der eigenen Heilung teilnehmen muß. Daraufhin fuhren viele Patienten sofort wieder nach Hause, einfach, weil sie nicht bereit waren, die Verantwortung für ihr eigenes Leben zu übernehmen.

Sind Sie bereit, Verantwortung für Ihr Leben zu übernehmen? Sind Sie bereit, mehr und bewußtere Kontrolle über Ihre Gehirnfunktionen zu übernehmen? Sind Sie bereit, den Himmel hier auf Erden zu schaffen?

Die Kraft hinter Ihrem Vorstellungsvermögen ist jene Schöpferkraft, die dieses Universum geschaffen hat und noch immer schafft – und zwar wenigstens teilweise durch Sie. Sie sind Teil eines schöpferischen Teams. Selbstverständlich sind Sie nur ein Mitglied eines riesenhaften Teams, aber was erlebt jeder Teamarbeiter, der seine Funktion nicht erfüllt? Er wird vom Boß zur Rede gestellt. Als Fußballspieler wird man vom Mannschaftskapitän auf die Strafbank gesetzt. Als Politiker wird man nicht wiedergewählt.

Die mentalen Bilder des Vorstellungsvermögens können destruktiv sein, und destruktive Gedanken verursachen destruktive Ereignisse. Arthur W. war ein Hypochonder, der ständig glaubte, an dieser oder jener Krankheit zu leiden. Und in der Tat war er auch oft krank. Sein Körper entwikkelte verschiedene Symptome, und dementsprechend befand Arthur sich ständig in ärztlicher Behandlung. Dann hörte er von der Silva-Methode, machte den Trainingskurs, und erkannte schon am ersten Tag, was seine Gesundheitsprobleme verursachte: sein destruktives Denken. Am vierten Tag seines Trainings war jedes Krankheitssymptom bereits verschwunden.

Genevieve L. litt unter Angstzuständen. Jedesmal, wenn sie die Zeitung las oder die Fernsehberichte über zunehmende Kriminalität und Gewalttätigkeit sah, wurde sie in ihrer Angst bestätigt. Schließlich war sie nervlich am Ende. Eines Tages gab eine Freundin ihr dann eine Kopie der *Silva-Mind-Control-Methode für Geschäftsleute.* Sie erkannte, was ihre negativen mentalen Bilder schlußendlich bewirken mußten: sie würden genau das anziehen, was Genevieve eigentlich vermeiden wollte. Sie änderte ihr Denken und ihr Lebensbarometer stieg von ›stürmisch‹ auf ›heiter‹.

Eine Boeing 747 wollte in Honolulu landen, aber der Pilot konnte die Räder nicht ausfahren, da offenbar ein Teil des Landemechanismus blockiert war. Er machte den Kontrollturm auf sein Problem aufmerksam und wurde aufgerufen, über dem Flughafen zu kreisen, bis Notlandungsvorkehrungen getroffen worden waren. Nachdem das Flugzeug eine Bauchlandung gemacht hatte, und alle 200 Passagiere und die Crew wohlbehalten über Notrutschen in Sicherheit gebracht worden waren, stellte sich heraus, daß während des Flugs ein Film gezeigt worden war, in dem genau diese Situation vorkam – der Film handelte von einem Flugzeug, dessen Landemechanismus steckengeblieben war. Eine Zeitung, die diesen Bericht am nächsten Tag veröffentlichte, erhielt einen Leserbrief, in dem folgende Frage gestellt wurde: »Können 200 entspannte Menschen, die sich eine Blockierung im Landemechanismus bildlich vorstellen, bewirken, daß die Situation tatsächlich eintrifft?«

Man muß kein Uri Geller sein, um diese Frage mit Ja zu beantworten.

Der Zugang zur Intuition

Eine weitere Fähigkeit, die wir uns zuschreiben, die aber um der Akkuratheit willen der anderen Seite zugeschrieben werden muß, ist intuitives Auffassungsvermögen.

Intuition wird als ›Wissen ohne rationale Denkvorgänge‹ definiert. Das rationale Denkvermögen ist im linken Gehirn verankert. Intuition ist demnach das Denkvermögen des rechten Gehirns. Die einzige Art, wie das rechte Gehirn sich ein Wissen erwerben kann, das dem linken nicht zur Verfügung steht, ist durch Zugang zur anderen Seite. Intuitionen sind demnach Informationsmaterial, welches von der anderen Seite kommt.

Jeder Mensch hat gewisse intuitive Fähigkeiten, auch wenn er oder sie die rechte Gehirnhälfte nicht durch gezielte Bewußtseinskontrolle aktiviert hat. Das rechte Gehirn ist nie vollkommen funktionsunfähig; es arbeitet unentwegt, wenn auch nur zu einem Bruchteil seiner Kapazität.

Die andere Seite hat Zugang zu unserer Intelligenz; sie kann bis zu einem gewissen Grad zu uns vordringen. Während wir auf der materiellen Ebene beschäftigt sind und uns auf der Beta-Stufe befinden, vollzieht das Gehirn eine bemerkenswerte Gymnastik: alle paar Sekunden gleitet es für etwa eine Millisekunde in den Alpha-Zustand. Dafür gibt es bisher keine konkrete Erklärung, aber es ist durchaus denkbar, daß die andere Seite unsere Intelligenz während dieser Zeit mit Informationen versorgt.

Ein Bruchteil einer Sekunde genügt, um einen Blitz der Erkenntnis, der Intuition oder der Kreativität auszulösen. Das Problem dabei ist, daß solche Erkenntnisblitze gewöhnlich nicht bewußt registriert werden. In Alpha kann der bewußte Verstand mit dem Unterbewußtsein kommunizieren, aber zuerst müssen wir die Kontrolle über den Alpha-Zustand erlangen. Und mit dieser Kontrolle müssen wir unsere Terminologie korrigieren: Das Unterbewußtsein ist nicht länger ›unterhalb‹ unseres normalen Bewußtseins, sondern vielmehr ein ›inneres Bewußtsein‹, zu dem wir unmittelbaren Zugang haben, von dem wir Informationen empfangen, und in das wir Informationen eingeben (einprogrammieren).

Eine weitere Schwierigkeit bei dem Versuch, jene Millisekunde der intuitiven Eingebung bewußt zu machen, stellt das linke Gehirn dar, da es so häufig ›übertönt‹, was das rechte Gehirn uns sagen will. Man darf nicht vergessen, daß beide Gehirnhälften miteinander verbunden sind und Informationen austauschen. Tatsächlich bestehen mindestens so viele Verbindungsdrähte zwischen den beiden Hemisphären, wie es Telefonleitungen auf der Erde gibt. Das linke Gehirn vernimmt den Input der rechten Hälfte, ignoriert ihn aber in den meisten Fällen. Im Verlauf unseres 20-Tage-Programms werden Sie den beiden Hemisphären mehr Gleichberechtigung verschaffen.

Wieder wie ein Kind werden

Während ein Embryo in der Gebärmutter heranwächst, sendet es bereits Gehirnwellen auf der Delta-Frequenz aus, das heißt, eine halbe bis zu vier Pulse in der Sekunde. Die Delta-Schwingungen bleiben auch nach der Geburt und bis etwa zum vierten Lebensjahr des Kindes dominant. Während dieser Entwicklungsphase lernt das Kind seine körperlichen

Sinne zu benutzen – zunächst den Tastsinn, danach Schmecken und Riechen, gefolgt von Hören und Sehen.

Nach dem vierten Jahr beschleunigen sich die Gehirnwellen allmählich, bis Theta zur dominierenden Frequenz geworden ist. Das Bewußtsein des Kindes arbeitet während dieser Phase auf induktiver Ebene. Es heißt, daß das Kind an diesem Zeitpunkt bereits etwa drei Viertel des Wissens aufgenommen hat, das es zeit seines Lebens anwenden wird. Vom etwa siebten bis zum vierzehnten Lebensjahr befindet sich das Kind größtenteils auf der Alpha-Stufe, denn die dominierenden Gehirnschwingungen haben sich mittlerweile noch mehr beschleunigt, und das Bewußtsein arbeitet auf deduktiver Ebene. Das Kind ist jetzt phantasievoll, erfinderisch und kreativ. Die Impressionen, die seine Gehirnzellen jetzt speichern, werden immer einfallsreicher kombiniert. Das Kind löst Probleme, erfindet eingebildete Spielkameraden und überrascht seine Eltern mit originellen Ideen.

Manche Kinder sind medial begabt. Sie wissen Dinge, die sie absolut nicht wissen können, und nehmen Energiefelder (Auras) wahr.

»Woher hast du gewußt, daß Tante Emily uns heute besuchen würde?« mag ein überraschter Vater fragen.

»Ich habe es einfach geraten«, sagt das Kind.

Als ich die Techniken, aus denen die Silva-Mind-Control-Methode später hervorging, an meinen eigenen Kindern erprobte, ging es mir zunächst nur darum, ihr Lernvermögen zu stimulieren, um sie zu besseren Schülern zu machen, also erkundigte ich mich täglich, welche Themen in der Schule behandelt wurden. Dabei kam es oft vor, daß meine Kinder eine Frage beantworteten, die ich noch nicht gestellt hatte.

»Warum hast du diese Frage beantwortet? Ich habe doch noch gar nicht danach gefragt«, sagte ich.

»Ich habe einfach erraten, daß du das fragen würdest«, war unweigerlich die Antwort.

Durch die Aktivierung ihrer rechten Gehirnhälfte wurden meine Kinder intuitiv.

Eine andere Definition für Intuition ist die Fähigkeit, richtig zu raten. Wenn wir intuitiv sind, fühlt es sich an, als würde irgend jemand einem die Antworten eingeben. Das rechte Gehirn funktioniert wie eine Radiostation, die ausgesandte Botschaften laut und deutlich empfängt.

Natürlich hat intuitive Empfänglichkeit nichts mit Raten oder Vermuten zu tun. Die Informationen gelangen vermittels unserer Verbindung zu einem größeren Intelligenzfeld zu uns. Es fühlt sich nur so an, als hätte man etwas geraten. Intuitionen werden oft von diesem Gefühl begleitet.

Leider funktionieren Kinder nach Einbruch der Pubertät – etwa im vierzehnten Lebensjahr – fast nur noch im Beta-Bereich. Das Schwergewicht liegt jetzt auf der Kontrolle der äußeren Umgebung (linkes Gehirn) und der Entwicklung des logischen, analytischen, rationalen Verstands (linkes Gehirn).

Intuition nach dem Silva-Training

Silva-Absolventen sind wie Kinder, weil sie mehr Alphawellen aussenden. Sie müssen nicht von 5 bis 1 zurückzählen, um intuitive Eingebungen zu empfangen, weil ihr Bewußtsein sich bereits entsprechend zentriert hat. Wenn die Silva-Absolventen ein Problem lösen wollen, entspannen sie automatisch den Fokus ihrer Augen und drehen die Pupillen leicht nach oben. Selbst wenn sie keine Probleme lösen, arbeiten ihre Gehirnhälften besser zusammen.

Bob S., ein Silva-Lehrer, fuhr in eine fremde Stadt, um dort einen Vortrag über die Silva-Methode zu halten. Sein Hotelzimmer befand sich ein paar Stockwerke über dem Konferenzsaal, und so beschloß er, sich während einer Mittagspause in seinem Zimmer auszuruhen. Als er sich auf dem Bett ausstreckte, kam ihm ein Gedanke: »Irgend etwas ist mit meinem Handbuch für Silva-Trainer passiert!«

Ohne das Handbuch konnte er seinen Vortrag nicht halten, also sprang er auf, rannte zum Fahrstuhl und fuhr zum Konferenzsaal hinab. Das Handbuch befand sich tatsächlich nicht länger unter dem Rednerpult, wo er es gelassen hatte.

Er verließ den Raum und fragte sich, wo es sein könnte. Er beobachtete sich selbst, wie er einen Korridor entlangwanderte, um eine Ecke ging und vor einem Bürozimmer haltmachte. Er trat ein. Eine Sekretärin saß im hinteren Teil des Raums. Er ging auf sie zu. Hinter ihr stand ein Kopiergerät, und in dem Kopierer steckte sein Silva-Handbuch!

»Das Buch gehört mir«, verkündete er.

In dem Moment betrat ein Silva-Student den Raum. Bei Bobs Anblick wurde er blaß und gab sofort zu, daß er das Handbuch entwendet hatte. Er entschuldigte sich mehrmals und sagte: »Jetzt glaube ich an außersinnliche Wahrnehmungen! Woher wußten Sie, daß Ihr Buch hier ist?«

Bob mußte nicht erst auf seine Alpha-Stufe gehen, um seine Intuition zu aktivieren. Sein rechtes Gehirn war bereits durch das Silva-Training aktiviert worden.

Silva-Absolventen verspüren nicht selten den Drang, eine bestimmte Person anzurufen, nur um zu hören, daß die Person in dem Moment selbst anrufen wollte. Andere spüren den unerklärlichen Drang, an einem Tag eine ungewohnte Strecke im Auto zu fahren, nur um später festzustellen, daß ein Verkehrsstau die gewohnte Zufahrt stundenlang blokkiert hatte. Ohne bewußte Alpha-Aktivierung häufen sich die ›Glücksfälle‹. Es ist, als käme der Alpha-Zustand von sich aus zu *uns*.

Irgendeine Intelligenz muß also ›da draußen‹ am Werk sein. Und diese Intelligenz stand Ihnen schon immer zu Diensten. Gestörte Kommunikationsdrähte haben Sie daran gehindert, den ›Input‹ dieser Intelligenz zu empfangen. Jeder Mensch ist intuitiv begabt, nur ist die winzige Stimme der Eingebung den meisten unverständlich, weil ihr Denken exzentrisch bleibt. Sobald Sie Ihr Denken zentrieren, wird die Stimme der Intuition deutlich vernommen.

Das Denken zentrieren

Vom 16. bis zum 20. Übungstag werden Sie Methoden praktizieren, mit deren Hilfe Sie die endgültige Kontrolle über beide Gehirnhälften erlangen.

»Und was dann?« fragen Sie vielleicht.

»Dann werden Sie zentriert denken«, antworte ich.

»Und auf welche Weise hilft mir das weiter?« fragen Sie vielleicht als nächstes.

»Sie werden erleuchtet.«

»Was bedeutet das?«

»Ihr bewußter Verstand verbindet sich mit Ihrem Überbewußtsein, welches ein Teil der Höheren Intelligenz ist«, antworte ich.

»Bedeutet das, daß ich ein Teil von Gott werde?« Ihre Fragen werden eindringlicher.

»Sie sind bereits ein Teil von Gott. Es bedeutet lediglich, daß Sie diese Tatsache unmißverständlicher in Ihrem Leben demonstrieren.« Sie haben mich in die Rolle des Philosophen gedrängt.

»Ich bin ein Pragmatiker. Worauf läuft das im einzelnen hinaus?« Sie übernehmen die Rolle des Geschäftsmannes.

»Zum ersten werden Sie zu einer integrierten Persönlichkeit. Sie leiden nicht mehr unter inneren Konflikten. Es fällt Ihnen leichter, Entscheidungen zu fällen. Sie befinden sich auf einer höheren Bewußtseinsstufe, auf der Sie die Einheit mit allen Menschen fühlen, und andere Menschen fühlen die Einheit mit Ihnen.« Ich habe das Gefühl, daß meine Antwort nicht pragmatisch genug war.

»Einheit? Das sagt mir nichts. Was nützt mir das?«

Mein Gefühl hat mich nicht betrogen. »Sie haben die Macht, andere zum allseitigen Nutzen zu beeinflussen. Und Sie haben die innere Weisheit, diese Macht zum Wohl der gesamten Menschheit einzusetzen.«

Jetzt nicken Sie. Ich danke meinen inneren Helfern. Und nun lesen Sie weiter.

Bei den nächsten drei Morgenübungen setzen Sie sich gleich nach dem Erwachen auf einen Stuhl. Sie schließen die Augen, drehen die Pupillen leicht nach oben, atmen einmal tief ein und entspannen den Körper beim Ausatmen so tief wie möglich. Dann zählen Sie von 5 bis 1, um sich auf Ihre Alpha-Stufe zu begeben. In Alpha wiederholen Sie die gewohnten Affirmationen innerlich und fügen noch eine neue hinzu: »Es geht mir mit jedem Tag in *jeder* Hinsicht immer besser und besser und besser.« Beenden wie üblich mit Zählen von 1 bis 5.

Unterschiedlich vom bisherigen Morgenprogramm ist der abgekürzte Countdown, die Benutzung eines Stuhls anstelle des Bettes, ein tiefer Atemzug, nachdem Sie die Augen schließen, und die ›Besser und besser‹-Affirmation.

Eine weitere Neuerung wird während der letzten zwei Morgenübungen des Programms eingeführt. Bei diesen Sitzungen werden Sie die andere Seite bei der Gestaltung Ihres Tagesablaufs zu Rate ziehen.

Ja, Sie haben richtig gehört, und nein, wir springen nicht ins kalte Wasser. Mittlerweile sind Sie in Kontakt mit Ihrem Höheren Selbst, und dieses ist in Kontakt mit anderen Höheren Wesenheiten, die von der anderen Seite aus an Ihrem Tagesablauf teilnehmen.

Nur, weil dies Ihr erster Versuch ist, dürfen Sie nicht annehmen, daß es noch nicht richtig funktionieren kann. Damit bitten Sie quasi um Hilfe, die nicht (oder nur in beschränktem Maß) funktioniert. Warum nicht einfach loslassen und Gott tun lassen?

Erwarten Sie ein Wunder!

Morgens: Tag 16–20

Zu Beginn dieses Jahrhunderts entwickelte ein Franzose namens Emile Couée eine Selbsthilfe-Technik, bei der sich die Leute vor einen Spiegel stellten und mehrfach einen Satz wiederholten: »Es geht mir jeden Tag in jeder Hinsicht besser und besser.«

Vergleichen Sie diesen Satz mit der Affirmation, die Sie jetzt zu Ihrem Morgenprogramm hinzufügen. Vielleicht meinen Sie, ich wollte Couée überflügeln, weil ich vorschlage, das ›besser und besser‹ dreimal, anstelle von zweimal zu wiederholen. Aber meine Affirmation ist nicht nur dreimal, sondern hundertmal besser. Wenn man sich vorher auf die Alpha-Stufe begibt, ist die Wirkung ungleich viel stärker, als wenn man sich vor einen Spiegel stellt. In Alpha erreicht die Affirmation die Tiefen des mentalen Computers und programmiert ihn darauf, alles an Ihnen besser und besser und besser funktionieren zu lassen.

Die Veränderungen im Morgenprogramm müssen beachtet werden, wenn Sie sich die Techniken einprägen wollen. Nur wer die Einzelheiten verinnerlicht hat, muß die Phase der Entspannung nicht mehr unterbrechen, um noch einmal im Buch nachzuschlagen.

16. bis 18. Morgen

1. Nach dem Aufstehen in einen bequemen Stuhl setzen.
2. Augen schließen, Pupillen leicht nach oben drehen, einmal tief einatmen, und beim Ausatmen den Körper vollkommen entspannen.
3. Langsam von 5 bis 1 zählen.
4. Innerlich die folgenden drei Affirmationen mehrfach wiederholen:
   »Jedesmal, wenn ich mich entspanne, gehe ich schneller tiefer.«
   »Positive Gedanken ziehen alles, was ich mir wünsche, magnetisch zu mir hin.«
   »Es geht mir mit jedem Tag in jeder Hinsicht immer besser und besser und besser.«
5. Beenden wie üblich, mit von 1 bis 5 zählen und sich hellwach und großartig fühlen.

Lesen Sie die obigen fünf Schritte jetzt noch einmal durch. Dann legen Sie das Buch beiseite und machen die Übung, als wären Sie gerade aufgestanden.

19. bis 20. Morgen – Sie praktizieren die Schritte von 1 bis 4 wie oben, aber bevor Sie sich nach oben zählen (5. Schritt), lassen Sie einen Film vor den inneren Augen ablaufen, in dem der kommende Tag vollkommen nach Wunsch verläuft. Jetzt werden wir das Drehbuch dafür besprechen. Sie sind sowohl der Drehbuchautor als auch der Regisseur. Ich habe eine Beraterfunktion.

Eine Art, sich den kommenden Tag präzise vorzustellen, ist mit Hilfe einer imaginären Uhr. Sie wissen wahrscheinlich schon, was Sie um neun Uhr morgens tun müssen, also visualisieren Sie eine Uhr, deren Zeiger auf neun Uhr zeigen. ›Sehen‹ Sie sich die Dinge verrichten, die Sie normalerweise tun. Vielleicht sitzen Sie an Ihrem Arbeitsplatz hinter dem Schreibtisch – oder was auch immer. Aber diesmal sehen Sie alles in Ihrer Umgebung als ordentlich, perfekt und wunschgemäß.

Visualisieren Sie sich als gutgelaunt, froh, die Arbeit zu tun. Wenn andere Menschen dabei sind, sehen Sie diese als gutgelaunt, leistungsfähig und kreativ.

Jetzt drehen Sie die Uhrzeiger eine Stunde weiter. Es ist zehn Uhr morgens, und Sie haben bereits viel mehr als sonst erledigt. Vielleicht sind gute Nachrichten für Sie in der Post gekommen.

Jetzt ist es elf Uhr morgens. Wie auch immer ein ›guter Tag‹ für Sie aussehen mag, Sie sehen ihn innerlich vor sich. Telefongespräche, Besuche, Verkäufe, neue Kunden – alles, was geschieht, bringt Sie ein Stück weiter.

Sie rücken die Uhrzeiger Stunde um Stunde vor und sehen das für Sie Beste geschehen. Beenden Sie Ihren mentalen Film mit einem Bild, in dem Sie die Freude ausdrücken, die Sie unweigerlich am Ende eines perfekten Tages empfinden. Sitzung beenden, indem Sie von 1 bis 5 zählen, sich großartig fühlen und einen wundervollen Tag erwarten.

Mittags: Tag 16 – 20

Wenn Sie den für Sie wichtigsten Teil Ihres ›Selbst‹ wählen könnten, welcher Teil wäre das: Ihr körperliches Selbst, Ihr mentales Selbst oder Ihr Höheres Selbst?

Und was würde jedes Selbst vielleicht sagen, wenn es darum ginge, Ihre Stimme in diesem ›Wahlkampf‹ zu gewinnen?

Das körperliche Selbst: »Ich bin dein Körper. Ohne mich kannst du dein Leben nicht auskosten. Mich brauchst du auf jeden Fall.«

Mentales Selbst: »Ich beherrsche deinen Körper. Ohne mich wäre er nicht funktionsfähig. Außerdem bin ich die Instanz, die dir erlaubt, Lebensfreude zu empfinden und auszudrücken. Ich bin deine Intelligenz und somit dein wahres Ich.«

Höheres Selbst: »Ich bin eine der Quellen, aus der dein Verstand Intelligenz bezieht. Ich bin der Lebensquell deines Körpers. Ich bin deine Verbindung zum Ursprung. Ohne mich wärst du von der Einheit aller Dinge getrennt. Du wärst allein, verlassen, ein Nichts.«

Ich weiß nicht, wen Sie wählen würden, aber ich habe mich für das mentale Selbst entschieden. Jedes Selbst ist unerläßlich, aber das mentale Selbst erlaubt uns, die beiden anderen zu kontaktieren und somit unser höchstes Potential zu verwirklichen

In den letzten fünf Tagen machen wir unser mentales Selbst auf neue Weise mit dem Körper und dem Höheren Selbst bekannt. Danach kann das mentale Selbst den Körper leichter kontrollieren und die Informationen des Höheren Selbst leichter empfangen. Und damit haben wir uns das Beste von allen drei Wesensteilen zugänglich gemacht, das Beste an beiden Welten: dem Diesseits und dem Jenseits.

Bei den nun folgenden Mittagsübungen programmieren Sie Verbesserungen auf globaler Ebene ein. Sie programmieren sich für eine bessere Menschheit, eine bessere Welt.

Und wie könnte eine bessere Welt aussehen? Nun, wir stimmen sicherlich darin überein, daß diese Welt besser wäre, wenn es keine Kriege mehr gäbe, wenn Alkohol- und Drogensucht vom Erdboden verschwände und niemand mehr krank würde.

Hier sind ein paar Verbesserungsvorschläge, mit denen Sie vermutlich ebenfalls übereinstimmen. Sie können sich aussuchen, was Ihnen gefällt, und eigene Vorschläge einprogrammieren:

Krankenhäuser, in denen ganzheitliche Medizin praktiziert wird, um konventionelle Methoden zu ergänzen.
Schulen, an denen zentriertes Denken gelehrt wird.
Diplomaten, die besser kommunizieren können.
Rapider Rückgang der Kriminalität.
Mehr naturbelassene Nahrungsprodukte.
Die Erhaltung unserer Wälder und zunehmendes Bewußtsein für Umweltschutz.
Unterjochte Völker auf dem Weg in die Selbstbestimmung.
Diskriminierung und Vorurteile machen weltweiter Verständigung und Kooperation Platz.
Wohlstand für alle Menschen auf der Erde.

Alle diese Verbesserungen dienen der Menschheit, aber man ist kein Weltverbesserer im üblichen Sinne, wenn man sich in dieser Weise programmiert. Man kann es in gewisser Weise als selbstsüchtig bezeichnen, denn schließlich sind wir alle Mitglieder der globalen Menschheit. Wenn Sie diese Liste benutzen und Ihre eigenen Vorschläge noch hinzufügen, haben Sie einiges zu tun. Die Technik ist immer dieselbe, ganz gleich, was Sie einprogrammieren.

16. bis 20. Tag – In bequemer Sitzhaltung schließen Sie die Augen und atmen einmal tief ein. Beim Ausatmen entspannen Sie Ihren Körper vollkommen und lassen Ihren Kopf nach unten sinken. Jetzt wiederholen Sie zwei der morgendlichen Affirmationen: »Positive Gedanken ziehen alles, was ich mir wünsche, magnetisch zu mir hin«, und: »Es geht mir mit jedem Tag in jeder Hinsicht immer besser und besser und besser.« Lassen Sie nun einen inneren Film über ein Weltproblem vor sich abrollen. Der Film beginnt mit einer Ansicht der Dinge, wie sie momentan sind. Dann sehen Sie, wie sich die Lage verbessert und besser und besser wird. In der ›Schlußszene‹ ist das Problem behoben worden. Beenden, indem Sie von 1 bis 5 zählen und sich hellwach und großartig fühlen. Wählen Sie an jedem Mittag ein anderes Weltproblem für Ihre Umprogrammierung.

Die Verbindung zum Höheren Selbst erfahren

Der Astronaut Edgar Mitchell beschreibt in vielen Artikeln, Tonkassetten und Vorträgen das Gefühl, das ihn beim Anblick der Erde auf dem Rückflug vom Mond überkam. Es war ein majestätischer und spektakulärer Anblick, der ihn *wissen* ließ, daß irgendeine Intelligenz dem Universum Sinn und Direktiven gibt, genauso wie sein Raumschiff einen Sinn hatte und bestimmten Direktiven folgte.

Mitchell nennt sein Wissen eine existenzielle Erfahrung, da es nicht durch logische Abstraktionen oder rationale Rückschlüsse erreicht wurde. Er erkannte sein Wissen als Wahrheit, ohne jene unsichtbare Intelligenz ›gesehen‹ zu haben. Dennoch war er sich ihres Vorhandenseins so sicher, als hätte er sie mit eigenen Augen gesehen. Er ›wußte‹, daß diese Intelligenz dem Universum eine intelligente Ordnung verleiht und dem Leben einen intelligenten Sinn gibt.

Eine Reise zum Mond ist eine bewußtseinserweiternde Erfahrung; die Imagination wird beflügelt, das rechte Gehirn wird aktiviert und die Verbindung zur Höheren Intelligenz wird wie eine Lampe angeknipst. Mitchells Wissen begab sich in die Bereiche des Überbewußtseins. Er wurde auf die andere Seite aufmerksam gemacht, und die Erfahrung war begeisternd und beflügelnd.

Glücklicherweise müssen wir nicht erst zum Mond fliegen, um eine ähnliche Erfahrung zu machen. Es gibt auch andere Wege. Die Silva Methode ist ein Weg – weniger sensationell und etwas langsamer, aber man kommt auch zum Ziel.

Sie sind auf dem Weg zu diesem Ziel.

Vielleicht empfinden Sie nicht dasselbe wie Mitchell, aber auch Sie werden Dinge erleben, die Ihnen unmißverständlich zeigen, daß eine größere Intelligenz Ihr Leben beeinflußt. Sie werden Glücksfälle erleben, synchronistische Fügungen erfahren und ›eine goldene Hand‹ haben. Was kann begeisternder sein?

Bei den Mittagsübungen sollen Sie den Kopf senken, also lassen Sie mich erklären, warum. Im Lauf meiner Arbeit an Hunderten von komplizierten Fällen fiel mir auf, daß der Erfolg sich eher einstellt, wenn man den Kopf wie zum Gebet senkt. Ich untersuchte mögliche Gründe und entdeckte, daß ich durch das Senken meines Kopfes eine Übereinstimmung mit meinem Ursprung – der Höheren Intelligenz – herstellte.

Bei gewissen Versuchspersonen dauerte es eine Weile, bis sich Erfolge zeigten, wenn sie den Kopf senkten. Dies gab mir einen weiteren Hinweis auf die möglichen Gründe: Die andere Seite hilft nur den Menschen, die zuerst nach besten Kräften versuchen, sich selbst zu helfen.

Durch das Senken des Kopfes werden unsere Versuche anscheinend vom großen Computer registriert. Wenn wir um Hilfe bitten, reagiert die übergeordnete Intelligenz darauf, wie auf einen Anruf, aber solange keine selbständigen Versuche im großen Computer registriert wurden, bleibt die Hilfe aus.

Kein Wunder, daß sich das alte Sprichwort, daß Gott dem hilft, der sich selbst hilft, so lange gehalten hat.

Es gibt Ausnahmen. Erwiesenermaßen verläßliche Menschen können offenbar ohne vorherige Selbstversuche Hilfe von der anderen Seite erhalten, das heißt, ohne vorherige

Versuche, Probleme durch Selbstprogrammierung zu lösen. Anscheinend taucht jeder von uns in den ›Archiven‹ des großen Computers auf, und wenn aus unserer ›Personalakte‹ hervorgeht, daß wir grundsätzlich verläßliche Mitarbeiter sind, steht die andere Seite uns eher bei.

Ein Mord in Texas

Zu Beginn der siebziger Jahre fuhr ich regelmäßig in eine Stadt in Texas, um die Silva Methode an der dortigen Universität zu lehren. Der Vorsitzende der Psychologischen Fakultät hatte dafür gesorgt, daß Psychologiestudenten an meinem Training teilnahmen und meine Methoden diskutierten.

Kurz nach Beginn meiner Kurse wurde eine Hausmeisterin an der Universität in einem Labor ermordet aufgefunden. Monate später hatte die Polizei noch immer keine konkreten Hinweise, und schließlich schickte der Vorsitzende der Psychologischen Fakultät zwei Kriminalbeamte zu mir.

Ich hörte mir ihr Anliegen an und sagte: »Ein Hellseher kann sich unter Umständen in der Zeit zurückversetzen und eine Beschreibung der Umstände und des Mörders abgeben.«

»Können Sie etwas Ähnliches für uns tun?« fragten sie.

»Nein.« Ich erklärte ihnen, daß ich die Silva Methode nicht dazu benutze, um irgend jemanden in eine Falle zu locken.

Ihr Argument war, daß ich gewissen Pflichten der Gesellschaft gegenüber nachkommen müsse. Aber ich bestand darauf, daß sie das Training machen und sich selbst helfen sollten. Dazu hatten sie keine Zeit, also wurde die Sache einfach fallengelassen.

Einen Monat später, bei meinem nächsten Besuch, fand ich einen größeren Briefumschlag in meinem Hotelbriefkasten. Er enthielt ein Foto von der Ermordeten und eine

Karte, auf welcher der Tatort eingezeichnet war. Dabei lag ein Zettel mit dem Satz: »Bitte tun Sie, was Sie können, um uns zu helfen.«

Trotz meiner Vorbehalte beschloß ich nun, die Angelegenheit der Höheren Intelligenz zu übertragen. In jener Nacht senkte ich den Kopf und trug die mir bekannten Tatsachen der Höheren Intelligenz vor.

Obwohl ich keine Offenbarung erhielt, kam die Antwort sehr bald in anderer Form. Noch in derselben Nacht fand ein Einbruch im Büro eines Professors an der Universität statt. Die Polizei vermutete, daß ein Student die Antworten auf Examensfragen im Bürocomputer abfragen wollte und deshalb eingebrochen hatte. Ein Beamter wurde vor der Universität postiert, um in der folgenden Nacht Wache zu halten. Und tatsächlich schlich wieder jemand in dasselbe Büro. Eine Verfolgungsjagd mit mehreren Polizeiwagen führte zur Festnahme des Flüchtigen. In seinem Besitz befand sich ein Schlüssel, der vorher der ermordeten Hausmeisterin gehört hatte. Der Mann gestand den Mord und wurde später gerichtlich verurteilt. Es dauerte also keine 36 Stunden, bis dieser langwierige Fall zu den Akten gelegt werden konnte, nachdem die Fakten der Höheren Intelligenz anheimgestellt worden waren.

Abends: Tag 16 – 20

Wir sind Gottesgeschöpfe, im Ebenbild des Schöpfers geschaffen. Dieses ›Ebenbild‹ ist unsere menschliche Intelligenz. Wenn wir unsere Intelligenz benutzen, um immer weitere Probleme zu lösen, werden wir Gott, der sämtliche Probleme löst, immer ähnlicher.

Ein Problem ist alles, was die Schöpfungen des Schöpfers verletzen kann. Wenn wir ein Problem lösen – irgendein Problem – helfen wir dem Schöpfer beim Schöpfungsvorgang – wir stellen uns auf die Seite des Schöpfers.

Wenn wir Probleme schaffen, rücken wir ein Stück vom Schöpfer ab. Wenn wir Probleme lösen, rücken wir ihm ein Stück näher. Je mehr Probleme wir lösen, desto näher sind wir dem Schöpfer. Wenn wir immer geschickter in der Lösung von Problemen werden, weil wir täglich mehr von ihnen lösen, sind wir auf dem besten Weg, zu Göttern hier auf Erden zu werden. An dem Punkt, an dem wir sämtliche Probleme auf diesem Planeten lösen können, sind wir die Götter dieses Planeten.

Sie nähern sich nunmehr dem Punkt, an dem Sie Probleme lösen können, die allen vorherigen Versuchen der Lösung widerstanden.

Sie sind inzwischen fähig, sich auf die Alpha-Stufe zu begeben und ein hartnäckiges Gesundheitsleiden zu korrigieren. Sie können Ihr eigenes Fehlverhalten korrigieren und Ihre Stimmungen und Energien positiv beeinflussen.

Bei den Mittagsübungen beschäftigen Sie sich während der letzten fünf Tage nur noch mit altruistischer Problemlösung, aber bei den abendlichen Übungen programmieren Sie direkte persönliche Vorteile ein.

Die meisten unserer Probleme entspringen den verschiedenen zwischenmenschlichen Beziehungen. Wie zwei Hirsche beim Kampf um den Vorrang, kämpfen wir ständig mit anderen Leuten um zwischenmenschliche Rangordnungen: »Mein Wille gegen deinen Willen. Was ich für richtig halte, gegen das, was die anderen für richtig halten. Meine Handlungsweise gegen deine Handlungsweise.«

Gewöhnlich führen objektive Verhandlungsmethoden – den Konflikt diskutieren oder schriftlich niederlegen – zu einer Vertiefung der Kluft zwischen beiden Parteien. Das Problem verhärtet sich, anstatt sich aufzulösen.

Subjektive Verhandlungsmethoden hingegen führen zur Schlichtung von Konflikten. Kommunikation auf subjektiver Ebene verhindert Konfrontation auf der objektiven Ebene. Anstatt sich weiter zu entzweien, wird die Einheit aller Geschöpfe in Betracht gezogen. Die Frage, wer recht hat, wird außer acht gelassen, um zu fragen, was richtig für beide ist. Das Höhere Selbst der einen Partei wendet sich an das Höhere Selbst der Gegenpartei, um Höhere Intelligenz entscheiden zu lassen, was das Beste ist. Anstatt sich für ein Lager zu entscheiden und gegen das andere zu kämpfen, erkennt man, daß beide Lager auf der Seite des Schöpfers sind.

Das Problem ist gelöst.

An den kommenden zwei Abenden werden Sie diese subjektive Verhandlungsweise üben, um Ihre Beziehung zu irgendeinem anderen Menschen zu bessern. An den letzten drei Abenden helfen Sie sich selbst mit weiteren Alpha-Methoden.

Hier ein paar Beispiele für zwischenmenschliche Beziehungen, die von der subjektiven Verhandlungsweise profitieren:

Ein Mißverständnis zwischen Liebes- oder Ehepartnern.
Ein aufsässiges, ungehorsames Kind.
Ein Nachbar mit unkooperativem Verhalten.
Ein Mitarbeiter, der die Arbeit erschwert.
Eine Meinungsverschiedenheit mit Freunden oder Verwandten.

Die Liste ist endlos. Bestimmt fallen Ihnen zwei Beziehungen in Ihrem Leben ein, die verbessert werden könnten. Wenn Sie daran arbeiten, sollten Sie zwei Regeln befolgen:

1. Liebe. Wenn Sie irgend etwas anderes als Liebe fühlen, müssen Sie erst verzeihen und vergeben.
2. Beiderseitiges Wohl. Machen Sie sich erst konkret bewußt, inwiefern Ihre Neuprogrammierung dem Wohlergehen beider Parteien dient.

16. und 17. Abend – Wählen Sie für jeden Abend ein anderes Beziehungsproblem aus. Bequem hinsetzen, Augen schließen und den Kopf senken. Tief einatmen, und beim Ausatmen den Körper vollkommen entspannen. Von 5 bis 1 zurückzählen. Jetzt stellen Sie sich die Person vor, mit der

Sie das Problem haben. Drücken Sie Liebe oder Zuneigung zu der Person aus. Erklären Sie kurz, was das Problem ist und danach die für beide Teile richtige Lösung. Fühlen Sie sich der Person nahe, während Sie die Sitzung beenden, von 1 bis 5 zählen und sich großartig fühlen. Bei jedem Gedanken an diese Beziehung denken Sie von nun an nicht mehr im Sinne eines Problems, sondern im Sinne der Schlichtung, die diese Beziehung jetzt erfährt.

An den letzten drei Abenden unseres Programms begeben Sie sich im Bett kurz vor dem Einschlafen auf Ihre Alpha-Stufe und arbeiten dann an verschiedenen persönlichen Problemen: etwa hartnäckige negative Einstellungen, ein Gesundheitsproblem und die Aktivierung weiterer Teile des Gehirns.

18. Abend – Eine hartnäckige negative Einstellung eliminieren. Suchen Sie sich eine innere Geisteshaltung aus, die Sie verändern wollen. Kurz bevor Sie einschlafen, begeben Sie sich auf Ihre Alpha-Stufe wie am Abend vorher. Im Geist identifizieren Sie die Einstellung, an der Sie arbeiten wollen und geben zu, daß diese weder klug noch positiv ist. Dann drücken Sie Ihren Wunsch aus, die Einstellung zu verändern. Sie sagen: »Wenn ich die Augen bei 5 öffne, werde ich (das negative Gefühl) nicht länger fühlen. Ich werde (positives Gefühl) fühlen.« Diese Affirmation ersetzt die gewöhnliche ›Hellwach‹-Bestätigung. Sie zählen langsam von 1 bis 3 und wiederholen die Affirmation. Dann, bei 5, öffnen Sie die Augen und bestätigen: »Ich fühle (das negative Gefühl) nicht länger. Ich fühle (das positive Gefühl).«

Hier ein paar Beispiele für negative Gefühle oder Einstellungen und ihr jeweiliges Gegenstück, in das sie transformiert werden können:

Ablehnung – Akzeptanz; Eifersucht – Anerkennung; Depression – Begeisterung; Hoffnungslosigkeit – Hoffnungsfreude.

Lesen Sie diese Instruktionen noch einmal vor dem Zubettgehen durch.

19. Abend – Ein Gesundheitsproblem angehen. Wählen Sie ein nicht allzu gravierendes Gesundheitsproblem, vielleicht ein Hautleiden, Sodbrennen, Husten etc., das Ihnen zu geringfügig für eine ärztliche Konsultation erscheint. Bevor Sie einschlafen, versetzen Sie sich auf die gewohnte Art in den Alpha-Zustand und stellen sich vor, in Ihren Körper ›hineinzugehen‹. Sie besuchen den Problembereich und heilen ihn mit Vorstellungskraft. Im letzten Bild sehen Sie den Bereich als vollkommen gesund. Noch im Alpha-Zustand schlafen Sie ein. Lesen Sie diese Instruktionen noch einmal durch, bevor Sie die Übung machen.

20. Abend – Weitere Bereiche des eigenen Bewußtseins aktivieren. Vor dem Einschlafen auf gewohnte Art in den Alpha-Zustand gehen. Legen Sie Daumen, Zeige- und Mittelfingerspitzen einer Hand aneinander. Sagen Sie innerlich: »Jedesmal, wenn ich die drei Finger aneinanderlege, gehe ich auf eine tiefere Ebene meines Bewußtseins.« Wiederholen Sie den Satz noch zweimal. Noch im Alpha-Zustand einschlafen. Beginnend mit dem nächsten Morgen, legen Sie die drei Finger aneinander, wenn Sie meinen, in Höchstform funktionieren zu müssen – bei einer Geschäftsbesprechung, vor einer wichtigen Entscheidung oder in sonstigen entscheidenden Situationen.

Zusammenfassung der Übungen – Tag 16–20

16. Tag Morgens

Sitzhaltung einnehmen.
Augen schließen, tief einatmen.
Von 5 bis 1 zählen.
Bestätigen: »Schneller, tiefer.«
Bestätigen: »Positive Gedanken…«
Bestätigen: »Besser und besser.«
Von 1 bis 5 zählen.

Mittags

Sitzhaltung einnehmen.
Augen schließen, tief einatmen.
Kopf senken. 5 bis 1.
Bestätigen: »Positive Gedanken...«
Bestätigen: »Besser und besser.«
Ein Weltproblem auswählen.
Dreiteiligen inneren Film ablaufen lassen.
Von 1 bis 5 zählen.

Abends

Sitzhaltung einnehmen.
Augen schließen, tief einatmen.
Kopf senken. 5 bis 1.
Beziehungsproblem auswählen.
Subjektive Verhandlungen führen.
Von 1 bis 5 zählen.

17. Tag Morgens

Sitzhaltung.
Augen schließen, tief einatmen.
Von 5 bis 1 zählen.
Bestätigen: »Schneller, tiefer.«
Bestätigen: »Positive Gedanken...«
Bestätigen: »Besser und besser.«
Von 1 bis 5 zählen.

Mittags

Sitzhaltung.
Augen schließen, tief einatmen.
Kopf senken. 5 bis 1.
Bestätigen: »Positive Gedanken...«
Bestätigen: »Besser und besser.«
Anderes Weltproblem auswählen.
Dreiteiligen inneren Film ablaufen lassen.
Von 1 bis 5 zählen.

Abends

Sitzhaltung.
Augen schließen, tief einatmen.
Kopf senken. 5 bis 1.
Anderes Beziehungsproblem auswählen.
Subjektive Verhandlungen führen.
Von 1 bis 5 zählen.

18. Tag Morgens

Sitzhaltung.
Augen schließen, tief einatmen.
Von 5 bis 1 zählen.
Bestätigen: »Schneller, tiefer.«
Bestätigen: »Positive Gedanken...«
Bestätigen: »Besser und besser.«
Innerer Film von wunschgemäß verlaufendem Tag.
Von 1 bis 5 zählen.

Mittags

Sitzhaltung.
Augen schließen, tief einatmen.
Kopf senken. 5 bis 1.
Bestätigen: »Positive Gedanken...«
Bestätigen: »Besser und besser.«
Weiteres Weltproblem auswählen.
Dreiteiligen inneren Film ablaufen lassen.
Von 1 bis 5 zählen.

Abends

Sitzhaltung.
Augen schließen, tief einatmen.
Von 5 bis 1 zählen.
Negative innere Einstellung aussuchen.
Wunsch nach dem Gegenteil ausdrücken.
Von 1 bis 5 zählen, positive Änderung bestätigen.
Einschlafen.

19. Tag Morgens

Sitzhaltung.
Augen schließen, tief einatmen.
Von 5 bis 1 zählen.
Bestätigen: »Schneller, tiefer.«
Bestätigen: »Positive Gedanken…«
Bestätigen: »Besser und besser.«
Innerer Film von wunschgemäß verlaufendem Tag.
Von 1 bis 5 zählen.

Mittags

Sitzhaltung.
Augen schließen, tief einatmen.
Kopf senken. 5 bis 1.
Bestätigen: »Positive Gedanken…«
Bestätigen: »Besser und besser.«
Ein weiteres Weltproblem auswählen.
Von 1 bis 5 zählen.

Abends

Ins Bett legen.
Augen schließen, tief einatmen.
Von 1 bis 5 zählen.
Gesundheitsproblem auswählen.
Nach innen gehen und Problem heilen.
Sich vollkommen gesund sehen.
Einschlafen.

20. Tag Morgens

Sitzhaltung.
Augen schließen, tief einatmen.
Von 5 bis 1 zählen.
Bestätigen: »Schneller, tiefer.«
Bestätigen: »Positive Gedanken…«
Bestätigen: »Besser und besser.«
Innerer Film von wunschgemäß verlaufendem Tag.
Von 1 bis 5 zählen.

Mittags

Sitzhaltung.
Augen schließen, tief einatmen.
Kopf senken. 5 bis 1.
Bestätigen: »Positive Gedanken...«
Bestätigen: »Besser und besser.«
Ein weiteres Weltproblem auswählen.
Dreiteiligen Film ablaufen lassen.
Von 1 bis 5 zählen.

Abends

Ins Bett legen.
Augen schließen, tief einatmen.
Von 5 bis 1 zählen.
Drei Finger aneinander legen.
Bestätigen: »...Auf eine tiefere Ebene meines Bewußtseins.«
Noch zweimal wiederholen.
Einschlafen.

Herzlichen Glückwunsch! Sie haben den Kontakt hergestellt. Sie sind in der Lage, Hilfe für sich und die Mitmenschen von der anderen Seite zu empfangen. Sie können sich rascher und tiefer als je zuvor entspannen und haben die Fähigkeit entwickelt, ein Problem im Geist visuell zu einer Lösung zu führen. Jetzt, im zweiten Teil des Buches, beginnen Sie, den Kontakt nutzbringend einzusetzen. Sie lernen, Ihr neues Wissenskapital in spezielle Alltagsprobleme zu investieren.

Sie haben ein Lob verdient. Sie werden von unsichtbaren Helfern unterstützt, und nun wird es Zeit, diese Unterstützung sichtbar werden zu lassen.

Teil II
Den Kontakt benutzen

7

Was man tun muß, bevor man um Hilfe bittet

Wenn wir in dieser vernunftbetonten physischen Welt Hilfe brauchen, müssen wir zuerst herausfinden, woher die Hilfe kommen könnte. Also machen wir einen Termin mit einem Kreditbüro, einem Arzt, Psychologen, Anwalt, Architekten oder Buchführer, *der unseren Ansprüchen gerecht wird.* Der physische Bereich ist der Bereich der Trennungen und des Expertentums. Das linke Gehirn lebt von Details, Unterscheidungsvermögen.

Wenn Sie um Hilfe von der anderen Seite bitten, wird alles ganz einfach. Um die nicht-physischen Bereiche zu kontaktieren, müssen Sie Ihr rechtes Gehirn benutzen. Da in diesen Bereichen die Einheit allen Seins als Realität erkannt wird, gibt es auch nur einen Weg, diese Bereiche zu kontaktieren. Selbst ein Hilfegesuch ›einzureichen‹ ist ein Vorgang, der sozusagen automatisch funktioniert. Sobald Sie über das rechte Gehirn um Hilfe bitten, öffnen sich die Schleusentore. Und später haben Sie keine Rechnung für geleistete Dienste im Briefkasten.

Und jetzt muß ich Ihnen ein Geständnis machen.

Ich sage Ihnen in gewisser Hinsicht nicht mehr die volle Wahrheit. Aber lassen Sie mich später darauf zurückkommen.

Auf der nächsten Seite finden Sie zum ersten Mal Anweisungen, die Ihnen ermöglichen, Hilfe von der anderen Seite in lebenswichtigen Spezialfällen zu bekommen.

Macht Sie das nervös? Sind Sie aufgeregt? Fragen Sie sich jetzt: »Und wenn ich das nicht schaffe?« Oder: »Und wenn die Anleitungen bei mir nicht funktionieren?« Oder beides?

Aber was löst emotionale Erregung im Inneren aus? Sie können sich nicht mehr tief genug entspannen! Und welche Wirkung hat Ihre Angst vor Versagen auf Ihre Erwartung und Ihren Glauben? Sie werden sich daran erinnern, daß Erwartung und Glaube Ihrem Gehirn das Signal vermitteln: »Hier entlang!« Also sind Sie jetzt weder entspannt, noch erwarten und glauben Sie, daß Sie mit den Methoden auf den folgenden Seiten Erfolg haben werden. Und damit haben Sie sich auf Versagen programmiert, weil Sie jetzt schon in der Entspannungskategorie, sowohl wie in der Erwartungskategorie versagt haben.

Deshalb werden Sie auf der nächsten Seite *keine* Anleitungen für Hilfe in lebenswichtigen Spezialfällen vorfinden. Ich wiederhole: Keine derartigen Anleitungen auf der nächsten Seite.

Warum? Ich habe Sie an der Nase herumgeführt. Sie haben die Anleitungen bereits erhalten, wenn Sie die Übungen in diesem Buch gemacht haben. Die erbetene Hilfe ist entweder bereits erhalten worden, oder sie ist auf dem Weg.

Ich spreche von den Übungen der letzten fünf Tage, in denen Sie um die Hilfe der anderen Seite für einen wunschgemäß verlaufenden Tag gebeten haben.

Sie haben um Hilfe von der anderen Seite gebeten, als Sie einen Film vor den inneren Augen ablaufen ließen, in dem Weltprobleme gelöst wurden.

Sie haben um Hilfe von der anderen Seite gebeten, als Sie subjektive Verhandlungen mit einem anderen Menschen führten, um einen beidseitigen Konflikt zu schlichten.

Sie haben um Hilfe von der anderen Seite gebeten, als Sie an den letzten Abenden persönliche Vorteile für sich einprogrammierten.

Bei allen Übungen wurde das Überbewußtsein zu Hilfe gerufen. Das Vorstellungsvermögen des rechten Gehirns wandte sich an das Höhere Selbst, und Ihr Höheres Selbst ist wenigstens zum Teil auf der anderen Seite, oder, je nach Definition, sogar ausschließlich auf der anderen Seite.

Also haben Sie die ersten Hindernisse bereits überwunden. Sie haben den Kontakt hergestellt und begonnen, ihn zu benutzen. Es war kinderleicht. Sie waren nicht nervös und hatten auch keine Versagensangst.

Je länger Sie üben, desto besser funktioniert es. Je häufiger Sie Ihr zentriertes Denken zur Lösung von unterschiedlichen Problemen einsetzen, desto mehr neue Wege finden Sie in unterschiedlichen Situationen.

Darum geht es im zweiten Teil dieses Buchs, und deshalb auch der Titel: ›Den Kontakt benutzen‹. Ich möchte Sie jetzt in die entspannte, praktische Ausübung Ihrer Fähigkeiten einführen. Sie haben Ihre Fähigkeiten bereits bewiesen und dürfen sich Ihres Erfolgs gewiß sein. Ihr Erfolg beginnt bereits, sich zu manifestieren.

Sie sind ein besserer ›Computer-Programmierer‹ als zuvor

Nun, da Sie wissen, wie der Kontakt zur anderen Seite hergestellt wird, werden Sie die Höhere Intelligenz zum allgemeinen Wohl einsetzen, aber es gibt auch Nachteile, die wir uns jetzt ansehen werden.

Je größer die Gehirnkapazität, desto deutlicher werden die Denkvorgänge wahrgenommen und desto leichter werden sie umprogrammiert. Dies macht sich als Vorteil bemerkbar, wenn man neue positive Programme einführen will. Aber mit vermehrter Gehirnkapazität oder ›Offenheit‹ nimmt man auch die negativen Gedanken deutlicher wahr und programmiert damit leicht etwas ein, das man eigentlich nicht gewollt hat. Dazu brauchen Sie keine Anleitungen. Als normaler Mensch haben Sie wahrscheinlich jahrelang Übung im negativen Programmieren.

Jede Programmierung wird durch Worte und Bilder vorgenommen. Worte, die ständig wiederholt werden, und Bilder, die im Zustand der Entspannung geistig festgehalten werden, bleiben gespeichert. Wie programmiert man sich mit wiederholten Worten? Bestimmte Wortbilder können im Körper ein Programm speichern, das seine normal gesunden Funktionen untergräbt:

»Der Kerl sitzt mir ständig im Nacken.« Wenn Sie irgendwann mit einem steifen Nacken aufwachen, müssen Sie sich fragen, wer Ihnen ›im Nacken‹ gesessen hat.

»Die Frau geht mir auf den Geist.« Bitte wundern Sie sich nicht, wenn Sie Kopfschmerzen bekommen.

»Die macht mich krank.« Eine generelle Programmierung, bei der allen möglichen Krankheiten in bezug auf diese Person Tür und Tor geöffnet wird.

Eine Liste weitverbreiteter negativer Programmierungen:
»Da kommt mir Gift und Galle hoch.« (Gallenblase)
»Sie hat mir das Herz gebrochen.« (Herz)
»Auf dem stehe ich nicht.« (Füße)
»Der geht mir auf den ...« (Hämorrhoiden)
»Den kann ich nicht verknusen.« (Verdauung)
»Das schlägt mir auf den Magen.« (Magen)

Achten Sie von nun an auf Ihre Worte, denn alle werden im ›Computer‹ gespeichert, der den Körper automatisch mit Informationen füttert. Der Biocomputer sagt nämlich nicht: »Ach, das hat er/sie doch nicht wirklich gemeint!« Er verfügt über keinerlei Kritikfähigkeit. Er sagt auch nie: »Na ja, das war nur ein Scherz«, denn der Biocomputer hat keinen Humor.

Falls Sie sich bei einer negativen Wortwahl ertappen, ist aber noch nicht alles verloren. Sie können die Worte ›ausradieren‹, bevor sie als Programm gespeichert werden, indem Sie sofort innerlich sagen: »Löschen, löschen.« (›Cancel‹ in der Computersprache.) Dann ersetzen Sie die negativen Begriffe mit positiven.

Beispiel: Sie hören sich gerade sagen: »Das sehe ich überhaupt nicht ein.« Sofort sagen Sie nun: »Löschen, löschen«, und fügen einen Satz hinzu, wie: »Ich fange an, diese Dinge besser und besser zu sehen und zu verstehen.«

Nun zu den mentalen Bildern. Diese werden sogar noch leichter als mentales Programm gespeichert als Worte.

Wissen Sie noch, was geschah, als Sie einem Kind zum letzten Mal die Anweisung gaben: »Knall die Tür nicht immer hinter dir zu!«? Kurz darauf erklang das unvermeidliche Türenknallen. Oder: »Paß auf, daß du deine Milch nicht verschüttest.« ... Platsch! Kinder halten die Idee als mentales Bild fest, und dann wird das Bild wahr – es muß wahr werden –, denn es ist der Same aller Schöpfung.

Also geht es darum, innere Bilder zu sehen, die sich bewahrheiten sollen. »Bitte mach die Tür leise und sanft zu.« »Trinke deine Milch vorsichtig.«

Auf alltägliche Gedankenbilder übertragen, bedeutet dies, daß man eine Übergangsphase durchläuft, während der man sich bewußt macht, welchen negativen Tagträumen man sich permanent hingibt. Beispiel: »Wie soll ich alle diese Rechnungen bezahlen?«, wird umgewandelt in eine Vorstellung, in der man sich leichter und wohlgemut alle Rechnungen bezahlen sieht.

Der Stolperstein ist gewohnheitsmäßiges negatives Denken. Wir haben uns nie angewöhnt, positiv zu denken. Mit der Silva Methode können Sie auch das ändern.

- Sie können negative Gedanken löschen und positive Gedanken einprogrammieren.
- Sie können destruktive Gefühle löschen und konstruktive Gefühle einprogrammieren.
- Sie können unerwünschte Verhaltensweisen und Gewohnheiten löschen und erwünschte einprogrammieren.

Wenn Sie zu den ›Negativ-Denkern‹ gehören und destruktive Verhaltensweisen und Gefühle fördern, haben Sie sich vom eigenen Ursprung abgespalten. Damit wird es Ihnen schwerfallen, Ihren Ursprung zu kontaktieren und Hilfe aus dieser Quelle zu empfangen. Ein positiver Denker mit konstruktiven Gefühlen und Verhaltensweisen ist seinem Ursprung näher und damit den inneren Hilfsquellen.

In den kommenden Kapiteln lernen Sie, wie man Beziehungsprobleme, Gesundheitsprobleme, geschäftliche Probleme und sonstige allgemeine Schwierigkeiten überwindet, indem man sich mit dem eigenen Ursprung verbindet. Aber zunächst müssen Sie Ihre neugewonnene Expertise auf die eigene Negativität richten. Keine Sorge, es ist kein langwieriger Prozeß. Die Neuprogrammierung kann innerhalb von Sekunden stattfinden.

Permanenten Kontakt einprogrammieren

Arthur K. war ein Pessimist. Er fuhr nicht zu dem Treffen, weil er annahm, daß die Straßen mal wieder verstopft sein würden. Später tat es ihm leid, weil er annahm, daß er etwas verpaßt hatte. An anderen Tagen versäumte er etwas, weil es natürlich regnen oder er keinen Parkplatz finden würde. Immer stimmte irgend etwas nicht.

Durch das Silva-Training erkannte Arthur zum ersten Mal, daß er sich mit Pessimismus vom Leben fernhielt. Außerdem erkannte er, daß er sich sofort verändern konnte. Er zählte sich auf seine Alpha-Stufe zurück und gestand seine Schwäche ein: »Ich bin ein Pessimist und mache mir andauernd Sorgen.« Dann nahm er die Programmierung vor: »Wenn ich bei fünf meine Augen öffne, bin ich nicht länger ein Pessimist, sondern ein Optimist. Ich werde mir keine Sorgen mehr über negative Folgen machen, ich werde erfolgreiche Resultate erwarten.« Er begann zu zählen: »Eins, zwei, drei...« Bei drei wiederholte er seine Programmierung, dann zählte er weiter: »Vier, fünf.« Bei fünf öffnete er die Augen und wiederholte seine Programmierung ein drittes Mal wie folgt: »Ich bin kein Pessimist und kein Nörgler mehr. Ich bin ein Optimist und erwarte erfolgreiche Resultate.« Er erlebte keine explosionsartige Reaktion mit Lichtblitzen und Donnerhall. Arthur wurde einfach nur positiver in seiner Einstellung und zog positive Lebenserfahrungen an.

Ich erinnere mich an meine eigene Einstellung gegen Ende der sechziger, Anfang der siebziger Jahre, als ich die Silva Methode zunächst in Texas, und dann auf nationaler Ebene bekanntmachte. Die Presse ging nicht gerade sanft mit uns um. Am 29. März 1971 erschien der erste Artikel in dem vielgelesenen amerikanischen Magazin *Newsweek.* Und er war negativ – ich meine *wirklich* negativ.

Ich war sehr frustriert mit der Presse. Die Reporter schrieben Berichte, als wüßten sie genau Bescheid, obwohl keiner von ihnen ernsthafte Recherchen gemacht hatte. Diese Schreiber hatten sich noch nicht einmal die Mühe gemacht, am Silva-Trainingskurs teilzunehmen, bevor sie definitive Aussagen darüber machten.

Als dann ein Artikel im *Boston Globe* erschien, in dem behauptet wurde, wir würden die Leute ausnutzen und tatsächlich für den Teufel arbeiten, steigerte sich meine Wut ins Unerträgliche. Ich versetzte mich in Alpha, gestand mir das Problem ein und gab mir die Instruktion, von nun an verständnisvoller zu sein. Ich zählte von 1 bis 5.

Unmittelbar darauf wurde mir eingegeben, nach Boston zu fliegen und mit dem Chefredakteur des *Boston Globe* zu sprechen. In seinem Büro angekommen, zeigte ich ihm den Artikel.

»Diese Journalistin bezeichnet uns als Betrüger. Warum hat sie nicht zum Telefon gegriffen und sich beim ›Better Business Bureau‹ nach unseren Geschäftspraktiken erkundigt? Warum hat sie die Verwaltung in meiner Stadt nicht angerufen? Diese Leute wissen doch, ob wir Betrüger sind oder nicht! Und was unsere Arbeit für den Teufel betrifft, so nehme ich an, daß sie den Teufel genausowenig interviewt hat wie irgend jemanden sonst«, fügte ich noch hinzu.

Der Redakteur gab zu, daß der Artikel ungenau war und fragte mich, ob ich einverstanden wäre, wenn er einen anderen Reporter zu meinem Training schicken und einen neuen Artikel in Auftrag geben würde.

»Wunderbar«, sagte ich. »Der Journalist kann sogar umsonst am Kursus teilnehmen.«

»Nein, die Zeitung wird für alle Kosten aufkommen«, entgegnete der Redakteur. »Ich möchte nicht, daß der Reporter sich in irgendeiner Weise verpflichtet fühlt. Er wird genau das schreiben, was seiner Meinung nach vor sich geht. Sind Sie damit einverstanden?«

»Absolut«, sagte ich.

Der beauftragte Reporter hieß Robert Taylor. Er nahm am Silva-Trainingskurs teil und schrieb eine Reportage mit dem Titel ›The Descent into Alpha‹ (In Alpha gehen) – eine der besten Beschreibungen der Silva Methode, die je veröffentlicht wurde. Wir haben die Reportage kopieren lassen und im Lauf der Zeit unzählige Interessenten damit auf unsere Kurse aufmerksam gemacht.

Hätte ich mir damals angewöhnt, die Presse als feindlich zu verstehen, wäre das Feindbild sehr wahrscheinlich zu einer erfahrbaren Realität für mich geworden. Negatives Denken zieht negative Resultate an. Positives Denken zieht positive Resultate an.

Hier ein paar Dinge, die Sie sofort tun können, um Ihr Leben positiver zu gestalten:

1. Finden Sie eine oder mehrere unerwünschte, negative Eigenschaften, die sich in Ihren Gedanken, Einstellungen oder in Ihrem Verhalten bemerkbar machen. Schreiben Sie die Eigenschaften untereinander auf ein Stück Papier. Auf die gegenüberliegende Seite schreiben Sie nun das Gegenteil – alle Gedanken, Einstellungen und Verhaltensweisen, die Sie gern hätten.
2. Sie nehmen sich die erste Eigenschaft vor und ›löschen‹ sie, indem Sie wie üblich in Alpha gehen. Jetzt gestehen Sie sich das Problem ein und erklären sich innerlich die

Lösung. Sie zählen sich von 1 bis 5 und wiederholen die Lösung bei 3. Bei 5 bestätigen Sie die Lösung als Tatsache und öffnen die Augen.
3. Sie nehmen sich jeden Tag eine andere Eigenschaft auf der Liste vor und programmieren das Negative in sein positives Gegenteil um. Am Ende der Liste angekommen, wiederholen Sie die Prozedur bei bestimmten Eigenschaften, falls notwendig.

Zahllose Menschen haben von dieser ›Negativ-zu-positiv-Programmierung‹ profitiert, einfach weil es funktioniert. Die Methode basiert auf einer fundamentalen Wahrheit.

Ursprung der Silva Methode

Sieben verschiedene Wissens- und Forschungsbereiche bilden die Grundlage, auf der die Silva Methode beruht. Um unsere Annäherungsweise verstehen zu können, muß man die Grundlagen unserer Studien näher kennenlernen.

Das Studium des Alten und Neuen Testaments. Jedesmal, wenn wir bei unseren Forschungen auf scheinbar nutzbringende Denkmodelle oder Methoden stießen, wurde sichergestellt, daß diese nicht im Widerspruch zu den Aussagen im Alten und Neuen Testament standen, bevor sie zum Bestandteil der Silva Methode gemacht wurden.

Das Studium der Anfänge der großen Weltreligionen und das Energiephänomen der Kirchen. Durch meine Forschungen auf dem Gebiet der Psychometrie wurde mein Interesse an der Energie von öffentlichen Gotteshäusern geweckt. Ein Grund dafür war die Tatsache, daß jeder Mensch von einem rundlichen Energiefeld umgeben ist, das wir die Aura nennen. Die Aura strahlt in alle Richtungen bis zu etwa sechs Metern vom Menschen ab, und alles, womit dieses Energiefeld in Berührung kommt, wird automatisch davon geprägt oder programmiert. Mit Programmieren ist gemeint, daß die menschliche Aura alle Materie ringsumher entsprechend den ausgestrahlten Gedanken und Erfahrungen der Person verändert.

Die Wände alter Kirchen und Tempel sind also durchdrungen von den Gedanken der Tausenden und Abertausenden, die dort jemals gebetet und Zwiesprache mit dem Schöpfer gehalten haben. Ob man an den jeweiligen Priester, Rabbi oder Zeremonienmeister glaubt, spielt keine Rolle; die Redner kommen und gehen. Aber das Gebäude bleibt stehen und wird von sämtlichen Besuchern bis in den letzten Winkel von Mörtel, Holz und Stahl mit Gedanken an den Schöpfer programmiert. Der nächste Mensch, der dort mit Gott kommunizieren will, stellt die Verbindung ungleich viel müheloser her. Viele meiner besten Ideen kamen mir in irgendeiner Kirche in den Kopf.

Das Studium der Worte Jesu Christi. Als wir begannen, die Worte von Jesus Christus mit unseren Forschungsergebnissen zu vergleichen, stellten wir bedeutende Ähnlichkeiten fest. Dieses Studium führte zur Entwicklung von Methoden, die Menschen halfen, sich selbst zu helfen.

Das Studium der größten Trancemedien und Seher. Auf diesem Gebiet wurden die Magnetiseure, Mesmeriseure, Medien und Hypnotiseure der vergangenen Jahrhunderte untersucht, bis hin zu ihren heutigen Nachfahren: den Psychologen, Psychiatern, Hypnoseexperten und Physikern der Moderne.

Das Studium der Psychologie, Hypnose, Parapsychologie, Elektroenzephalographie, Physik, Elektronik und Psychotronik. Durch das Studium der Psychologie lernten wir die Menschen besser verstehen. Das Studium der Hypnose machte uns die phänomenalen Kräfte des menschlichen Bewußtseins deutlich. Die Parapsychologie ließ uns erkennen, was andere auf dem Gebiet entdeckt hatten, und mit welchen Methoden. Durch das Studium der Elektroenzephalographie erkannten wir den Unterschied zwischen Gehirn, Verstand und der menschlichen Intelligenz. Das Studium der Physik wird zunehmend bedeutsam, weil das menschliche Bewußtsein heute zum Brennpunkt der neuesten Theorien wird.

Wir begreifen die menschliche Intelligenz heute als das, was die Religionen Seele oder Geist nennen, im Unterschied zur tierischen Intelligenz, die auch als biologische oder Zellen-Intelligenz bezeichnet wird.

Wir gehen außerdem davon aus, daß das menschliche Gehirn ein biologischer Computer ist, der von Lebensenergie versorgt wird – oder ›psychotronischer‹ Energie, wie sie von manchen Wissenschaftlern genannt wird – und daß dieser Biocomputer von menschlicher Intelligenz programmiert werden kann, automatisch, halbautomatisch oder ›manuell‹ zu funktionieren. ›Manuelle Bedienung‹ erfolgt durch bewußte Programmierung.

Um auf den menschlichen Verstand zurückzukommen, so halten wir ihn für einen Aspekt der menschlichen Intelligenz, der in einer nicht-körperlichen Dimension existiert und seine Informationen einem Teil des Gehirns vermittelt, das in der körperlichen Dimension existiert.

Da viel von dieser Arbeit mit der Interaktion von elektrochemisch-magnetischen Energien zu tun hat, ist das Studium der heutigen Elektronik unerläßlich gewesen.

Das Studium der sogenannten unorthodoxen Medizin, wie Glaubensheilung, psychisches Heilen und spirituelles Heilen. Die Forschungen auf diesem Gebiet waren besonders interessant. Es ist sehr beeindruckend, einen Heiler zu beobachten, der mit Hilfe einer unorthodoxen Methode chronische, bis heute unheilbare Krankheiten kuriert, wie Arthritis, Zuckerkrankheit, grüner Star, Krebs, Leukämie, Allergien oder Migräne.

Wir haben so unglaubliche Erfolge mit unorthodoxen Heilmethoden beobachtet, daß wir uns fragen, wann endlich ein Zweig der Medizin etabliert wird, der sämtliche unkonventionellen Heilmethoden umfaßt, und chronische oder ›unheilbare‹ Fälle in Angriff nimmt.

In die Silva Methode wurden von Anfang an Elemente eingebaut, die das persönliche Glaubenssystem des Patienten und seine mentale Einstellung benutzen, um seinen Heilprozeß zu unterstützen. Dies macht Silva-Absolventen zu idealen Patienten, weil sie rascher auf alle Heilverfahren reagieren.

Das Studium der Ontologie – ein Bereich der Philosophie, der sich mit Sein oder Existenz auseinandersetzt. Durch dieses Studium erkannten wir, daß wir Repräsentanten der Höheren Intelligenz sind. Wir können mit Gott, Schöpferkraft oder der Höheren Intelligenz kommunizieren. Wir halten es für unsere Pflicht und Aufgabe, uns um die Schöpfungsprozesse auf unserer Existenzebene zu kümmern.

Erst jetzt erkennen wir, daß wir auf unserer Existenzebene bewirken können, was der Schöpfer im gesamten Universum bewirkt. Wir glauben, daß Höhere Intelligenz Geschöpfe braucht, die sich um diesen Teil des Schöpfungsvorgangs kümmern, und daß wir für diese Aufgabe geschaffen wurden.

Um unsere Mission zu erfüllen, müssen wir alles uns Mögliche tun, um die Hindernisse aus dem Weg zu räumen, die eine Vollendung der globalen Schöpfung vereiteln. Wir halten Gott für die höchste aller Intelligenzen, weil Gott sämtliche Probleme lösen kann. Wenn wir, als Menschen, den kreativen Prozeß vereiteln, arbeiten wir gegen Gott; wir unterdrücken die Schöpfung des Schöpfers. Wir glauben, daß Menschen, die kreative Prozesse aller Art unterstützen, Gott immer näher kommen. Wir glauben, daß ein Zufall ein Mechanismus sein kann, durch den die Höhere Intelligenz uns Hilfe zuteil werden läßt. Wenn wir auf kreative Weise um Hilfe bei der Lösung von Problemen bitten, die durch Neuschöpfungen in unserem Leben entstehen, bitten wir Gott um Hilfe.

Die Silva Methode ist ein kreativer Weg, um Hilfe für uns selbst zu bitten und den Kontakt mit der anderen Seite spürbar herzustellen.

Mehr schöpferische Fülle zulassen

Versuchen Sie zunächst, die Tür zu einem Leben in schöpferischer Fülle selbst zu öffnen. Wenn die Tür klemmt, wird von der anderen Seite ein wenig nachgeholfen. Und wie öffnet die andere Seite die Tür? Es gibt verschiedene Möglichkeiten, die aber nicht alle für Sie zutreffen mögen.

Hier zunächst eine Liste der Faktoren, die Ihrem Schaffensvermögen, und damit Ihrem Wohlstand, im Weg stehen können:

1. Was Sie gerade schaffen, wird nicht gebraucht.
2. Sie schaffen quantitativ nicht genug.
3. Sie sind nicht kreativ.
4. Sie glauben, daß Sie nicht kreativ sind.
5. Sie halten Ihre Schöpfungen für wertlos.

Wir werden den ersten Faktor unter die Lupe nehmen:

Niemand öffnet der Schaffenskraft Tür und Tor, wenn er versucht, den Eskimos noch mehr Eis zu verkaufen. Was wir schaffen, muß nutzbringend sein. Wenn wir ein allgemeines Bedürfnis erfüllen, sind wir kreativ. Mit der Silva Methode wird niemand in die Lage versetzt, alte Wahrheiten zu umgehen, sondern er wird aufgefordert, sie sinngemäß zu beherrschen.

Ein anderer weitverbreiteter Fehler ist die Annahme, daß jeder kreativ ist, der sich kreativ betätigt. Max schrieb etwa jeden Monat ein Gedicht, aber kein Verleger wollte seine Werke veröffentlichen. Er fragte sich lange, warum. Irgendwann ging er zu einer Dichterlesung und erkannte sein Mißverständnis: Der Dichter erklärte, daß er täglich sechs bis acht Stunden an seinen Werken arbeitete, bevor er sie den Verlegern zeigte. Max arbeitete ein paar Stunden im Monat an seiner Poesie, was man wohl kaum als ernste kreative Beschäftigung bezeichnen kann.

Bei Punkt drei kommen wir zu den Leuten, die sich an gelegentlich durchaus profitablen Unternehmen beteiligen, die

Umwelt aber in keiner Weise damit bereichern. Wer einen Großteil seiner Zeit bei Pferderennen oder am Roulettetisch verbringt, kann schnelles Geld verdienen, aber er schafft nichts Bleibendes. Das gleiche gilt für den Börsenmakler, der finanziell vielleicht obenauf ist, aber den Kontakt zur anderen Seite immer mehr verliert.

Bei Punkt vier geht es um die Tendenz von kreativen Menschen, die eigene Arbeit für minderwertig oder ›unkreativ‹ zu halten. Shelley arbeitete als Kellnerin, obwohl sie den Job haßte und das Gefühl hatte, höhere Fähigkeiten zu verschwenden. Eines Abends wurde sie von einem Silva-Absolventen daran erinnert, daß sie positiv denken und das Kreative in jeder Tätigkeit erkennen mußte, um ihre Lage zu bessern. Sie begann damit, ihre Gäste sorgfältiger zu bedienen, was zu größeren Trinkgeldern führte, und dies wiederum zu größerer Freude an ihrer Arbeit. Bald wurde sie stellvertretende Geschäftsführerin, und danach wurde ihr eine leitende Stellung in einem Hotelrestaurant angeboten.

An fünfter Stelle möchte ich die Tendenz kreativer Menschen besprechen, den Wert der eigenen Schöpfungen nicht gebührend zu würdigen.

Nachdem Renee eine Zeitlang für einen Parfümhersteller gearbeitet hatte, machte er sich selbständig. Da er den Wert seiner Produkte nicht einschätzen konnte, hielt er die Preise niedrig. Seine ersten Kreationen wurden wegen ihrer günstigen Preise sofort von den paar großen Warenhäusern gekauft. Aber alle seine Parfüms waren Ladenhüter. Die Sachverständigen hielten seine Kollektion für erstklassig, aber keiner konnte sie für ihn verkaufen. Renee entspannte sich und suchte in Alpha nach den Antworten für sein Dilemma. Zum ersten Mal kam ihm der Gedanke, daß seine relativ niedrigen Preise keinen Kunden auf die Güte seiner Produkte hinwiesen.

Er sorgte dafür, daß seine Parfüms für das Dreifache verkauft wurden, und siehe da – die Kollektion war ein Riesenerfolg. Erst nachdem Renee den Wert seiner Arbeit erkannte und selbst hoch genug einschätzte, wurde er erfolgreich.

Fünf geschlossene Türen, die geöffnet werden müssen, bevor Sie Hilfe von der anderen Seite im Schaffensprozeß erhalten.

Mit den nun folgenden fünf Affirmationen tragen Sie Ihren Teil dazu bei.

Die fünf Affirmationen

Sobald Sie diese fünf Türen öffnen, wird die andere Seite Ihnen zu Hilfe kommen, denn diese fünf Türen sind wie Schleusentore, durch die der Strom der Kreativität und des unsichtbaren Beistands fließt, wenn Sie die ›Hebel‹ bedienen.

Zuerst werde ich Ihnen die generellen Erklärungen geben und danach den Ablauf Schritt für Schritt.

Sie versetzen sich in Alpha wie in den letzten Morgenübungen, die Sie gemacht haben, aber diesmal sehen Sie beim Zurückzählen, beginnend mit 5, eine Tür mit einer großgeschriebenen Ziffer 5 vor sich. Sie öffnen die Tür. Bei 4 sehen Sie eine Tür mit der Ziffer 4 vor sich, die Sie öffnen, und so weiter, bis Sie alle fünf Türen gesehen und geöffnet haben.

Hinter diesen Türen liegt ein unbesätes Gartenbeet, auf dem noch nichts wächst. Auf einem Schild davor steht geschrieben:

Meine persönliche Kreativität

Sie stellen sich vor, daß Sie Samen bei sich haben, die nun in dieses Beet gelegt werden können.

Welche Samen wollen Sie säen? Was wollen Sie schaffen? Eine größere Familie? Ein florierendes Geschäft? Ein neues Produkt? Ein größeres Haus?

Sie stehen in der Mitte des Gartens, streuen Ihre Samen aus, treten dann zur Seite und schauen zu, wie sie gedeihen.

Was Sie gesät haben, wächst sofort vor Ihren Augen. Wenn es ein neues Haus gewesen ist, sehen Sie es aus dem Boden kommen, zuerst das Dach, die Wände, dann das Fundament. Wenn Sie eine größere Familie gesät haben, sehen Sie lachende Kinder sprießen.

Jetzt sprechen Sie die fünf Affirmationen innerlich aus:

1. Was ich schaffe, wird gebraucht.
2. Ich schaffe die Mengen, die gebraucht werden.
3. Ich bin von Schaffenskraft erfüllt.
4. Ich weiß, wie ich etwas schaffen muß.
5. Was ich schaffe, hat einen universellen Wert.

Sie beenden die Sitzung, indem Sie von 1 bis 5 zählen, sich großartig fühlen und wissen, daß die Schleusentore geöffnet sind, durch die der Strom universeller Kreativität fließt.

Wer starke Minderwertigkeitsgefühle hat, sollte diese Übung von Zeit zu Zeit wiederholen.

Die fünf Affirmationen muß man sich einzeln einprägen, was manchen Lesern vielleicht mühsam vorkommt. Aber man kann sich Eselsbrücken schlagen, indem man sich Stichwörter einprägt, wie beispielsweise: 1. gebraucht. 2. Menge. 3. erfüllt. 4. weiß wie. 5. Wert.

Hier die detaillierte Beschreibung der Übung:

1. Sitzhaltung. Augen schließen, Pupillen leicht nach oben drehen. Einmal tief einatmen und den Körper beim Ausatmen völlig entspannen.
2. Langsam von 5 bis 1 zählen, jede Zahl auf einer Tür sehen und die Tür öffnen, bevor weitergezählt wird.
3. Im Geist durch offene Türen in einen unbesäten Garten treten. Schild sehen: MEINE PERSÖNLICHE KREATIVITÄT.
4. Beschließen, was geschaffen werden soll. In der Mitte des Beets die Samen für diese Kreation verstreuen.
5. Die Kreationen aus dem Boden sprießen sehen.

6. Die fünf Affirmationen innerlich aussprechen: 1. gebraucht. 2. Menge. 3. erfüllt. 4. weiß wie. 5. wert.
7. Von 1 bis 5 zählen, sich hellwach und großartig fühlen.

Jetzt sollten Sie die Übung noch einmal durchlesen und sie dann machen, um die Schleusentore zu öffnen.

Programmieren

Sie wollen Erfolg bei Ihrer Zusammenarbeit mit der anderen Seite haben. Ich will ebenfalls, daß Sie Erfolg haben, und die andere Seite will es erst recht, denn Sie werden als Mitschöpfer gebraucht.

Aber einer von uns hat Einwände und Bedenken, die dem Erfolg im Wege stehen, und, glauben Sie mir, ich bin es nicht, und die andere Seite ist es schon gar nicht. Obwohl Sie voller Zuversicht sein mögen, haben Sie vielleicht noch ein paar Störfaktoren in der Leitung, die die Kommunikation mit der anderen Seite hier und dort unterbrechen.

Sehen Sie selbst, ob die folgenden Techniken wichtig und notwendig für Sie sind. Wir haben in diesem Kapitel bereits einige Störfaktoren besprochen, die durch Umprogrammierung eliminiert werden können:

1. Negative Programmierung durch Wortwahl.
2. Negativität im Denken.
3. Destruktive Einstellungen, Gefühle, Verhaltensweisen.
4. Weigerung, zu tun, was notwendig ist.
5. Unterschätzung der eigenen kreativen Fähigkeiten.
6. Beziehungen zu anderen Menschen.
7. Beziehung zum Selbst.
8. Beziehung zur anderen Seite.

Die letzten drei Kategorien wollen wir uns nun näher ansehen, nicht als Ersatz für die eigene Selbsterforschung, sondern um tiefere Selbsterkenntnisse auszulösen.

Erstens: Die Beziehung zu anderen Menschen.

In vielen asiatischen Ländern legen die Menschen bei der Begrüßung die Hände wie im Gebet aneinander und verbeugen sich vor dem Gegenüber. Mit dieser Geste wird gesagt: ›Das Göttliche in mir erkennt das Göttliche in dir.‹ Es ist wie eine Umarmung der beiden rechten Gehirnhälften.

Vergleichen Sie diese Form mit unseren Begrüßungsformeln:

»Wie geht's?« (Übersetzung: »Mir ist völlig egal, wie es dir geht.«)

»Hallo, wie steht's?« (Übersetzung: »Ich habe meine eigenen Sorgen.«)

»Guten Tag.« (Übersetzung: »Gehen Sie bloß weiter.«)

In der materiellen Welt herrscht die Tendenz, auf andere herabzublicken, um die eigene Person zu erhöhen. Aber auf tieferer Ebene wird das Gegenteil bewirkt: Wer andere herabwürdigt, würdigt sich selbst herab, weil er damit sagt, daß er mit unwürdigen Menschen verbunden ist. Erhöhe andere, und du erhöhst dich selbst. Man kann nicht ungestraft herumlaufen und unbewußt sagen: »Ich liebe die Menschheit, aber die Leute gehen mir auf die Nerven.« Man muß die Unterschiede ignorieren lernen und die Gemeinsamkeiten betonen.

Vorschlag: Gehen Sie auf Ihre Alpha-Stufe und sehen Sie Ihr Spiegelbild in einem stillen See. Sagen Sie zum Spiegelbild: »Ich liebe dich.« Wenn bestimmte Personen nicht in dieser Liebe enthalten sind, wiederholen Sie die Übung, bei der Sie solchen Menschen verzeihen. Sie bitten alle an Ihren entspannten Lieblingsplatz und visualisieren gegenseitige Vergebung.

Jetzt nehmen wir uns Ihre Beziehung zur eigenen Person vor. Sind Sie es wert, Hilfe von der anderen Seite zu erhalten? Absolut! Sie sind ein untrennbarer Bestandteil der göttlichen Schöpfung. Wenn Sie Minderwertigkeitsgefühle haben, wurden Sie sehr wahrscheinlich von anderen dahingehend programmiert.

Ursprung von vielen Minderwertigkeitsprogrammen:

Schlechte Schulzeugnisse	Ablehnung vom anderen Geschlecht
Niedriges Einkommen	Ablehnung von Bekannten
Häufiger Geldmangel	Ablehnung von Vorgesetzten
Mangelhafte Ausbildung	Sportliche Untüchtigkeit

Vorschlag: Sie gehen in Alpha, versetzen sich an Ihren entspannten Lieblingsplatz und vergeben sich selbst.

Und nun kommen wir zu Ihrer Beziehung zur anderen Seite. Das Gefühl, von den unsichtbaren Helfern abgeschnitten zu sein, rührt normalerweise daher, daß man sich vom eigenen Selbst abgeschnitten hat. Minderwertigkeitsgefühle auf materieller Ebene können zu dem Rückschluß führen, daß man auch keine Hilfe aus sogenannten göttlichen Quellen verdient hat.

Je mehr man sich selbst akzeptiert und sich als Teil der gesamten Schöpfung erkennt, desto seltener schleicht sich das Gefühl des Verlassenseins und Abgeschnittenseins von der anderen Seite ein. Wer Schuldbewußtsein, Sorgen und andere Formen des Selbstzweifels aus dem Programm nimmt, stellt fest, daß die Verbindung zur anderen Seite nie abgebrochen werden kann.

Aber es gibt darüber hinaus auch spezielle Methoden der Rückverbindung:

A. Wiederholen Sie die Übung am Ende des zweiten Kapitels, bei dem Sie Ihr Höheres Selbst begrüßen. In Alpha begegnen Sie Ihrem Höheren Selbst am entspannten Lieblingsplatz.

B. Wiederholen Sie die Übung, bei der Sie Ihr Haus von außen sehen und es mit weißem Licht umgeben.

C. Gehen Sie in Alpha mit einem langsamen Countdown von 10 bis 1. Erlauben Sie sich, die Gegenwart der anderen Seite zu spüren. Schicken Sie Liebe herüber. Beenden mit von 1 bis 5 zählen, und fühlen, wie die Liebe der anderen Seite zu Ihnen zurückströmt.

8

Beistand bei der Lösung der Probleme anderer

Sie werden von der anderen Seite geliebt. So sehr, daß Ihr bisheriger Wunsch, ›alles allein zu machen‹, ebenfalls von der anderen Seite respektiert wurde. Doch nun werden Sie wieder willkommen geheißen, denn Sie und die inneren Helfer waren ursprünglich als Team gedacht. Sie erkennen sich inzwischen als Mitschöpfer in diesem riesigen Team, aber das heißt noch nicht, daß sämtliche Ihrer Probleme spurlos verschwinden. Es heißt nur, daß jedes neue Problem in Ihrem Leben rasch und elegant gelöst werden kann, denn Sie und die andere Seite sind als Team einfach unschlagbar.

Die häufigsten Probleme entstehen im Kontext unserer zwischenmenschlichen Beziehungen. Wer Beziehungsprobleme ungeklärt läßt, schafft sich unweigerlich auch Probleme auf anderen Ebenen. Krankheiten, finanzielle Schwierigkeiten und andere Komplizierungen sind die Folge von ungelösten Beziehungsproblemen.

In diesem Kapitel wird gezeigt, wie Ihr Team an Beziehungsproblemen aller Art arbeiten und sie lösen kann. Im darauf folgenden Kapitel werden Gesundheitsprobleme behandelt, dann Geldsorgen und danach sonstige Lebensfragen.

Bis jetzt wurden Sie angehalten, jedes Kapitel der Reihe nach zu lesen, da jedes auf dem vorangegangenen aufbaute. Aber von nun an können Sie sich aussuchen, welches Thema wichtig für Ihren nächsten Schritt ist. Ich schlage vor, daß Sie irgendwann auf alle ausgelassenen Kapitel zurückkommen, damit Sie wissen, wie Sie die andere Seite in jeder Lebenslage zu Rate ziehen können.

In diesem Kapitel werde ich eine Sichtweise in bezug auf andere Menschen besprechen, an die Sie vielleicht noch nie in der Weise gedacht haben. Auf der materiellen Ebene unseres Daseins nehmen wir räumliche und zeitliche Trennungen wahr. Bislang haben wir diese Trennungen respektiert und sind mit Leuten umgegangen, als seien sie körperliche Wesen. Körper existieren augenscheinlich als getrennt voneinander. Aber die Menschen sind nicht nur Körper. Sie sind Geist und Bewußtsein, und kein Bewußtsein ist völlig getrennt von einem anderen. In einer höheren Dimension fließen alle ›Bewußtseine‹ ineinander. Diese Dimension ist die andere Seite, und der Teil des menschlichen Bewußtseins, der dort existiert, wird das Höhere Selbst genannt.

Haben Sie derartige Informationen jemals in der Schule gelernt? Es gibt Tausende von Schullehrern, die am Silva-Training teilgenommen haben, aber die Methode nicht im normalen Unterricht lehren dürfen, auch wenn sie die Techniken zum eigenen Nutzen anwenden. Eine der populärsten Methoden von Silva-trainierten Lehrkräften ist subjektive Kommunikation, mit der Absicht, die Lernfähigkeit von Schülern oder Schulklassen zu fördern.

Grace H. unterrichtete eine Klasse von Teenagern an einem Gymnasium. Ihre Schüler waren in der Pubertät und dementsprechend hyperaktiv, verwirrt und unkontrollierbar. Grace war eine gute Lehrerin, aber sämtliche Fachkenntnisse versagten im Angesicht dieser Klasse. Also machte sie das Silva-Training, um mit dem Streß fertigzuwerden, zog aber einen zusätzlichen, ganz unerwarteten Nutzen daraus.

Eines Nachts ging sie in Alpha und stellte sich ihre Schulklasse vor. Liebevoll erklärte sie ihren imaginären Schülern, was nach ihrer Ansicht geschehen mußte, um das Lehrvermögen ihrerseits und das Lernvermögen der Kinder zu steigern. Am nächsten Tag verhielt sich die Klasse schon weniger aufsässig. Grace wiederholte die Übung noch mehrmals, und die Disziplin wurde merklich besser, bis sie die lernwilligste Klasse an ihrer Schule hatte. Bald erkundigten sich andere Lehrer nach ihrer Technik, und Grace gab ihr Geheimnis gern weiter: Ihre Lösung war subjektive Kommunikation.

Anwendung der subjektiven Kommunikation

Mit diesen Worten kommuniziere ich auf objektiver Ebene mit Ihnen. Mein linkes Gehirn wird benutzt, um die Sätze zu schreiben. Ihr linkes Gehirn gestattet Ihnen, diese Seite zu lesen. Wenn ich mit Ihnen spräche, würde ich ebenfalls mein linkes Gehirn benutzen.

Aber ich kann auch auf subjektiver Ebene mit Ihnen kommunizieren und mein rechtes Gehirn benutzen. Ich könnte mich entspannen und Sie in meiner Vorstellung sehen. Würde ich ein liebevolles Gespräch mit Ihnen führen, in dem ich Ihnen eine Lösung für einen Konfliktbereich zwischen uns vorschlage, würde die Botschaft Sie ebenfalls erreichen, wenn auch auf anderem Weg. Kommunikation auf objektiver Ebene läuft über körpergebundene Leitungen – über die bewußten Sinne.

Subjektive Kommunikation, wie wir sie jetzt lernen, läuft über nicht-stoffliche Leitungen und transzendiert den bewußten Verstand. Subjektive Kommunikation benutzt die ›Leitungen‹ der anderen Seite. Das heißt, auf der anderen Seite existieren keine Entfernungen, die zurückgelegt werden müssen, und es gibt keinen Raum, der uns voneinander trennen könnte. Der zurückgelegte Weg könnte höchstens folgendermaßen beschrieben werden: Der Absender sendet eine Botschaft mit seinem bewußten Verstand zum eigenen Überbewußtsein, welches die Botschaft dem Überbewußtsein des Empfängers eingibt. Das Überbewußtsein des Empfängers vermittelt die Botschaft dann dem bewußten Verstand des Empfängers.

Im Detail sieht das also folgendermaßen aus:

Bewußter Verstand des Absenders. Sie denken an den Konflikt und erkennen, daß objektive Kommunikation nichts nützt, also greifen Sie zur subjektiven Methode.

Zum überbewußten Verstand des Absenders. Sie entspannen sich, atmen tief ein, drehen die Pupillen leicht nach oben und zählen von 5 bis 1. Ihr rechtes Gehirn ist damit aktiviert worden und stellt den Kontakt zum eigenen Überbewußtsein her.

Botschaft zum Überbewußtsein des Empfängers. Sie stellen sich den Empfänger vor, und unverzüglich sind die Neuronen Ihres Gehirns im Kontakt mit den Neuronen der rechten Gehirnhälfte des Empfängers. Das Überwußtsein beider Partner ist verbunden, denn auf dieser Ebene existieren beide in der prinzipiellen Einheit der anderen Seite! Solange Ihre Botschaft liebevoll bleibt und Lösungsvorschläge zum beidseitigen Wohl enthält, wird der Kontakt nicht unterbrochen, und die Botschaft erreicht den anderen.

Zum bewußten Verstand des Empfängers. Die Botschaft wird vom Überbewußtsein in Form einer Idee vermittelt, die dem Empfänger wie ein ›ureigener Einfall‹ erscheint. Das Resultat: der Empfänger kommt Ihnen entgegen.

Die Methode funktioniert auch, wenn mehrere Personen subjektiv ›angerufen‹ werden. Alle Menschen sind auf der überbewußten Ebene verbunden, seien sie zu zweit, zu dritt oder zu Hunderten in Ihrer Vorstellung versammelt. Solange man sich die Personen vorstellen kann, kann man sie auch subjektiv erreichen.

Grace H. konnte alle Schüler ihrer Schulklasse erreichen.

Sie können Ihre Arbeitskollegen als Gruppe erreichen, oder die Familie Ihres Nachbarn, oder den Fußballclub, oder alle Mitglieder Ihres Vereins.

Sie können das kollektive Unbewußte von C. G. Jung erreichen, oder das morphogenetische Feld von Sheldrake, oder das globale Gehirn von Russell, oder die andere Seite, oder das, was ich die Höhere Intelligenz nenne. Wie man es auch nennen mag, Sie können es benutzen. Sie sind ein Teil davon, und es ist ein Teil von Ihnen.

Hier die Schritte:

1. Bequeme Sitzhaltung. Mit geschlossenen Augen Pupillen leicht nach oben drehen, tief einatmen und beim Ausatmen den Körper völlig entspannen.
2. Die Gruppe visualisieren, mit der Sie kommunizieren wollen.
3. Die Gruppe liebevoll begrüßen.
4. Ein mentales Gespräch mit diesen Leuten über das gemeinsame Problem führen. Eine Lösung vorschlagen, die allen Beteiligten gleichermaßen Vorteile bringt.
5. Beenden wie üblich mit von 1 bis 5 zählen und sich hellwach und großartig fühlen.

Subjektive Kommunikation bei der Lösung von Weltproblemen

Zur Zeit der amerikanischen Herausgabe dieses Buches wurden sämtliche Silva-Absolventen über einen Newsletter aufgerufen, jeden Abend in Alpha zu gehen und unter anderem folgende globale Korrekturen einzuprogrammieren:

- Mehr Ärzte auf der ganzen Welt arbeiten Seite an Seite mit spirituellen Heilern.
- Immer mehr Schulen integrieren die Silva-Methode in ihr reguläres Unterrichtsprogramm.
- Ein dauerhafter Weltfrieden.
- Genügend Nahrungsmittel für alle hungernden Völker der Erde.

Dies ist nur eine kleine Auswahl der Weltprobleme, mit denen Silva-Absolventen arbeiten. Viele Weltprobleme sind einer Lösung inzwischen deutlich näher gekommen.

Damit will ich nicht sagen, daß wenige Menschen auf der Stelle einen gewaltigen Unterschied machen. Nur wenn die Waagschalen annähernd ausgewogen sind, können wenige das ›Zünglein an der Waage‹ spielen. Dennoch tragen auch wenige immer zu einer Beschleunigung des Umwandlungsprozesses auf breiter Basis bei.

Und wie programmiert der einzelne sich für eine Zusammenarbeit zwischen Ärzten und spirituellen Heilern, die er nicht kennt und daher nicht visualisieren kann?

Subjektive Kommunikation wird auch in solchen Fällen erfolgreich angewandt. Sie können die Neuronen Ihres Gehirns beauftragen, die Ärzte in einem Bezirk oder sogar im ganzen Land zu kontaktieren. Die Neuronen Ihres Gehirns wissen, wer kontaktiert werden soll, und können mit dem gewünschten Personenkreis auf der Ebene des Überbewußtseins oder der Höheren Intelligenz kommunizieren.

Wollen Sie Ihren Landkreis davon überzeugen, daß eine bestimmte Fabrik oder Industrie die Umwelt gefährdet? Benutzen Sie weiterhin alle öffentlichen Aufklärungsmittel, die Ihnen zur Verfügung stehen – objektive Kommunikation – aber fügen Sie von nun an auch subjektive Kommunikation mit der anderen Seite hinzu. Wenn Höhere Intelligenz an der Lösung mitwirkt, wird allen Beteiligten weitergeholfen.

Und wie sollen Sie sämtliche Einwohner Ihres Landkreises visualisieren? Stellen Sie sich vor, daß die ganze Schar sich auf einem freien Feld versammelt. Oder Sie schauen sich eine Landkarte an, bevor Sie in Alpha gehen, und sehen die Landkarte bei Ihrer Kommunikation vor Augen. Dann füllen Sie die Straßen bis in den letzten Winkel mit Menschenmassen. Oder Sie visualisieren ein paar Nachbarn als Repräsentanten für alle.

Subjektive Kommunikation funktioniert auch bei folgenden Anliegen:

1. Der Gewinn von Stimmen oder Unterschriften bei Wahlen.

2. Der Verkauf von Produkten oder Dienstleistungen.
3. Die Schlichtung einer zunehmenden Kontroverse.
4. Der Gewinn von Unterstützung für eine gute Sache.

Vergessen Sie die beiden Grundregeln nicht: Die Kommunikation muß auf Liebe beruhen. Es geht nicht darum, *wer* recht hat, sondern darum, *was* richtig für alle ist.

Subjektive Kommunikation mit Einzelpersonen

Alle Problemlösung beginnt mit den eigenen Beziehungen. Dazu gehören:

Ihre Ehepartner	Arbeitskollegen
Ihre Kinder	Nachbarn
Ihre Eltern	Beamte, Obrigkeit
Ihre Verwandten	Freunde
Ihre Vorgesetzten	

Subjektive Kommunikation mit Einzelpersonen ist deshalb so wirkungsvoll, weil die geballte Bewußtseinsenergie auf ein einziges Ziel gerichtet wird, anstatt ein weites Feld zu ›besprühen‹, wie bei der Kommunikation mit Gruppen.

Am 16. und 17. Abend Ihres Programms haben Sie die Übungen mit Einzelpersonen ausprobiert. Welche Resultate sind Ihnen in den darauf folgenden Wochen aufgefallen?

Falls Sie keine Erfolge bemerkt haben, müssen Sie entweder noch etwas länger warten oder die Übung(en) wiederholen. Achten Sie bei der Wiederholung auf mögliche Stolpersteine, die Sie aus dem Weg räumen könnten:

1. Sie sind nicht tief genug entspannt.
2. Sie stellen sich die Person nicht bildhaft vor.
3. Sie erwarten keine Erfolge.
4. Sie lieben die Person nicht wirklich.
5. Ihr Lösungsvorschlag beinhaltet keinen gegenseitigen Vorteil und stellt ein Problem für die Person dar.

Hier sind die Gegenmittel:

1. Vertiefen Sie Ihre Entspannung, indem Sie länger zurückzählen oder die fortschreitende Entspannungsübung für jeden Körperteil benutzen. Sie können sich auch für ein paar Augenblicke an Ihren entspannten Lieblingsplatz versetzen.
2. Vielen fällt es schwer, sich das Gesicht einer Person bildhaft vorzustellen, die sie jeden Tag sehen, weil sie sich zu sehr daran gewöhnt haben. Betrachten Sie das Gesicht bei der nächsten Begegnung, und prägen Sie sich die Gesichtszüge, Hautfarbe und Konturen genau ein. Ein Foto tut es auch.
3. Skeptizismus hat Folgen. Diese Geisteshaltung ist wie eine rote Ampel, die Ihrem Gehirn den Befehl gibt, etwas, was Sie denken oder tun, zu ignorieren, weil es durch Skeptizismus in Frage gestellt wird. Ihr Bewußtsein gehorcht Ihnen. Erfolgserwartung hat ebenfalls unweigerliche Folgen. Sie wirkt wie das grüne Licht einer Ampel auf das Gehirn. Stellen Sie sich vor, was Ihr Skeptizismus Sie kosten mag, während andere immer mehr Erfolg haben und Sie hinter sich lassen.
4. Die erste Grundregel der subjektiven Kommunikation – Liebe – ist schwer zu befolgen, wenn sich die negativen Gefühle zu einer Person verhärtet haben. Um Feindseligkeit in Liebe verwandeln zu können, müssen Sie erst ein Zwischenstadium passieren: das der Vergebung. Sie gehen in Alpha und heißen die Person an Ihrem entspannten Lieblingsplatz willkommen. Dort verzeihen Sie und bitten den anderen um Verzeihung.
5. Die von Ihnen vorgeschlagene Veränderung ist ohne Zweifel von Vorteil für Sie, aber ist sie auch von Vorteil für die Zielperson? Wenn nicht, schaffen Sie ein Problem für den anderen, und dann wird sein Überbewußtsein den Vorschlag nicht akzeptieren. Sie müssen Ihren Lösungsvorschlag überdenken und so formulieren, daß er das Richtige für beide reflektiert.

Trennungen auf dieser Seite

Subjektive Kommunikation bringt Resultate. Sie werden niemals ›falsch verbunden‹. Entzweiungen werden aufgehoben und Beziehungen bereichert.

Sam T. wandte die Methode bei einem widerspenstigen Hengst an, und sie funktionierte. Die Indianer benutzen die Methode bei Wildpferden und können diese dann reiten, ohne das wilde Aufbäumen und Abwerfen zu erleben, das von weniger zentriert denkenden Cowboys als selbstverständlich hingenommen wird. Sie funktioniert.

Morton M. kontaktierte seinen Geschäftspartner auf subjektiver Ebene. Er schlug ihm vor, gewissenhafter zu arbeiten, damit er mehr Geld verdienen und mehr Freizeit für sich und seine Partner manifestieren könne. Es hat geklappt. Und wenn es bei einzelnen Menschen klappt, dann auch bei ganzen Nationen. Ahnen Sie, was die Methode für Diplomaten tun könnte, die beispielsweise über die Freilassung von politischen Gefangenen verhandeln? Oder für Staatsmänner und -frauen?

Das waren die guten Neuigkeiten. Jetzt kommen die schlechten. Trennungen sind auf dieser Seite eine Gegebenheit. Je geringer das Gefühl des Getrenntseins auf dieser Seite, desto besser funktioniert die Methode. Wenn Sie Einheit fühlen, kommen Sie von einer übergeordneten Perspektive und haben mehr Erfolg. Mit anderen Worten, wir müssen hier auf der materiellen Ebene schon so spirituell wie möglich denken. Wir müssen versuchen, die geistige Einheit zu leben, trotz der allgemeinen Tendenz, sich zu entzweien. Wir müssen nach bestem Vermögen tun, was das Richtige für alle Beteiligten ist. Wir müssen menschlicher im wahren Sinne werden.

Was meine ich damit? Geht es um die moralischen Normen, wie sie von existierenden Regierungen, Religionen, Politikern und Priestern verkündet werden? Im Verlauf der Geschichte haben sich die Moralvorstellungen ein ums andere Mal gewandelt. Im Alten Testament wird ein Gesetz verkündet, das ›ein Auge für ein Auge, einen Zahn für einen Zahn‹ verlangt. Im Neuen Testament wird dieses Gesetz für überholt erklärt – der Mensch solle sich Bosheit nicht widersetzen, sondern mit Liebe reagieren – also vom höheren Standpunkt der Einheit aus reagieren.

In diesem Jahrhundert wurden ständig neue Gesetze verabschiedet, die neu definieren, was richtig und was falsch ist. Als sei das noch nicht genug, wird auch die Interpretation dieser Gesetze von verschiedenen Gerichten ständig neu ausgelegt. Sollen wir uns auf die Leute verlassen, die sich als Wächter der öffentlichen Moral hervortun, während wir zusehen, wie so viele von ihnen vom hohen Sockel fallen?

Wem sollen wir vertrauen? Gibt es einen Maßstab, an dem wir messen können, was richtig oder falsch in einer beliebigen Situation ist? Wir haben nur eine Antwort auf diese Frage gefunden, und diese ist wiederum eine Frage, die jeder einzelne sich selbst stellen muß: Werden durch die vorgeschlagene Lösung Probleme gelöst, ohne neue Probleme zu schaffen? Fragen Sie sich selbst, wenn Sie eine schwerwiegende Entscheidung treffen müssen. Begeben Sie sich auf die Alpha-Stufe und betrachten Sie das Problem von einer höheren Warte, auf der Sie keinen Druck, keine Wut und keine Angst spüren, und fragen Sie sich, ob Ihre Lösung weitere Probleme schafft.

Die beste Lösung berücksichtigt alle Beteiligten. Achten Sie darauf, daß Sie sich nicht unbewußt selbst zum Teil des Problems machen. Machen Sie sich zum Teil der Lösung.

Passive und dynamische Meditation

Bisher habe ich Ihnen ausschließlich Methoden gezeigt, mit deren Hilfe die andere Seite zu bestimmten Zwecken kontaktiert wird. Aber man kann den Kontakt auch als Selbstzweck benutzen, einfach nur, um die Verbindung zu spüren.

Dabei brauchen Sie nichts weiter zu tun, als in Alpha zu gehen und dort zu verweilen.

Wie gesagt, bei einer Meditation auf der Alpha-Stufe wird das Höhere Selbst kontaktiert, das unsere Verbindung zur anderen Seite ist. Gleichzeitig ist das Höhere Selbst auch fähig, in Alpha mit dem bewußten Verstand zu kommunizieren. Also lohnt es sich immer, auch völlig absichtslos in Alpha zu meditieren.

Bei manchen Meditationspraktiken wird die Alpha-Stufe weder gezielt angesteuert noch erreicht. Viele benutzen einen Trick, wie einen bestimmten Summton oder ein inneres Mantra. Sie starren in brennende Kerzen oder sitzen im Lotussitz vor einer Statue. Selbst Meditationstechniken, bei denen der Schwerpunkt auf körperlicher und geistiger Entspannung liegt, koppeln den Vorgang also mit erneuten Aktivitäten, wie die visuelle Konzentration auf eine Kerzenflamme oder mentale Konzentration auf ein einziges Wort.

Ich habe durch Erfahrung gelernt, daß Konzentration die Entspannung nicht fördert, sondern sie vielmehr verhindert.

Wer einen Weg gefunden hat, in wirkliche Meditation zu gehen, hat einen Weg gefunden, in Alpha zu gehen, und auf dieser Schwingungsebene eine Weile zu verharren.

Jede regelmäßig praktizierte Meditation auf der Alpha-Stufe erweitert das Bewußtsein, erhellt den Geist, stimuliert Kreativität, vermehrt die Erkenntnis und integriert das erdgebundene Selbst in das Höhere Selbst.

In diesem Buch geht es um die sinnvolle Anwendung der Alpha-Schwingungen auf verschiedenen Ebenen, in verschiedenen Lebensbereichen. Das nenne ich dynamische Meditation. Damit will ich nicht sagen, daß passive Meditation überflüssig ist, sondern daß beide Praktiken einander ergänzen. Wenn Sie bereits auf irgendeine Art meditieren, machen Sie weiter. Es fördert das persönliche und spirituelle Wachstum.

Wenn Sie Probleme lösen, Ziele erreichen und Beziehungen voller entfalten wollen, dann benutzen Sie die Silva Methode der dynamischen Meditation, um Ihren Lebensstil zu ändern. Aber die ergänzende passive Meditation, bei der man einfach für ein paar Minuten am Tag in Alpha geht, um sich diesem Frieden, dieser Erfüllung hinzugeben, ist zu bereichernd, um versäumt zu werden.

Unerwünschtes Verhalten korrigieren

Wenn objektive Kommunikation versagt, benutzen wir die subjektive Methode. Zum Beispiel bei Personen, die nicht fähig sind, eine bestimmte Arbeit schnell genug zu verrichten.

»Nimm dich zusammen«, sagen Sie vielleicht zu einem Arbeitskollegen.

Aber das nützt Ihnen nichts, wenn die Antwort ist: »Ich gebe mein Bestes. Mehr kann ich nicht tun.«

Sie insistieren, daß das Beste noch nicht gut genug ist, aber solche Gespräche führen zu nichts. Also programmieren Sie Ihre Informationen von nun an direkt ein.

Wie funktioniert direkte Programmierung?

1. Sie gehen auf Ihre Alpha-Stufe.
2. Sie visualisieren die Person (Sie können sich auch selbst visualisieren), und sehen das problematische Verhalten. In unserem Beispiel den Kollegen, der nicht schnell genug arbeitet.
3. Jetzt schieben Sie das Bild ein kleines Stück nach links und sehen den Kollegen Kaffee trinken, Kaugummi kauen und seine Arbeitsunwilligkeit auf die bei ihm übliche Weise demonstrieren. Und jetzt geht er an die Arbeit, und sein Arbeitstempo erhöht sich.
4. Sie schieben das Bild noch ein Stück weiter nach links und sehen den Kollegen bei der Arbeit. Er arbeitet rasch und ist zum leistungsfähigen Experten auf dem Gebiet geworden.
5. Beenden wie üblich.

Lassen Sie mich diese Schritte erklären. Bevor Sie sich selbst oder irgendeinen anderen direkt programmieren, müssen Sie folgende Erklärungen lesen. Wenn Sie verstehen, was Sie machen, werden Sie auch vom linken Gehirn unterstützt. Ohne dieses Verständnis mischt sich das logische und vernunftgebundene Denken des linken Hirns störend in den Vorgang ein. Und zwar einfach damit, daß es Ihren Glaubens- und Erwartungspegel senkt.

Den ersten und den fünften Schritt muß ich nicht mehr erklären, aber bei 2., 3. und 4. werden neue Faktoren eingeführt:

Wir benutzen nacheinander drei mentale Bilder. Das erste, um das Problem visuell zu identifizieren und den mentalen Computer auf unser Anliegen aufmerksam zu machen. Beim zweiten Bild sehen wir die Gründe für das langsame Arbeitstempo der Person, aber nun wird eine Veränderung eingeführt. Die Korrektur tritt ein, wenn die Person sich an die Arbeit macht, zum Schluß sehen wir die gewünschte Lösung. Das Verhalten ist korrigiert worden.

Die ersten zwei Bilder werden ein Stück nach links geschoben, weil links vom Unterbewußtsein symbolisch als Zukunft interpretiert wird und rechts als Vergangenheit. Bei Regressionen in die Vergangenheit im Verlauf von Hypnose-Therapien lehnen sich die meisten Patienten unwillkürlich nach rechts. Als ich entsprechende Silva-Experimente mit meinen Kindern machte, lehnten sie sich ebenfalls nach rechts, wenn sie in die Vergangenheit blickten. Bei Progressionen in die Zukunft lehnten sie sich nach links in ihrem Stuhl. Also schieben wir das mentale Bild ein kleines Stück nach links, wenn wir neue Verhaltensweisen in der nahen Zukunft einprogrammieren.

Jetzt kommen wir zu den Aktivitäten wie Kaffee trinken, Kaugummi kauen oder sonstige Angewohnheiten der Zielperson. Hier wird dem mentalen Computer die Instruktion gegeben, eine Verbesserung einzuführen, sobald die fragliche Verhaltensweise demonstriert wird. Damit wird Kaffeetrinken oder Kaugummi kauen von nun an zum auslösenden Faktor, der das Verhalten in die erwünschte Richtung umlenkt. Sie müssen die Person beobachten und einen guten Auslöser finden, den Sie für Ihre Umprogrammierung benutzen können. Dazu gehören:

Getränke trinken	Ins Badezimmer gehen
Zigarette anzünden	Haare kämmen oder umfrisieren
Zeitunglesen	Schminken, Fingernägel feilen

Jetzt verstehen Sie den Sinn der Schritte und können die Übung machen. Vergessen Sie nicht, daß die Umprogrammierung nur erfolgreich sein kann, wenn Lösungen geschaffen werden, die keine neuen Probleme erzeugen. Es funktioniert zum Beispiel nicht bei Suchtverhalten, wie Zigaretten-, Alkohol- oder Drogenabhängigkeit. Die daraus folgenden Entzugserscheinungen schaffen Probleme auf biochemischer Ebene für die Zielperson. Was man in solchen Fällen programmieren kann, ist der starke Wunsch, professionelle Hilfe zu suchen und anzunehmen.

Wann andere Personen programmiert werden können

Bei der Selbstprogrammierung spielt der Zeitpunkt keine Rolle, weil Sie allein dadurch, daß Sie in Alpha gehen, der rechten Gehirnhälfte die Instruktion geben, den mentalen Computer aufnahmebereit zu machen.

Aber bei anderen Menschen, die vielleicht gerade beschäftigt sind, ist die Sache etwas anders. Wenn die von Ihnen visualisierte Person momentan gerade Geschäftsverhandlungen führt, das Auto repariert oder in einen Streit verwickelt ist, können Sie die rechte Gehirnhälfte der Zielperson unter Umständen nicht aktivieren, und damit wird das neue Programm nicht absorbiert.

Am besten programmiert man andere Menschen in der Nacht. Ihr rechtes Gehirn kann sich mit dem größeren Computer auf der anderen Seite verbinden und anfragen, zu welchem Zeitpunkt der andere programmiert werden soll.

Sie unterstützen Ihr rechtes Gehirn, wenn Sie sich folgendermaßen programmieren:

1. Im Bett vor dem Einschlafen in Alpha gehen.
2. Erklären Sie innerlich: »Ich will im richtigen Moment aufwachen, um (Name) zu programmieren, und ich werde im richtigen Moment aufwachen.«
3. In Alpha einschlafen.
4. Sobald Sie zum ersten Mal aufwachen, ist der richtige Zeitpunkt gekommen. Sie gehen in Alpha und sehen die drei Bilder der Programmierung.
5. Erneut in Alpha einschlafen.

Die Verhaltensmuster mancher Zielpersonen sind so tief verwurzelt, daß Sie die Prozedur unter Umständen wiederholen müssen. Meistens genügt einmal pro Nacht für mehrere Nächte hintereinander.

Die Frage der Zustimmung der Zielperson

Viele stellen die Frage, ob es moralisch verantwortbar ist, einem anderen Menschen zu helfen, ohne ihn vorher um Erlaubnis zu bitten. Manche bezeichnen es als einen Übergriff, wenn man Änderungen oder Korrekturen im Körper und im Geist einer anderen Person vornimmt, weil dem anderen damit vielleicht die Gelegenheit genommen wird, solche Korrekturen selbst vorzunehmen.

Nach Jahrzehnten der Forschung in diesen Bereichen sind wir zu dem Schluß gekommen, daß unsere primäre Aufgabe auf diesem Planeten darin besteht, Schaffensprozesse zu vollenden. Wenn Schöpfung auf globaler Ebene vollendet werden soll und unser Planet in ein Paradies verwandelt, dann durch uns. Menschen überall auf der Welt flehen um Hilfe auf objektiver und subjektiver Ebene. Wir vernehmen ihre Hilferufe direkt oder indirekt über die Massenmedien. Sollen wir daraufhin sagen: »Nein, sieh zu, wie du dir selbst hilfst«, und damit die gleiche Reaktion zu uns hinziehen, wenn wir irgendwann um Hilfe flehen?

Die Menschheit ist eine Familie. Wir sind alle existenziell miteinander verbunden. Wer erkennt, wie eng wir in Wirklichkeit verbunden sind, begreift, daß er sich selbst hilft, wenn er anderen hilft. Wir sind eins.

Wenn wir eine Zielperson programmieren, benutzen wir spirituelle Kraft, und diese Kraft kann niemals verletzen oder schaden. Wir haben wissenschaftlich bewiesen, daß subjektiv zielgerichtete spirituelle Energie schöpferisch ist, niemals destruktiv. Und das Gute, das bei der Zielperson bewirkt wird, fällt unweigerlich auf den Helfer zurück. Bei Millionen von Silva-Absolventen haben wir deutlich beobachten können, daß Helfer, die die meisten Problemfälle behandeln, auch selbst am meisten aufgeblüht und in jeder Hinsicht erfüllt worden sind.

Falls Sie weiterhin Bedenken haben, schlagen wir vor, niemanden in unmittelbarer Nähe von Ihnen zu programmieren. Auch bei Gesundheitsproblemen, wie sie im nächsten Kapitel besprochen werden, sollten Sie nur aus der Entfernung korrigieren, um gegen kein Gesetz zu verstoßen, das eine Lizenz für Heilpraktiken aller Art verlangt. Außerdem können Sie vor Beginn Ihrer Programmierung innerlich bestätigen: »Möge geschehen, was für alle das Beste ist.« Oder: »Dein (Gottes) Wille geschehe.«

Probleme mit einem Glas Wasser lösen

Sie können andere Menschen programmieren. Sie können Tiere programmieren. Sogar materielle Gegenstände können programmiert werden. Die Wände Ihres Hauses sind durchdrungen von den Vibrationen Ihrer eigenen Person und denen Ihrer Familie. Ihr Energiefeld (Aura) dringt in sämtliche Möbel und alle Gegenstände rings um Sie her ein. Sobald Sie ein fremdes Haus betreten, fühlen Sie die fremden Vibrationen. Unter allen Geschöpfen auf diesem Planeten hat nur der Mensch die Fähigkeit, andere Lebensformen, einschließlich der sogenannten ›leblosen‹ Materie, bewußt zu programmieren. Daraus schließen wir, daß wir diese Fähigkeit auch benutzen sollen.

Die Fähigkeit, Materie zu programmieren, benutzen wir bei besonders kniffligen Problemen. Unsere Methode wird die Wasserglas-Technik genannt. Zuerst werde ich erklären, wie sie funktioniert und danach, warum sie unserer Meinung nach funktioniert.

Vor dem Einschlafen füllen Sie ein Glas mit Wasser. Mit geschlossenen Augen, Pupillen leicht nach oben gedreht, trinken Sie die Hälfte des Wassers. Während des Trinkens sagen Sie innerlich: »Dies ist alles, was ich tun muß, um das Problem mit... (Soundso, dem und dem) zu lösen.« Sie stellen das Wasserglas auf den Nachttisch, bedecken es mit einem Tuch, und legen sich schlafen. Am Morgen, gleich nach dem Erwachen, wiederholen Sie die Prozedur und trinken den Rest des Wassers. Bei der Wasserglas-Technik brauchen Sie nicht in Alpha zu gehen. Sie erzeugen genügend Alphawellen, wenn sie das Wasser mit geschlossenen Augen und leicht nach oben gerichteten Pupillen trinken.

Wahrscheinlich wird Ihnen die Lösung in derselben Nacht im Traum einfallen. Wenn das geschieht, bedanken Sie sich, während Sie den Rest des Wassers trinken. Oder die Antwort kommt wie ein Geistesblitz im Verlauf des nächsten Tages, oder Sie begegnen jemandem, der Sie auf die richtige Spur bringt.

Wie funktioniert das? Gute Frage. Darüber gibt es keine übereinstimmende Meinung. Forscher, die vom Standpunkt der Psychologie an die Sache herangehen, glauben, daß größere Bereiche des Bewußtseins geweckt werden, wenn das

Wasser mit geschlossenen Augen getrunken wird. Innere Verteidigungsmechanismen werden darauf aufmerksam gemacht, daß sie sofort herausfinden müssen, was da oben vor sich geht – was dem Körper eingeflößt wird. Dies öffnet das Bewußtsein für die tiefere Programmierung.

Hermes war ein berühmter Name in der altgriechischen und ägyptischen Kulturgeschichte. Seine Lehren wurden so eifersüchtig gehütet, daß der Begriff ›hermetisch versiegelt‹ bis heute nichts an Bedeutung verloren hat. Beide Kulturen verehrten Hermes als einen eigenen Gott. Eins seiner Geheimnisse lehrt, daß der Mensch Wunschziele erreichen oder Lösungen finden kann, wenn er ein Glas Wein in der Hand hält und sich im Geist vorstellt, die Lösung oder das Wunschziel läge im Wein. Beim Trinken des Weins wird die Lösung oder das Wunschziel dann in jede Zelle des Gehirns und des Körpers getragen.

Manche Wissenschaftler stimmen mit Hermes überein. Der Wein wird mit Gedanken programmiert, die wie Auslöser für das rechte Gehirn funktionieren, und es veranlassen, Tag und Nacht nach den Informationen zu suchen, die gebraucht werden, wenn die programmierte Lösung gefunden und das Ziel erreicht werden soll.

Die verstorbene Olga Worrell, eine spirituelle Heilerin, konnte Wasser in den Händen halten und das spektrographische Profil des Wassers verändern, was bedeutet, daß sie die molekulare Struktur des Wassers sichtbar verändern konnte.

Wenn Sie darüber nachdenken, erinnern Sie sich vielleicht daran, daß der Mensch zu drei Vierteln aus Wasser besteht; etwas mehr bei weiblichen Körpern, und etwas weniger als drei Viertel bei den männlichen. Also sind wir engstens mit den Wasserstrukturen verbunden.

Mediale oder außersinnliche Fähigkeiten machen sich sehr leicht im Zusammenhang mit Wasser bemerkbar. In Amerika gibt es Tausende von erfolgreichen Wünschelrutengängern – Menschen, die eine Astgabel in die Hand nehmen, und damit unterirdische Wasseradern aufspüren.

Sie merken an den subtilen Energieausschlägen der Astgabel, wo Wasserquellen verborgen sind. Wenn Sie mir erklären, wie das funktioniert, erklären Sie wenigstens zum Teil, wie die Wasserglas-Technik funktioniert.

Hier sind ein paar wissenschaftliche Anhaltspunkte. Träufeln Sie ein paar Tropfen Zitronensaft in Ihr Wasserglas. Halten Sie das Glas mit den leicht gespreizten Fingerspitzen beider Hände fest, dann wirkt die Technik sogar noch besser, als nur mit purem Wasser.

Zitronensaft ist eine Säure, die das Wasser zum Energieleiter macht. Das Prinzip ist das gleiche, wie bei altmodischen Energie-Batterien. Ihre Finger projizieren psychotronischen Strom, also die Energie Ihres bewußt programmierenden Geistes. Wenn Sie das Glas nur in einer Hand halten, wird dem Wasser auch genügend Strom zugeführt, aber beide Hände haben eine größere Wirkung. Und wenn Sie die Finger spreizen, wird weniger Energie im Kurzschluß zur Hand selbst zurückgeführt, also mehr Energie direkt ins Wasser gegeben.

Die Wasserglas-Technik funktioniert am besten bei einem Projekt zur Zeit. Erst nachdem eine Antwort gekommen ist, sollten Sie weitere Projekte mit dieser Technik in Angriff nehmen.

Obwohl sie bei Problemen aller Art funktioniert, zeigen sich besondere Erfolge bei der Lösung von Beziehungsschwierigkeiten. Sie gewinnen tiefere Einsichten in die Zusammenhänge und treffen klarere Entscheidungen. Sie kommen besser mit anderen aus.

Wie es ursprünglich geplant war

Benutzen Sie jede Gelegenheit, um Ihre persönlichen Beziehungen zu anderen Menschen zu klären und auf eine höhere Ebene zu bringen. Man darf Konflikte nicht schwelen und täglich komplizierter werden lassen. Lösen Sie diese

Konflikte mit Hilfe der Übungen in diesem Kapitel, solange sie unerheblich sind und leicht aus dem Weg geräumt werden können.

Benutzen Sie alles, was Ihnen zur Verfügung steht: subjektive Kommunikation, direktes Programmieren, oder die Wasserglas-Technik, um unerfreuliche Beziehungen so schnell wie möglich zu klären.

Jetzt werde ich die biblische Schöpfungsgeschichte neu formulieren und im Sinne unserer Erkenntnis erzählen. Meine Version der Schöpfungsgeschichte ist ein Aufruf an Sie, als Mitschöpfer bei der Problemlösung in allen Bereichen tätig zu werden, wie es ursprünglich geplant war.

Und es geschah, daß alles, was geplant war, geschaffen wurde. Aber alles, was geschaffen wurde, war nicht vollendet.

Der Schöpfer kreierte sechs Teile der Schöpfung und schuf dabei auch die Ressourcen, die von seinen evolvierenden Geschöpfen geformt und verändert werden sollten, um den siebten Teil der Schöpfung zu vollenden – alles, damit sie ihre eigenen schöpferischen Fähigkeiten entwickeln und vervollkommnen konnten.

Und der Schöpfer sprach: »Ich werde diese evolvierenden Geschöpfe nicht verlassen, aber genausowenig werde ich den siebten Teil der Arbeit für sie tun, denn sie müssen lernen, aus eigener Kraft zu schaffen, so daß sie in kommenden Zeiten zu meinen Helfern und Gefährten werden.«

Aber schon bald geschah es, daß viele der evolvierenden Gottesgeschöpfe sich immer mehr an das Geschaffene klammerten und sich nicht in Mitschöpfung oder Vollendung übten, und ihre Weiterentwicklung vergaßen.

Da sandte der Schöpfer seine Stimme zu ihnen aus und sprach zu den geschaffenen Wesen der Welt und erinnerte sie daran, daß sie nicht so sehr der sichtbaren, körperlichen Welt angehörten, als der unsichtbaren Welt des Gottesgeistes, die ihre Heimat ist.

»Sucht nach den Antworten in der geistigen Welt«, sprach der Schöpfer. »Schließt eure Körperaugen von Zeit zu Zeit; laßt euch nicht ständig von den Verlockungen der körperlichen Welt blenden und verführen. Richtet euren Blick nach innen und entdeckt erneut euer wahres Sein, das unsichtbar, geistig und heilig ist; heilig, denn es entspringt und gehört zum göttlichen, heilen Sein.«

Und so geschah es, daß mehr und mehr evolvierende Geschöpfe den Aufruf vernahmen und in ihr eigenes Innere sahen, in die unsichtbare Welt des Geistes, wo sie ihre Heiligkeit erkannten, ihre wahre Natur, und ihre mitschöpferische Macht.

Mehr und mehr evolvierende Geschöpfe beginnen nun, ihre schöpferischen Kräfte einzusetzen, um die vom Schöpfer für sie begonnene Schöpfung zu vollenden. Und so entwickeln sie ihre Fähigkeiten, auf daß sie immer größere Verantwortung tragen, und schließlich als Helfer und Gefährten des Schöpfers existieren, wie es ursprünglich geplant war.

Wenn der Schöpfer dies geschehen sieht, und nur dann, wird der Segen des Schöpfers über die Welt kommen und über alle, die darin schaffen und wohnen, wie es ursprünglich geplant war.

Meine Liebe und meine Bewunderung gilt Ihnen und allen, die sich jetzt auf die Quelle allen Lebens zurückbesinnen.

9

Beistand bei Gesundheitsproblemen

Die andere Seite ist die Quelle des Lebens, das wir im Diesseits so oft als limitierend erfahren. Wir werden krank, wir altern, und irgendwann sterben wir. Mit anderen Worten, das Leben in der physischen Welt ist tödlich. Aber auch als physisch existierende Wesen können wir gezielte Dinge tun, um Krankheiten vorzubeugen und den Lebensstrom von der anderen Seite so ungehindert wie möglich durch uns hindurchfließen zu lassen. Wie? Dieses Kapitel sagt es Ihnen.

Was ist es, das uns im Lauf der Zeit immer mehr Lebenskraft raubt? Wir haben einen Feind in unserer Mitte, der uns mehr Leid und Schmerzen zufügt, als alles andere. Er ruiniert unsere engsten Beziehungen, sorgt für nervliche und emotionale Zusammenbrüche, schränkt unsere Lernfähigkeit ein und ruft Krankheiten hervor. Wenn Sie meinen, diesen Feind bekämpfen und sich gegen ihn auflehnen zu können, geben Sie ihm lediglich noch mehr Macht. Aber er kann besiegt werden, und zwar mühelos – durch Entspannung. Denn der Feind ist Streß.

Bei medizinischen Untersuchungen wurde festgestellt, daß die Ursache vieler Krankheitserscheinungen schlicht übermäßige Belastung, sprich Streß, ist. Aus diesem Grund wurde die Silva Methode als eins der wirkungsvollsten Streß-Verhütungsprogramme, die es gibt, angelegt.

Schon während der ersten fünf Tage des Trainings lernen Sie die ersten Entspannungstechniken, indem Sie sich ein Körperteil nach dem anderen vorstellen und alle der Reihe nach entspannen. Streß wird nämlich mit Hilfe des Vorstellungsvermögens reduziert oder eliminiert.

Als Sie sich an Ihren imaginären Lieblingsplatz versetzten, haben Sie Ihrem Körper erlaubt, sich zu entspannen. Und wenn Sie sich im Zusammenhang mit irgendeiner Situation entspannen, wird Ursache und Wirkung zusammen vom Gehirn gespeichert. Sobald Sie sich wieder an die Situation erinnern, wird die gespeicherte Entspannung ebenfalls erneut für den Körper zugänglich.

Tiefes Atmen trägt viel zur Entspannung bei. Bei der Silva Methode atmen Sie tief ein, um Ihren Körper mit Sauerstoff zu versorgen, und beim Ausatmen entspannen Sie ihn – man kann es als Seufzer der Erleichterung bezeichnen. Wenn Sie entspannt sind, können Sie mit allem fertigwerden. Es ist nicht ratsam, mentale oder emotionale Frustrationen am eigenen Körper auszulassen, oder an den Mitmenschen, oder an der Gesellschaft.

Fünfzehn Minuten am Tag

Streß ist für die meisten modernen Menschen eine Selbstverständlichkeit, die sozusagen zum Lebensstil gehört. Um etwas zu erreichen, irgendwo hinzugelangen, brauchen wir Zeit, aber »Zeit ist knapp« und droht, uns ständig auszugehen – nicht wahr? Das nennt man Streß.

Wir haben nie genug Liebe in unserem Leben. Wir haben nie genug Geld. Wir haben nie genug Erfahrungen gemacht, nie genug Schönes erlebt. Wir brauchen mehr, mehr, mehr.

Mit anderen Worten: Streß, Streß, Streß.

Akuter Streß über längeren Zeitraum hinweg, verringert die Anzahl der weißen Blutkörperchen und damit die körpereigene Fähigkeit, Krankheitserreger abzuwehren. Also wird jeder Virus, der irgendwo in der Luft herumschwirrt, zur Gefahr für den ›Ausgestreßten‹. Und Viren schwirren ständig überall herum.

Viele Leute erkennen lange nicht, daß sie unter Streß stehen. Manche Leute brechen zusammen, ohne diesen Umstand je auf die nervliche Belastung in ihrem Alltag zurückzuführen. Was sind die Anzeichen?

Stellen Sie sich folgende Fragen: Langweilt Sie Ihr Job? Haben Sie Ihren einstigen Enthusiasmus verloren? Sind Ihre persönlichen Beziehungen ausgeglichen, oder entstehen häufige Reibungen? Fällt es Ihnen schwer, sich an wichtige Einzelheiten zu erinnern? Fürchten Sie, sich auf etwas Neues einzulassen?

Streß kann im verborgenen an uns zehren, so daß wir nicht merken, daß wir uns seit langem nicht mehr so lebendig fühlen wie einst. Aber es gibt keinen Grund, sich nach dem vierzigsten Lebensjahr plötzlich älter zu fühlen. Selbst mit siebzig kann man jung und vital sein. Wenn Sie allmählich ›lebensmüde‹ werden, müssen Sie sich fragen, ob Sie zu vielen nervlichen Belastungen ausgesetzt sind, und sofortige Änderungen an Ihrem Lebensstil vornehmen.

Stuart J. war ein Schulrat, der an militärische Disziplin bei der Aufsicht seiner Untergebenen glaubte. Er redete ihnen häufig ins Gewissen, gab ›unumstößliche‹ Befehle, und wurde zornig, wenn Ungenauigkeiten ans Licht kamen. Mit der Zeit meldete er sich jedoch häufig krank, und sein Blutdruck stieg soweit, daß er sich gezwungen sah, ihn mehrmals am Tag selbst zu messen.

Erst, nachdem er mit der Silva Methode in Kontakt kam, änderte er seinen Lebensstil. Früher war er immer der erste am Schreibtisch gewesen. Jetzt benutzte er die frühen Morgenstunden, um für 15 Minuten in Alpha zu gehen. Sein Blutdruck senkte sich, sein Gesundheitszustand besserte sich, und seine Untergebenen wurden freundlicher und kooperativer.

Versetzen Sie sich 15 Minuten lang täglich in Alpha, und entspannen Sie sich auf der Gehirnfrequenz von 10 Zyklen pro Sekunde. Die Übung eliminiert Streß und fördert körperliche Fitneß.

Wenn Sie keine 15 Minuten pro Tag erübrigen können, ist es sogar noch wichtiger für Sie, sich die Zeit dafür zu nehmen. Letzten Endes wird der Streß eines derartigen Lebensstils Ihren Körper ohnehin funktionsunfähig machen, und dann werden Sie gezwungen, sich die Zeit zu nehmen, ins Krankenhaus zu gehen. Und wenn der Druck, unter dem Sie stehen, schließlich dazu führt, daß Sie falsche Entscheidungen treffen, weil Sie sich nicht mehr an wichtige Details erinnern können, dann werden Sie gezwungen, Ihren Fehler mit vermutlich weit größerem Zeitaufwand wiedergutzumachen.

Machen Sie es gleich von Anfang an richtig. Eine Investition von 15 Minuten am Tag ist äußerst rentabel, wenn man bedenkt, daß man dafür körperlich und geistig optimal leistungsfähig bleibt und gute Beziehungen zu anderen Menschen aufrechterhält.

Während Sie in Alpha sind, können Sie die Wirkung durch einen noch längeren Countdown vertiefen oder sich Tagträumen hingeben, in denen Sie friedliche Szenen ablaufen lassen. Selbst wenn Sie sich während dieser 15 Minuten programmieren wollen, ist es in Ordnung. Aber am besten ist es, den größten Teil dieser Viertelstunde einfach passiv zu bleiben und ›geschehen zu lassen‹. Passive Meditation wirkt wie ein Schutzschild gegen den Streß häufiger, aktiver Konzentration. Genießen Sie es, passiv und friedlich im eigenen Inneren zu ›schwimmen‹.

Auf der Alpha-Frequenz ist man der Quelle des eigenen Seins nahe – der Dimension, der Lebensenergie, Heilkraft und vitale Gesundheit entspringen.

Die Drei-Finger-Technik gegen Streß

In jeder nervlich belastenden Situation programmiert man sich unwillkürlich negativ. Die 15 Minuten in Alpha sind ein guter genereller Schutz dagegen, aber diese Schutzschicht kann sehr leicht von einer Auseinandersetzung mit dem Chef, dem Ehepartner oder Nachbarn zerstört werden. Sie müssen in dem Moment in der Lage sein, den Streß und seine negative Programmierung abzuwehren. Schließlich können Sie nicht überall sagen: »Entschuldigen Sie – einen Moment mal«, sich hinsetzen, die Augen zumachen und sich tief genug entspannen.

Aber Sie können Daumen-, Zeige- und Mittelfingerspitzen aneinanderlegen und dann versuchen, den Konflikt zu lösen. Diese simple Gebärde kann das Bewußtsein mobilisieren, das den kühlen Kopf bewahrt, Gedanken ordnet und Ihnen kreative Antworten eingibt.

Sie haben die Drei-Finger-Technik bereits einprogrammiert und damals, als Sie die Übung machten, bestätigt, daß die drei Finger (die Hand können Sie sich aussuchen), wenn sie aneinandergelegt werden, eine tiefere Bewußtseinsstufe für Sie zugänglich machen. Diese tiefere Stufe produziert klares Denken und kreative Einflüsse, aber nicht unbedingt den kühlen Kopf, den man braucht, um sich gegen Streß zu isolieren. Deshalb wiederholen Sie die Drei-Finger-Technik jetzt noch einmal und fügen diesmal hinzu: »...und ich bleibe ruhig, kühl und in Kontrolle.«

Und so wird es gemacht:

1. In bequemer Sitzhaltung in Alpha gehen.
2. Vertiefen, indem Sie länger zurückzählen, oder sich an Ihren Lieblingsplatz versetzen, oder beides.
3. Legen Sie die drei Finger einer Hand aneinander, und wiederholen Sie innerlich dreimal: »Jedesmal, wenn ich die drei Finger aneinanderlege, gehe ich auf eine tiefere Stufe meines Bewußtseins, und ich bleibe ruhig und kühl und in Kontrolle.«
4. Beenden wie üblich.

Selbstverständlich müssen Sie nicht warten, bis eine Situation unerträglichen Druck auf Sie ausübt. Sie können die Übung sofort machen und auf diese Weise zukünftigem Streß vorbeugen.

Nehmen Sie sich jetzt ein paar Minuten, in denen Sie das Buch beiseite legen, und sich ein inneres Werkzeug schaffen, das Ihr Leben verlängert. Die Drei-Finger-Technik ist außerordentlich hilfreich, aber die täglichen 15 Minuten in Alpha sind unerläßlich.

Kopfschmerzen loswerden

Eines der sanftesten Warnsignale der Natur im Zusammenhang mit Streß sind Kopfschmerzen. Kopfschmerzen können starke Schmerzen verursachen, sind aber sehr leicht loszuwerden, wenn Sie ein paar positive Umprogrammierungen vornehmen.

Eine der führenden amerikanischen Biofeedback-Kliniken benutzt Visualisationstechniken bei Migränefällen. Die Patienten verringern ihre Kopfschmerzen, indem sie sich vorstellen, daß ihre Hände feuerrot sind und um einige Grade wärmer werden. Sobald die Temperatur der Hände steigt, werden die Patienten über das Tonsignal der Biofeedbackmaschine darüber informiert, und sind so in der Lage, die Wirksamkeit ihrer Visualisation selbst zu überprüfen. Der Sinn der Übung ist, die Blutzirkulation in den Händen zu erhöhen und den Blutdruck im Kopf, der ein Hauptgrund für Kopfschmerzen ist, zu senken.

Aber die eben beschriebene Technik ist ziemlich umständlich, wenn man bedenkt, daß das Problem vom Verstand verursacht wird, und man deshalb lediglich das Verstandesprogramm korrigieren muß, anstatt die Blutzirkulation in den Händen zu ändern.

Lesen Sie die folgenden Anleitungen in Alpha, damit Sie bei der nächsten Kopfschmerz- oder Migräneattacke nicht erst zum Buch greifen müssen, sondern gleich wissen, wie es geht:

1. Sie gehen in Alpha und legen anschließend die drei Finger aneinander.

2. Sagen Sie sich selbst, daß Sie beim Öffnen der Augen – bei 3 – mit vollkommener Aufnahmebereitschaft lesen werden, was Sie tun müssen, um Kopfschmerzen loszuwerden. Kein Geräusch kann Sie stören. Geräusche vertiefen vielmehr die Entspannung, und Sie erinnern sich in Zukunft an diese Technik, sobald Sie Ihre drei Finger aneinander legen.
3. Zählen Sie bis 3 und öffnen Sie die Augen, um die nächsten Schritte zu lesen.
4. In Alpha sagen Sie (bei Kopfschmerzen) innerlich: »Ich habe Kopfschmerzen, ich fühle Kopfschmerzen. Ich will keine Kopfschmerzen haben, ich will keine Kopfschmerzen fühlen. Ich werde von 1 bis 5 zählen, und bei 5 werde ich die Augen öffnen, hellwach sein, mich großartig und vollkommen gesund fühlen. Ich werde dann keine Kopfschmerzen mehr haben; ich werde keine Kopfschmerzen mehr fühlen.«
5. Jetzt zählen Sie langsam von 1 bis 3, und bei 3 sagen Sie innerlich: »Bei 5 öffne ich die Augen, bin hellwach und fühle mich großartig und vollkommen gesund. Dann habe ich kein unangenehmes Gefühl mehr im Kopf.« Beachten Sie die Änderung in der Wortwahl: von ›Kopfschmerzen‹ zu ›unangenehmes Gefühl‹; die Schmerzen haben wir nämlich hinter uns gelassen.
6. Jetzt zählen Sie langsam bis 5, und bei 5 sagen Sie mit offenen Augen innerlich: »Ich bin hellwach und fühle mich großartig und vollkommen gesund. Ich habe kein unangenehmes Gefühl mehr im Kopf; ich fühle kein unangenehmes Gefühl mehr im Kopf. Und so ist es!«

Die Kopfschmerzen werden auf der Stelle verschwinden. Bedenken Sie, daß der Körper vom Geist beherrscht wird.

Bei Gesundheitsproblemen kann die Silva Methode unter ärztlicher Aufsicht angewandt werden. Ihr Arzt stellt Unterstützung auf sichtbarer Ebene dar. Dank der Möglichkeit, in Alpha zu gehen und das rechte Gehirn zu aktivieren, haben

Arzt und Patient aber auch Unterstützung von den unsichtbareren Helfern – aus der Quelle aller heilenden Kräfte.

Müdigkeit und Erschöpfung ablegen

Der Körper ist ein gewaltiges Energiereservoir. Aber der Energiefluß aus diesem Reservoir kann durch Streß blokkiert werden. Durch eine Anhäufung von an sich unbedeutenden Ereignissen kann der Streß zunehmend den Energiefluß blockieren und unsere Kräfte erschöpfen.

Wir machen einen kleinen Fehler und entwickeln Schuldgefühle, die sofort einen ›Knick‹ in unseren Energiefluß machen. Wir verlieren einen Gegenstand, einen Auftrag, einen Freund, und fühlen uns verlassen, reduziert. Wir schauen auf die Uhr und sehen, wie wenig Zeit uns bleibt, ›das alles zu bewältigen‹, und verkrampfen uns. Irgend jemand kritisiert oder verurteilt uns, und wir meinen, uns verteidigen zu müssen. Eine Anhäufung von Kleinigkeiten kann zunehmende Streßgefühle verursachen, die uns die Lebenskraft aussaugen.

Wenn Sie müde und erschöpft sind, sich aber nicht fallenlassen wollen oder können, weil Sie autofahren oder arbeiten müssen, können Sie folgendes tun. (Halt, selbstverständlich nicht während des Autofahrens.)

1. In Alpha gehen.
2. Innerlich sagen: »Ich bin müde und erschöpft. Ich will nicht müde und erschöpft sein. Ich will hellwach sein und mich großartig fühlen, voller Energie und vollkommen vital. Ich werde von 1 bis 5 zählen, bei 5 die Augen öffnen, und voller Energie sein, hellwach, und mich großartig und vollkommen vital fühlen.«
3. Langsam von 1 bis 3 zählen. Sich bei 3 im Geist daran erinnern: »Bei 5 werde ich die Augen öffnen und voller Energie sein, hellwach, und mich großartig und vollkommen vital fühlen.«

4. Langsam von 4 bis 5 zählen, Augen öffnen und wiederholen: »Ich bin voller Energie, hellwach, und fühle mich großartig und vollkommen vital.«

Fühlen Sie die Energie. Sie werden nicht zu bremsen sein!

Auch andere Tiefpunkte im Energiehaushalt können mit derselben Methode in Höhepunkte verwandelt werden.

Morgendliche Lustlosigkeit kann in ›schnappigen Elan‹ verwandelt werden. ›Unten im tiefen Loch‹ kann in ›hoch auf der Welle reiten‹ verwandelt werden.

Sie verwandeln Pessimismus in Optimismus, Besorgtheit in Zuversicht, Hoffnungslosigkeit in Erwartungsfreude.

Warum den alltäglichen Streß-Häufungen die Macht geben, Lebensenergie und schließlich das Leben selbst aus einem herauszusaugen? Gehen Sie in Alpha und öffnen Sie sich der Quelle aller Lebensenergie – der anderen Seite.

Die Thymusdrüsen-Technik

Es gibt ein Schnellverfahren, mit dem man sich aus einer vorübergehenden physischen Ermattung herauskatapultieren kann. Die Thymusdrüse ist eine Art Kontrollstation im menschlichen Körper, die viele andere Drüsen und Systeme mit Informationen versorgt. Wir haben herausgefunden, daß ein sanftes Stimulieren der Thymusdrüse das körperliche Wohlbefinden steigert.

Bei leichten Schwindelgefühlen, Ermattung oder anderen Symptomen, können Sie Ihre Thymusdrüse sanft abklopfen und damit eine sofortige Normalisierung im Körper veranlassen. Glaube und positive Erwartung beschleunigen den Vorgang.

Die Drüse sitzt am untersten Punkt des Vorderhalses. Nehmen Sie den Zeigefinger, und tasten Sie das weiche Halsgewebe bis zum Beginn des Brustbeins ab. Etwa ein Zentimeter darunter sitzt die Thymusdrüse.

Oft genügt es, wenn man mit dem Mittelfinger darauf klopft. Aber wir erhöhen die Wirkung mit folgenden Methoden:

1. Klopfen Sie die Thymusdrüse mit den drei Fingern Ihrer Drei-Finger-Technik ab.
2. Klopfen Sie im Rhythmus von 10 Schlägen in der Sekunde. Das ist der Alpha-Rhythmus.
3. Lächeln Sie dabei.

Wenn Sie mit Ihren vorprogrammierten drei Fingern gleichzeitig klopfen, partizipieren größere Teile Ihres Bewußtseins an der Korrektur.

Wenn Sie im Rhythmus von 10 Schlägen pro Sekunde klopfen, ziehen Sie Alphawellen in den Bereich. 10 Pulse pro Sekunde scheinen eine universelle Heilfrequenz zu sein, auf der spirituelle Heiler erwiesenermaßen während des Heilvorgangs operieren. Um den Thymus mit dieser Geschwindigkeit abklopfen zu können, müssen Sie lernen, Ihre Hand so schnell zu vibrieren.

Lächeln ist in diesem Fall eine Methode, bei der ›der Schwanz mit dem Hund wackelt‹. Ich plädiere seit Jahren für dieses Mittel, wenn positive Veränderungen im Körper hervorgerufen werden sollen. Heute stimmen fortschrittliche Psychologen ebenfalls zu: Wenn man lächelt, reagieren innere Systeme auf eine Weise, die uns einen Grund zum Lächeln gibt.

Heilkräfte auf andere übertragen

Der Rest dieses Kapitels gilt der Übertragung von Heilkräften auf die eigene Person und andere Menschen. Jawohl, was Sie bei sich selbst bewirken können, kann auch auf andere Menschen über große Entfernungen hinweg übertragen werden. Wenn Ihr linkes Gehirn diese scheinbar verwegene Aussage akzeptieren soll, müssen Sie sich daran erinnern, daß Sie ein Überbewußtsein haben, welches durch Gehirnwellen auf der Alpha-Frequenz aktiviert wird, und im Zustand der Aktivierung an einem universellen Bewußtsein teilhat, mit dem alle verbunden sind. Aussagen wie diese findet man schon in den jahrtausendealten Überlieferungen der Schamanen, Hindus, in der Kabbala und in anderen Schriften der großen Weltreligionen.

Selbst Wissenschaftler, die sich traditionsgemäß so fern wie möglich von religiösen Einflüssen halten, werden durch neuere Erkenntnisse gezwungen, eine spirituelle Grundlage hinter der materiellen Welt zu postulieren.

Ich hoffe, daß Sie diese Theorie ebenfalls akzeptieren. Aber es ist nicht leicht. Es ist, als wären wir allesamt von den materiellen Erscheinungsformen der Dinge hypnotisiert worden. Klopfen Sie auf das Holz des Stuhls, auf dem Sie gerade sitzen. Es fühlt sich solide an, nicht wahr? Dennoch besteht Ihr Stuhl zum größten Teil aus leerem Raum. Zwischen einem Atomkern und den Elektronen, die ihn umkreisen, besteht proportional so viel leerer Raum wie zwischen der Sonne und den sie umkreisenden Planeten in unserem System. Keiner von uns würde behaupten, daß unser Planetensystem solide und festgefügt ist.

Und sehen Sie die grüne Wand dort? Sie ist nicht grün. Die Wand ist in Wirklichkeit alles andere als grün. Wir nehmen sie als grün wahr, weil Grün die einzige Farbe ist, die nicht von der Wand absorbiert wird. Sämtliche grüne Wellen des Lichts werden von dieser Wand zurückgeworfen. Deshalb sieht sie grün aus.

Wir haben uns von der physischen Welt hypnotisch beeinflussen lassen, ihre Erscheinungsformen für real zu halten, während sie in Wirklichkeit eine Illusion sind, und eine andere Realität hinter der Illusion steht. Die Physiker erforschen diese tiefere Realität, und viele unserer größten Denker müssen ihre Weltanschauung überdenken, um die neuen wissenschaftlichen Erkenntnisse in ihr Denksystem zu integrieren. Die Ärzte folgen ihnen dicht auf dem Fuß.

Dr. Larry Dossey, Autor von *Raum, Zeit und Medizin,* erklärt: »Wer die neuesten Trends in der Medizin verfolgt, wird erkennen, daß die modernen Ärzte – wie die Physiker vor ihnen – sich mit immer subtiler werdenden Formen der Energie beschäftigen, sowohl bei der Diagnose, wie bei der Behandlung von Krankheiten.«

Dr. Richard Gerber stellt in seinem Buch *Vibrational Medicine* fest: »Eine Krankheit ist ein Signal, daß wir den natürlichen Fluß des kreativen Bewußtseins behindern und die subtilen Lebensenergien blockieren, die durch unsere multidimensionalen Körper/Verstand/Geist-Komplexe strömen.«

Ein weiteres Buch, das monatelang auf der Bestseller-Liste stand, weist ebenfalls auf den Zusammenhang zwischen Bewußtsein und Gesundheitszustand hin. Dr. Bernie S. Siegel beschreibt in seinem Buch *Love, Medicine, and Miracles,* wie eng das Bewußtsein mit der Körperheilung verbunden ist. In seiner Einleitung sagt er: »Bedenken Sie, daß die Wunder einer Generation die wissenschaftlichen Erkenntnisse der nächsten sind... (Wunder) sind das Ergebnis einer inneren Energie, zu der jeder von uns Zugang hat.«

Sie sind inzwischen in der Lage, diese Energie bewußt zu nutzen. Diese Energie verändert materielle Erscheinungsformen, wie zum Beispiel von Krankheit befallene menschliche Körper, denn sie ist schöpferisch. Sie entspringt der Quelle aller Schöpfung im Universum und ist daher auch der Ursprung von Materie. Sie kann Anomalien zum ursprünglichen Zustand der Heilheit zurückführen. Sie kann Zerrüttung durch Streß kurieren. Sie kann heil machen, was vom Ursprung abgespalten war.

Die fortgeschrittene Silva-Heilmethode

Die letzten Stunden des 32stündigen Silva-Mind-Control-Kurses gelten der Diagnose und Korrektur von körperlichen Anomalien. Der Grund für die Wahl dieses Themas ist der, daß der Körper sich ohne weiteres als Demonstrationsmittel für die Macht des Geistes über die Materie zur Verfügung stellt. Jeder von uns beeinflußt seine physische Umwelt ständig durch mentale und spirituelle Energie. Da Überleben auf der physischen Ebene die erste Priorität unseres Gehirns ist, fällt es dem Bewußtsein auch am leichtesten, lebensbedrohliche Krankheiten in der Umgebung festzustellen. Probleme mit der Gesundheit werden viel leichter aufgespürt, als ein verlorener Gegenstand, oder der richtige Bewerber für einen Job, den man anbietet, oder die Stelle, wo es am Mechanismus des Autos hakt.

Wir beginnen mit einfachen Problemen und bauen allmählich auf den Erfolgserlebnissen auf, damit wir ein Höchstmaß des Glaubens und der Erwartung akkumuliert haben, bevor wir uns an die komplizierteren Fälle heranwagen.

Eine typische Silva-Klasse nach Vollendung des Trainings sieht etwa so aus. Die Absolventen tun sich in Gruppen von zwei oder drei Leuten zusammen, um ihre neugewonnenen geistigen Fähigkeiten zu demonstrieren.

Jeder Teilnehmer schreibt den Namen einer ihm bekannten kranken Person auf ein Stück Papier. Dazu die Adresse, das Alter und das Geschlecht. Auf der Rückseite wird eine kurze Personenbeschreibung abgegeben, ähnlich wie auf einem Führerschein, und die Krankheit oder Krankheiten, unter der die Person leidet.

Eine Person in jeder Gruppe wird zum ›Medium‹ ernannt und versetzt sich in Alpha. Der oder die anderen in der Gruppe fungieren als ›Orientierer‹ und lesen den Namen, die Adresse, Alter und das Geschlecht der Zielperson vor.

Das Medium stellt sich die Zielperson vor und beschreibt ihr Aussehen. Schon dabei treten den Orientierern gewöhnlich die Augen aus dem Kopf, weil die Beschreibung meistens unglaublich akkurat ist. Das Medium ›tastet‹ den Körper der imaginären Zielperson ab, bis sein oder ihr Bewußtsein an einer bestimmten Körperstelle haltmacht. Eine typische Unterhaltung entsteht:

»Die Nieren sind angegriffen«, sagt das Medium.

»Das ist genau richtig«, sagt der Orientierer.

Wenige Momente später sagt das Medium: »Steine. Ich sehe Steine in einer der Nieren. Augenblick mal. Ich werde sie zertrümmern.« Pause. »Okay, ich habe die Steine zertrümmert und gesehen, wie sie sich im Harn aufgelöst haben. Meine Sitzung ist beendet.«

Einen Augenblick später ist das Medium wieder auf der Beta-Stufe und dabei, den Fall eifrig zu diskutieren. Der oder die Orientierer rufen die kranke Zielperson vielleicht am nächsten Tag an, um im Verlauf des Gesprächs zu hören: »Stell dir vor, ich habe meine Nierensteine heute früh ausgeschieden!«

Bevor man soweit kommt, wird ein detailliertes Trainingsprogramm absolviert, das normalerweise im Kursus präsentiert wird. Ich werde unser Training jetzt kurz beschreiben und Ihnen alternative Möglichkeiten geben, damit Sie vergleichbare mitschöpferische Heilerfolge erzielen können.

Das rechte Gehirn mit ›Wegweisern‹ versehen

Das rechte Gehirn kann zwar aktiviert werden, aber nicht mit der gleichen Leistungsfähigkeit wie das linke arbeiten, solange man gewisse subtile Umstellungen nicht vornimmt. Das linke Gehirn hat sich durch Erfahrung und Erziehung im Umgang mit der physischen Welt unzählige Beziehungspunkte erworben. Das rechte Gehirn hingegen hat nur wenige irdische Beziehungspunkte – es kennt keine Wegweiser, keine vorgeschriebenen Bahnen, keine körperlichen Merkmale, die es identifizieren und zur Orientierung benutzen kann.

Beim Silva-Kursus werden etwa 10 Stunden nur damit verbracht, das rechte Gehirn mit Wegweisern auszustatten. Durch Umprogrammierung mit Hilfe von Visualisationsübungen wird das rechte Gehirn mit irdischem Denken vertraut gemacht. Die Übungen benutzen die üblichen Methoden, erweitern sie aber in einem Maße, daß eine neue Dimension zugänglich wird.

Beispiel: In einer unserer Übungen projiziert der Silva-Student seine Intelligenz in eine Wand seines Hauses und stellt sich vor, wie es im Inneren der Wand aussieht. Wieviel Licht dringt ins Innere der Wand vor? Welche Temperatur herrscht dort im Vergleich zur Außentemperatur? Welche Gerüche werden wahrgenommen? Wie hart ist das Wandmaterial?

Die Härte wird festgestellt, indem man eine wirkliche Faust ballt und gegen das imaginäre Innere der Wand klopft, um den zurückgeworfenen Ton zu hören.

Bei unserer Umprogrammierung werden die Hände häufig benutzt, weil die rechte Gehirnhälfte durch Handbewegungen die Unterstützung der linken Hemisphäre erfährt.

Im Verlauf von 10 Stunden werden Hunderte von Beziehungspunkten subjektiv eingepflanzt und speziell für zukünftigen Gebrauch vorprogrammiert. Und mit diesen Beziehungspunkten sind wiederum Tausende von anderen gekoppelt, die das linke Gehirn damit assoziiert. Vier Metalle – Blei, rostfreier Stahl, Kupfer und Messing – werden auf dieselbe Weise wie die Wand untersucht.

Das logische Denken ordnet alle Metalle einer ›materiellen Familie‹ zu, wodurch jedes Metall zum Wegweiser für alle anderen wird. Wenn wir vier verschiedene Metalle mit der rechten Gehirnhälfte (also Visualisation) erkunden, werden Assoziationen mit allen Metallen ins rechte Gehirn programmiert.

Auf diese Weise werden sämtliche Stufen der irdischen Entwicklungsgeschichte im Training erkundet, von der Materie (Metalle), über Pflanzen und Tiere, bis hin zum Menschen.

Damit wird das rechte Gehirn mit den Beziehungspunkten des linken bekanntgemacht und kann fortan mit vergleichbarer Zuverlässigkeit für uns arbeiten.

Ein imaginäres Labor schaffen

Als nächstes schaffen die Teilnehmer am Trainingskurs sich einen imaginären Raum, in dem sie heilen und schöpferisch tätig werden können. Auch hier wird die Erfahrung und Arbeitsweise des linken Gehirns zum Modell für das rechte.

Auf der physischen Ebene schaffen wir uns einen Platz, an dem wir kochen können, einen Schlafplatz, eine Werkstatt und so weiter. Bei der entsprechenden Silva-Übung schaffen wir uns ein imaginäres Labor. Der Lehrer bringt die Studenten auf eine tiefere Alpha-Stufe durch verlängerten Countdown. Dann schafft jeder Student sich einen imaginären Raum, mit sämtlichen Einrichtungsgegenständen, die er braucht, um kreativ werden zu können, einschließlich Aktenschränke, Computer, Werkzeuge, Arzneimittel usw.

Eine Wand des Labors wird mit einem ›Bildschirm‹ ausgestattet, und zum Schluß werden zwei imaginäre Berater geschaffen, die das Produkt der Intelligenz des Studenten sind, und daher Zugang zu Bereichen jenseits der körperlichen Welt haben. Diese spirituellen Berater helfen den Studenten bei allen Problemen, Entscheidungen und bei der Weiterentwicklung kreativer Ideen.

Sie haben sich bereits eigene Berater an Ihrem entspannten Lieblingsplatz geschaffen. Fragen Sie diese Genies, wenn Sie das nächste Mal einen Rat brauchen.

Unsere Kursteilnehmer bilden sich gewisse familiäre Erscheinungsformen ein und fühlen sich daraufhin sofort wohler in der Welt der Imagination, der subjektiven Realität. Das Labor erfüllt diese Aufgabe, und die hochintelligenten Berater in Menschenform verstärken die Wirkung.

Ich weiß, solche Beschreibungen werfen eine Vielzahl von Fragen auf, die Silva-LehrerInnen nicht nur theoretisch, sondern aus eigener Erfahrung beantworten müssen, besonders bei stark analytisch und logisch orientierten Kursteilnehmern. In dieser Hinsicht sind Sie als Leser benachteiligt, weil Ihre eigenen Fragen im Text nicht zufriedenstellend beantwortet werden können. Am besten ist es, das Training zu machen. Aber wenn es um Beistand von der anderen Seite geht, ist auch der Leser ohne weiteres fähig, sich ein imaginäres Labor mit genialen Beratern zu schaffen. Deshalb ernenne ich Sie hiermit zu Ihrem eigenen Lehrer.

Lesen Sie den Anfang des 5. Kapitels noch einmal durch, wo die Berater eingehend besprochen werden. Dann schaffen Sie sich Ihr Labor und bitten Ihre Berater in Ihr Labor. Jetzt werde ich Sie bitten, die folgenden Seiten in entspanntem Zustand zu lesen – vielleicht mehrmals an verschiedenen Tagen – um das Silva-Trainingsprogramm so genau wie möglich nachzuvollziehen.

Die letzten Stunden des Silva-Seminars

Bei einer typischen Silva-Klasse tun sich die Teilnehmer in Gruppen von zwei oder drei Personen zusammen, wie es am Anfang dieses Kapitels beschrieben wurde. Abwechselnd wird jeder Teilnehmer zum Orientierer oder Medium ernannt. Der Orientierer trägt den zu lösenden Fall vor, dessen Antworten er oder sie bereits kennt. Das Medium versetzt sich in sein Labor, ausgestattet mit dem Bildschirm und sonstigen Hilfsmitteln.

Der Orientierer gibt dem Medium Namen, Adresse, Alter und Geschlecht der ihm bekannten geistig oder physisch erkrankten Person. Die Zielperson kann auch konvaleszent sein, beispielsweise nach einem operativen Eingriff.

Das Medium geht in sein Labor, begrüßt seine Berater, spricht ein Willkommensgebet und erklärt sich aufnahmebereit.

Das Medium hat die Augen geschlossen und ist tief entspannt, aber trotzdem fähig, wie jeder von uns, in diesem Zustand Konversationen zu führen.

Der Orientierer zählt langsam von 10 bis 1 und erklärt: »Dein Bewußtsein begibt sich jetzt auf die Ebene, auf der du diesen Fall akkurat behandeln kannst. Bei drei erscheint das Bild von John Smith, Main Street, Cincinnati, männlich, 38 Jahre alt, auf deinem Bildschirm.« Der Orientierer zählt bis drei, schnippt mit den Fingern und wiederholt die Information.

»Die körperliche Erscheinung von John Smith ist nun auf deinem Bildschirm erschienen. Taste das Bild mit deiner Intelligenz von oben bis unten ab, bis du bei einem Körperteil oder mehreren haltmachst.«

Das Medium ›sieht‹ eine Person, fürchtet aber, daß es sich nur um eine Vermutung handelt. Also bleibt es stumm.

Der Orientierer ermuntert das Medium zu sprechen. »Dies ist nur eine Übung. Je länger du übst, desto akkurater wirst du. Wenn du das Gefühl hast, dir alles nur einzubilden, hast du das richtige Gefühl.«

Das Medium sagt leise: »Er ist hochgewachsen, über 1,80.«

Das ist ein guter Anfang. Der Orientierer hat die Personenbeschreibung schriftlich niedergelegt und wird sie dem Medium später zeigen. »Sehr gut. Sprich deine Beobachtungen laut aus.« Er macht dem Medium Mut.

»John Smith ist vornübergebeugt. Ich fühle mich zu seinem Rücken hingezogen. Augenblick, ich untersuche sein Rückgrat.«

Weitere Ermunterungen folgen.

»Ja, er hat Probleme mit der Wirbelsäule – ich glaube, einen Bandscheibenschaden oder so was. Ich werde den Wirbel in Ordnung bringen.«

Das Medium macht Handbewegungen, während es in seiner Vorstellung den Schaden behebt. Dann: »Ich sehe ihn jetzt als völlig gesund. Meine Sitzung ist beendet.«

Das Medium bedankt sich bei seinen Beratern, spricht innerlich ein Abschiedsgebet und kommt zurück. Der Fall wird eingehend besprochen.

Einige Tage darauf ruft der Orientierer John Smith in Cincinnati an, um sich nach seinem Rückenleiden zu erkundigen. Wie so häufig ist die Antwort: »Weißt du was? In den letzten Tagen hat sich der Bandscheibenschaden irgendwie von selbst behoben.«

Erzählt der Orientierer der Zielperson jetzt, was passiert ist und wer die Krankheit geheilt hat? Nein, er sagt kein Wort, denn...

Die Heilkraft kam von der anderen Seite.

Mitschöpferisches Heilen

Wir sind der Meinung, daß man erst lernen muß, an Gesundheitsproblemen zu arbeiten, bevor man andere Bereiche in Angriff nimmt, wie beispielsweise Liebe und Finanzen. Der Grund dafür ist, daß das Gehirn lebensbedrohliche Anomalien am ehesten wahrnimmt, da es, wie gesagt, das physische Überleben an die Spitze seiner Prioritäten setzt.

Sie können sich auch selbst auf den Bildschirm Ihres inneren Labors projizieren und eigene Krankheiten heilen. Der Vorgang ist derselbe, wie bei der Heilung anderer.

Nachdem Sie die korrekte Diagnose bei Dutzenden von Fällen gestellt haben, gewinnen Sie die notwendige Selbstsicherheit. Selbstsicherheit führt zu Akkuratheit. Das Gefühl, ›sich alles nur einzubilden‹, verliert an Gewicht. Später korrigieren Sie Fehlfunktionen auch bei Tieren, Pflanzen und selbst bei materiellen Gegenständen.

Arbeiten Sie nur an echten Problemen, nie an eingebildeten. Die Gehirnzellen kennen den Unterschied und weigern sich, Spiele zu spielen.

Und wie korrigieren Sie die Vielzahl der möglichen Körperkrankheiten? Mit der Methode, die Ihnen einfällt oder ›eingegeben‹ wird. Sie zerquetschen Gallensteine mit den Fingern, ›nähen‹ eine Wunde zusammen, radieren dunkle Flecken in der Lunge aus. Zuletzt sehen Sie jedesmal ein Bild, auf dem die Zielperson vollkommen gesund ist und keine Anzeichen von Krankheit mehr zeigt.

Was Sie im inneren Labor sehen, ist nicht der physische Körper der Zielperson, sondern der Energiekörper. Was geheilt wird, ist immer der Energiekörper. Da dieser die Blaupause für den physischen Körper ist, korrigieren Sie den Körper, wenn Sie die Blaupause korrigieren. Verändern Sie die Ursache mit Hilfe der anderen Seite, und Sie verändern die Wirkung auf dieser Seite.

Sich selbst zum Heiler ausbilden

Dieser Teil des Silva-Trainings ist am schwierigsten allein zu bewältigen, obwohl es viele geschichtliche Beispiele für spirituelle Heiler gibt, die sich selbst im Lauf der Zeit ausgebildet haben. Jeder Mensch hat natürliche Heilkräfte, die durch zentriertes Denken aktiviert werden. Solche Fähigkeiten sind natürliche Erscheinungen, denn der Mensch ist ein Mitschöpfer bei universellen Schaffensprozessen; und wozu wäre diese Schöpfung gut, wenn der Mensch sie durch negatives Denken und Streß zerrütten, aber nicht durch positives, schöpferisches Denken wieder in Ordnung bringen könnte?

Hier ist der beste Ersatz für das formelle Training, den ich dem Leser anzubieten habe: Lesen Sie den ersten Teil des 5. Kapitels noch einmal, und lesen Sie dieses Kapitel so oft im entspannten Zustand, daß allein durch das Lesen eine allmähliche Umprogrammierung eintritt, wie sie von Kursusteilnehmern stufenweise erfahren wird.

Danach machen Sie folgende Übungen. Lassen Sie sich Zeit dabei, und gehen Sie nicht zur nächsten über, bis Sie vollkommen zufrieden mit Ihren Fortschritten sind.

1. Entspannen. Imaginäre Reisen durch den Körper eines Menschen unternehmen, dessen Gesicht Sie sich leicht vorstellen können. Untersuchen Sie die Knochen, das Gehirn, Herz, Leber, Milz, Nieren und sonstige Organe. Mehrmals wiederholen.

2. Entspannen, und die Entspannung durch längeres Rückwärtszählen oder sonstige Methoden, die Ihnen zusagen, vertiefen. Schaffen Sie sich Ihr imaginäres Labor, indem Sie mit der Dekoration anfangen. Wählen Sie Ihren Lieblingsstil bei der Einrichtung. An der Südwand (es ist Ihre Entscheidung, wo das sein mag) des Labors bringen Sie den Bildschirm an, auf dem Zielpersonen oder auch Sie selbst erscheinen können. Denken Sie auch an Arzneimittel oder sonstige Gerätschaften, die Sie zur Heilung benötigen.
3. Wenn Sie sich bereits einen oder mehrere Berater geschaffen haben, bestellen Sie diese jetzt in Ihr Labor. Wenn nicht, suchen Sie sich einen männlichen und einen weiblichen Berater unter Ihren Bekannten, aus der Geschichte oder nach eigenem Vorstellungsvermögen aus. Schaffen Sie jetzt eine Tür, die im Boden versinken kann, und die durch Fernbedienung von Ihnen kontrolliert wird. Jetzt lassen Sie die Tür langsam im Boden versinken, und vor Ihnen steht der männliche Berater. Schaffen Sie ihn. Imaginieren Sie ihn. Den Vorgang mit dem weiblichen Berater wiederholen.
4. Vor jedem Fall, den Sie behandeln, versetzen Sie sich in Ihr Labor. Sie begrüßen die Berater, sprechen ein Willkommensgebet, und lassen die Zielperson auf dem Bildschirm erscheinen. Tasten Sie den Körper mit Ihrer Intelligenz ab, und heilen Sie die von Krankheit befallenen Stellen. Danach danken Sie Ihren Beratern, sprechen ein Abschiedsgebet und zählen sich nach oben.

Ich möchte Sie jetzt als Mitschöpfer im Namen der anderen Seite willkommen heißen.

10

Beistand bei Berufsfragen

Die Eingebungen der anderen Seite können sowohl im Schlaf als auch im Wachzustand empfangen werden. Als Geschäftsmann oder -frau erlebt man, daß einem ungeahnte Lösungen einfallen, die Mitarbeiter leistungsfähiger werden, die Qualität der Produkte steigt und Profite in die Höhe schnellen. Im Schlaf geschieht dies, indem man einen Traum ›bestellt‹, der die Lösung für ein Berufsproblem zeigt. Mehr und mehr Berufstätige sind heutzutage daran interessiert, ihr Bewußtsein mit solchen Experimenten zu erweitern.

Aus einer Studie des ›Instituts für Noetische Wissenschaften‹ geht hervor, daß ein hoher Prozentsatz von Geschäftsleuten bereit ist, der Intuition bei wichtigen Entscheidungen einen zunehmenden Stellenwert beizumessen.

Das ›International Management Institute‹ (IMI) rief 1988 eine Gesprächsrunde ins Leben, die ›Intuition Round Table‹ genannt wurde, und ihre erste Sitzung in Genf abhielt. Dr. Juan F. Rada, der Generaldirektor von IMI, erklärte: »Wir wollen herausfinden, was Intuition ist, wie sie im Geschäftsbereich eingesetzt, und ob sie Managern und Unternehmen den Übergang in das einundzwanzigste Jahrhundert erleichtern kann.«

Die Mehrzahl der Teilnehmer an dieser Gesprächsrunde waren Repräsentanten internationaler Konzerne. Dazu kamen die Experten der entsprechenden Wissensbereiche, wie der Psychologe Dr. George De Sau, ein Abgeordneter der Silva-Organisation. Das Ergebnis dieser ersten Runde war die Gründung eines weltweiten Forschungsprogramms, an dem sich mehr als 10000 Geschäftsleute beteiligen sollten, um die Rolle der Intuition in allen Bereichen der Geschäftswelt zu untersuchen. Das Projekt wird von mehreren internationalen Firmen finanziert und soll im Lauf der nächsten zwei Jahre die neuesten Erkenntnisse der Neurologie, Medizin, Psychologie usw. mit angewandter Philosophie und Humanistik verbinden.

Im Verlauf der Gesprächsrunde wurden dokumentierte Fälle von ›unerklärlichen Fügungen‹ vorgetragen. Dazu gehörten plötzliche Eingebungen und sogenannte Glückstreffer bei Geschäftsentscheidungen. Intuition wurde auf der einen Seite als erlernbare Fähigkeit bezeichnet und auf der anderen Seite als ein ›Seinszustand, eine Bewußtseinsstufe‹. Wieder andere rückten Intuition in die Nähe der Spiritualität.

Aus dem Genfer Treffen ging eine Splittergruppe hervor, deren Mitglieder heute als ›Inkubatoren‹ arbeiten. Inkubatoren sind Leute, deren Aufgabe ausschließlich darin besteht, die Führungskräfte und naturbegabten Angestellten der teilnehmenden Firmen in intuitiver und kreativer Problemlösung auszubilden.

Traditionelle Denkweisen und Kommunikationspraktiken werden von vielen großen Konzernen heute als überholt betrachtet, und so wird weltweit überlegt, ob Intuition ein Faktor ist, dem auch am Arbeitsplatz mehr Vorrang und Spielraum eingeräumt werden muß.

Haben Sie jemals bei einem Kriminalfilm gewußt, wer der Täter ist, und dem Detektiv zurufen wollen: »He, paß doch auf! Da ist er!«? Ähnlich ging es Dr. George De Sau auf jenem Genfer Treffen. Alle suchten eifrig nach dem Täter, während er die ganze Zeit wußte, wer er war und wo er zu erreichen ist.

Alle Silva-Absolventen müssen mit dieser Art der Frustration fertig werden. Aber wir wissen gleichzeitig auch immer, daß die andere Seite weiß, was sie tut.

Ein blinder Punkt im kollektiven Bewußtsein

Mitte der siebziger Jahre wurden Teile der amerikanischen Bevölkerung von einem Meinungsforschungsinstitut nach ihrer Lebensqualität befragt. Eine der Fragen lautete sinngemäß: »Haben Sie jemals das Gefühl gehabt, sich in der Gegenwart einer spirituellen Kraft zu befinden, die Sie scheinbar aus sich selbst heraushob?«

40 Prozent der Befragten hatten wenigstens einmal ein solches Erlebnis gehabt. 20 Prozent gaben an, es mehrmals erlebt zu haben, und 5 Prozent sagten, es passiere ihnen häufig.

Weitere Nachfragen ergaben, daß keiner der Befragten jemals mit einem Pfarrer, Rabbiner oder Priester über derartige Erfahrungen gesprochen hatte. Die meisten gingen grundsätzlich davon aus, daß die Theologen sie für ›verrückt‹ erklären würden.

Warum fühlen wir uns selbst in religiösen Zirkeln gehemmt und nicht in der Lage, spirituelle ›Kontakte‹ zu diskutieren? Offenbar stoßen wir hier auf einen blinden Punkt im kollektiven Bewußtsein der westlichen Welt. Interessanterweise werden spirituelle Phänomene in psychologisch und medizinisch orientierten Kreisen, ja, selbst in der Geschäftswelt besprochen, aber nicht in religiösen Gruppen.

Vielleicht ist dieser blinde Punkt eine Erklärung für das zunehmende Phänomen des ›Channeling‹, wie es durch Shirley MacLaines Bücher populär wurde. Immer mehr Leute stellen fest, daß sie Stimmen von der anderen Seite ›channeln‹ können. Diese Stimme gibt vor, Fragen zu beantworten, während das Medium sich in einem tranceartigen Zustand befindet. Selbstverständlich entsteht jedesmal eine Kontroverse über die Echtheit solcher Vorführungen.

Unser göttliches Selbst kann niemals zu einer Kontroverse führen. Sie müssen es nie gegen die ›Ungläubigen‹ verteidigen. Sie müssen noch nicht einmal darüber sprechen. Sie können den kollektiven blinden Punkt umgehen und Ihr weises Selbst ›im Schrank behalten‹ (wie das sprichwörtliche Skelett), während Sie regelmäßig in Alpha gehen.

Eine mir bekannte Silva-Absolventin – eine erfolgreiche Geschäftsfrau – ging jeden Tag heimlich im Badezimmer in Alpha, weil sie nur dort die Tür verriegeln und sich vor dem allgemeinen Argwohn schützen konnte.

Modeerscheinungen wie Channeling, Ouija-Bretter und so weiter mögen kommen und gehen, aber der Zugang durch Alpha zum rechten Gehirn bleibt bestehen. Die Alpha-Stufe ist Ihr Kontakt mit höherer, problemlösender Intelligenz.

Die Anfänge der Silva-Kurse

Ich fing an, die spätere Silva Methode im Jahr 1944 zu entwickeln. Der erste kommerzielle Trainingskurs fand erst im Jahr 1966 statt. In der Zwischenzeit hatte ich einen florierenden Handel mit Fernsehgeräten und Antennen aufgezogen, da Elektronik zu der Zeit ein Geschäft mit hohen Wachstumsquoten war.

Die erste Silva-Klasse war das indirekte Ergebnis von ein paar Vorträgen, die ich an einem College in Texas gehalten hatte. Ein Mr. Dord Fitz lud mich ein, nach Amarillo zu kommen und vor den Mitgliedern der dortigen Kunstschule zu sprechen.

Er wollte für meine Unkosten aufkommen, aber keine Prämie bezahlen. Ich willigte ein, und wir verabredeten einen Termin im Oktober 1966.

Meine Intuition sagte mir, daß Künstler, die ihre rechte Gehirnhälfte ohnehin häufiger als die meisten Menschen benutzen, gute Kandidaten für mein etwas unorthodoxes Training sein müßten. Mein Vortrag wurde von etwa 90 Künstlern besucht, die sich danach fast ausnahmslos für meinen ersten Kursus anmeldeten und sogar Geld dafür bezahlen wollten.

Also fuhr ich in der folgenden Zeit häufig zwischen Laredo, wo ich wohnte, und Amarillo hin und her, bis der erste Trainingskurs im Januar 1967 beendet war. Viele der ersten Absolventen wurden später Silva-Lehrer, und noch heute sind manche dieser damaligen Pioniere aktiv am Programm beteiligt.

Kaum war das erste Training abgeschlossen, bildete sich eine neue Gruppe, die sich aus den Freunden und Verwandten der ersten Teilnehmer zusammensetzte. Bald hatten wir so viele Anmeldungen, daß ich zweimal im Monat nach Amarillo, Lubbock, und in weitere Städte fahren mußte. Mein Geschäft lief.

Aber meine Begeisterung war weniger auf das verdiente Geld zurückzuführen, denn das Größte war für mich das Aufleuchten in den Gesichtern der Leute, wenn sie plötzlich erkannten, daß die Methoden funktionierten. Noch heute empfinde ich diese besondere, kaum beschreibliche Art von Glück im Angesicht von Teilnehmern, die im Verlauf eines Kurses eine Umkehr von 180 Grad vollziehen. Die Leute kommen an den Punkt, wo sie durch eigene, unmittelbare Erfahrung erkennen, daß sie immense spirituelle Fähigkeiten von Natur aus mitgebracht haben.

Das war mein geschäftlicher Weg. Ihnen wird aufgefallen sein, daß ich keine Business-Strategie hatte, keine Marktforschung zu Rate zog, keine Werbekampagne veranstaltete. Ich tat nichts von dem, was der normale, ›linkshirnige‹ Unternehmer tun würde. Ich muß hellsichtig gewesen sein.

Meine Berufserfahrung ist kein Argument gegen sorgfältige Vorausplanung im Geschäftsleben; es ist ein Argument für die Mitwirkung des rechten Gehirns. Die beiden Hemisphären sind hervorragende Geschäftspartner, und keine Aussage in diesem Kapitel sollte als Antihaltung gegen die normale Geschäftsausbildung verstanden werden. In dieser Zeit des schnellen Wandels brauchen Geschäftsleute beide Gehirnhälften, wenn sie marktwirtschaftlich überleben wollen.

Die Silva Methode im eigenen Unternehmen

Ein Chemiker will synthetische Blutgefäße herstellen, die nicht vom Körper abgestoßen werden. Nach monatelangen Versuchen bestellt er einen Traum, um die korrekte Formel zu finden. Die Formel wird ihm im Traum eingegeben, er schreibt sie auf, und sie führt zum Erfolg.

Ein Versicherungsagent erhält keinen zweiten Termin bei einem wichtigen potentiellen Kunden. Er benutzt subjektive Kommunikation, um sowohl den Kunden als auch seine Privatsekretärin davon zu überzeugen, daß ein Treffen von Vorteil für den Kunden wäre. Er ruft die Firma an, bekommt sofort einen Termin, und verkauft seine Police.

Ein Manager nimmt an einer Konferenz mit anderen Managern einer Großhandelskette teil. Ein Problem wird diskutiert, für das keine zufriedenstellende Lösung gefunden werden kann, weil jede Lösung auch gleichzeitig gewisse Nachteile mit sich bringt. Der Manager legt seine drei Finger aneinander und macht einen Vorschlag, der von allen akzeptiert wird, und sich als die Lösung erweist.

Traumkontrolle, subjektive Kommunikation und die Drei-Finger-Technik bieten sich an, sind jedoch nicht die einzigen Silva-Methoden, die Sie im Berufsleben für sich arbeiten lassen können. Jede Silva-Übung kann auf das Geschäftsleben übertragen werden. Davon handelt dieses Kapitel.

Und was geschieht mit der Konkurrenz? Ich werde häufig gefragt, was passiert, wenn zwei konkurrierende Geschäftsleute das gleiche programmieren, beispielsweise den Verkauf eines bestimmten Produkts an dieselbe Firma. Wer von den beiden gewinnt? Wenn beide gleichermaßen fähig sind, sich in Alpha zu versetzen, zu visualisieren und gleich hohe positive Erwartungen und Zuversicht mitbringen, dann glaube ich, daß derjenige, der es am meisten verdient hat, den Auftrag erhält. Woran wird ein derartiger Verdienst gemessen? An früheren Leistungen bei der Problemlösung in allen Lebensbereichen. Der Auftrag wird demjenigen gegeben, der seit längerer Zeit häufiger Probleme löst, als neue für seine Umgebung schafft.

Wer anderen hilft, macht sich in diesem Sinne verdient, denn er dient letztlich allen Menschen auf der Erde. Manche Leute programmieren Lotteriegewinne ein, und versprechen Gott oder der Höheren Intelligenz, daß sie die Hälfte ihres Gewinns karitativen Zwecken zukommen lassen werden. Dabei lassen sie allerdings ein wichtiges Detail außer acht: Was haben sie mit dem Geld gemacht, das sie vorher bereits verdient oder durch ›Glücksfälle‹ geschenkt bekommen haben?

Versprechen zählen nicht. Handlungen zählen. »An ihren Werken werdet ihr sie erkennen«, sagt die Bibel. Wenn Ihre heutigen Handlungen unsere Welt ein wenig besser machen, ist es sehr wahrscheinlich, daß Sie auch in Zukunft zunehmende Erfolge erleben, weil Sie bei solchen Handlungen von der anderen Seite unterstützt werden.

Eine Silva-Erfolgsgeschichte

Paulette T., eine Silva-Absolventin aus Oklahoma, erzählt ihre Geschichte mit den eigenen Worten:

Bevor ich meine jetzige Stellung als Inkassovertreterin am St. Anthony Hospital antrat, arbeitete ich jahrelang als Frisöse. Das einzig Gemeinsame an beiden Berufen ist, daß man mit Menschen umgehen muß. Ich erzähle Ihnen das nur, weil ich es für wichtig im Zusammenhang mit meinem späteren Erfolg halte.

Ich begann meine Arbeit am Hospital im Juni 1980 als Kassiererin im Rechnungsbüro, wo ich frisch entlassenen Patienten die Rechnung präsentieren mußte, was nicht immer leicht war, wie Sie sich vorstellen können, denn kein kranker oder gerade genesender Mensch möchte auch noch mit Geldfragen konfrontiert werden.

Ich machte den Silva-Trainingskurs und benutzte danach immer die ›Spiegel-des-Bewußtseins-Technik‹, die ich für mich so abwandelte, daß ich alle Patienten von Liebe umgeben sah. Nachdem ich sie in Liebe gehüllt hatte, sah ich mich sie um den fehlenden Betrag bitten.

Die Mehrzahl der Patienten waren dann tatsächlich auch bereit, mir zu geben, was ich verlangte. Mein Erfolg war so unerhört, daß ich schon bald zur Inkassovertreterin befördert wurde.

Damit wurde ich nicht nur weit besser bezahlt, sondern durfte auch weit mehr Verantwortung übernehmen. Heute sitze ich die meiste Zeit am Telefon, um ausstehende Beträge von bis zu 100 000 Dollar von zahlungsunwilligen Ex-Patienten einzuholen, und werde dabei mit immer neuen Schwierigkeiten konfrontiert.

Bei jedem Patienten benutze ich die ›Spiegel-des-Bewußtseins-Technik‹. In einem blau eingerahmten Spiegel sehe ich mich selbst bei der Durchsicht der Akte eines Patienten. Ich sehe das Problem oder den Grund für die unbezahlte Rechnung, und fühle mich in die Situation ein.

Dann visualisiere ich die Lösung in einem weißgerahmten Spiegel zu meiner Linken. Ich sehe geschehen, was auch immer geschehen muß, um den ausstehenden Betrag verfügbar zu machen. Solange ich am Telefon mit den Gläubigern spreche, halte ich die weißgerahmte Lösung ständig in meinem Bewußtsein. Das hilft mir, die richtigen Worte zu finden und den Gläubiger zu veranlassen, seine Schulden bereitwillig zu zahlen, weil er es selbst natürlich auch möchte.

Seit Beginn meiner Führungsposition vor sieben Monaten (ohne vorherige Ausbildung) erbringe ich regelmäßige Spitzenleistungen. Neulich wurde ich von meiner Chefin beglückwünscht, und sie dankte mir für meine Art, mit den Schuldnern umzugehen.

Ein Nachtrag: Paulette T. wurde kurz darauf noch einmal befördert. Frage: Wer sorgte für die Beförderung? Ihre Vorgesetzten oder ihre Übergesetzten?

Berufliche Erfolgskeime säen

Wer Samen in der subjektiven Dimension sät, erntet entsprechende Früchte in der objektiven Dimension.

Wenn Sie über Berufsprobleme nachdenken oder meditieren – was säen Sie?

Sehr richtig. Ihre materielle Ernte ist das Resultat der Probleme, über die Sie im entspannten Zustand im Verlauf von Tagträumen nachgedacht haben. Sie benutzen Ihre schöpferische Kraft, um unerwünschte Situationen zu manifestieren.

Sie müssen umprogrammieren, denn alle Aufrufe, von nun an nur noch positiv zu denken, nützen nichts. Allein der Wunsch, positiv zu denken, bewirkt noch keine Umkehr.

Benutzen Sie die ›Spiegel-des-Bewußtseins-Technik‹, die sich in Geschäftsdingen als außerordentlich wirksam erwiesen hat.

Der blau eingerahmte Spiegel wird benutzt, um das Problem zu visualisieren. Im weißgerahmten Spiegel taucht die Lösung auf, und man sieht das Ziel erreicht. Sie können die Spiegel so groß machen, daß jede beliebige Szene oder Personengruppe darin Platz hat.

Hier ist die Technik:

1. Auf die gewohnte Weise in Alpha gehen.
2. Sie visualisieren das Problem im blaugerahmten Spiegel und untersuchen es kurz.
3. Sie löschen das Problembild aus, rücken den Spiegel ein Stück nach links, und lassen den blauen Rahmen weiß werden.
4. Im weißgerahmten Spiegel stellen Sie sich das Problem als gelöst oder das Ziel als erreicht vor.
5. Beenden wie üblich.
6. Jedesmal, wenn Sie von nun an an das Problem denken, sehen Sie es weiß eingerahmt und gelöst.

Lassen Sie mich ein paar Kommentare zu Punkt 3, 4 und 6 abgeben. Beim 3. Schritt rücken Sie den Spiegel ein Stück nach links, weil, wie vorher im Buch erklärt, die Vergangenheit auf der Alpha-Stufe normalerweise rechts wahrgenommen wird und die Zukunft links.

Beim 4. Schritt sehen Sie das Problem als gelöst und das Ziel als erreicht. Damit ist eine sehr weitgefaßte Vorstellung gemeint, weil Sie keine spezielle Art der Lösung einprogrammieren wollen. Das heißt, Sie wollen die Lösung manifestieren, ohne der anderen Seite einen bestimmten Weg dahin vorzuschreiben.

Ein Beispiel: Sie sind ein Immobilienmakler, und Ihr Problem ist der Verkauf eines Hauses. Jetzt stellen Sie sich nicht Mr. und Mrs. Jones vor, wie sie mit dem Schlüssel in der Hand auf eines Ihrer Objekte zugehen. Die Lösung wird viel eher von einem Schild im Vorgarten repräsentiert, auf dem ›Verkauft‹ und darunter Ihr Firmenname steht.

Sie legen der Höheren Intelligenz Fesseln an, wenn Sie genaue Vorstellungen von der Art und Weise, wie ein Ziel erreicht werden soll, einprogrammieren. Außerdem ist es nie ratsam, bestimmte Personen als Teil der Lösung einzuprogrammieren, da Sie nie wissen können, ob Sie diesen Leuten damit neue Probleme schaffen. Vielleicht ist das Haus zu groß, zu klein oder zu teuer für die Familie Jones. Mit der Silva-Methode können wir keine Probleme für andere Menschen schaffen, sondern immer nur Lösungen anbieten.

Der ›Todeswunsch‹, und wie man ihn überwindet

Bills Vater war ein hoher Regierungsbeamter in seinem Heimatland. Bill selbst war ein extrem erfolgreicher Landwirt, beschloß aber irgendwann, nach Amerika auszuwandern. In kürzester Zeit war er zum Besitzer einer Firma geworden, aber er überließ die Firmenleitung einem Angestellten, und dieser veruntreute die Gelder der Investitoren.

Daraufhin betätigte Bill sich als Immobilienmakler und verkaufte auch bald ein paar Objekte. Ein Traumobjekt wurde ihm angeboten, bei dessen Verkauf er über eine Million Dollar Provision verdienen würde, aber Bill verhielt sich auf eine ihm selbst unverständliche Weise unkooperativ und verhinderte die Transaktion damit beinahe. An diesem Punkt beschloß er, am Silva-Trainingskurs teilzunehmen, weil er erkannte, daß er so etwas wie einen ›Todeswunsch‹ im Geschäftsbereich hatte. Er programmierte sich unbewußt auf Versagen.

In Alpha fiel Bill plötzlich ein, daß sein Vater ihn früher oft einen Taugenichts und ähnliche Dinge genannt hatte. Er konnte sich gerade noch zur rechten Zeit umprogrammieren, um schließlich das lukrative Geschäft erfolgreich abzuschließen.

Viele Leute glauben, daß sie keinen wirklich durchschlagenden Erfolg verdient haben und bauen unbewußt Hindernisse gegen die Anerkennung, den finanziellen Gewinn und andere, mit Erfolg verbundene Vorteile auf.

Ein Minderwertigkeitskomplex ist wie ein selbstgebautes Gefängnis; es besteht aus den Demütigungen der Eltern und Lehrer; es setzt sich aus schlechten Schulzeugnissen, geringem Einkommen und anderen Limitierungen, die im Lauf des Lebens erfahren werden, zusammen.

Die meisten Menschen verbringen ihr Leben in derartigen Gefängnissen. Aber dann nimmt einer von ihnen am Silva-Programm teil und stellt fest, daß die Tür niemals abgeschlossen war, und er wandert hinaus in die Freiheit, neuen Horizonten entgegen.

Wie kann man den ›Todeswunsch‹ und ähnliche, selbstauferlegte Beschränkungen eliminieren? Indem man sich klarmacht, daß man es wert ist, alles Gute, das man sich vorstellen kann, zu erhalten... Eine sehr einfache Antwort.

Dabei fällt mir ein Comic Strip ein, bei dem ein Mann zum Psychiater geht und sich über seinen Minderwertigkeitskomplex beklagt. Der Psychiater sagt: »Der Grund für

Ihre Minderwertigkeitsgefühle ist einfach folgender: Sie *sind* minderwertig.«

Nein, niemand ist minderwertig. Jeder von uns hat ein enormes innewohnendes Potential, das nur darauf wartet, entdeckt zu werden. Mit den Silva-Techniken wird es an die Oberfläche gebracht. Hier sind einige positive Schritte, die ›verborgenes Gold‹ an die Oberfläche bringen und berufliche Karrieren vorantreiben.

1. Wiederholen Sie die Übung, bei der man sich selbst verzeiht. Sie versetzen sich an Ihren entspannten Lieblingsplatz und verzeihen sich alle scheinbaren Fehler und Schwächen.
2. Helfen Sie anderen, wie es im 7. Kapitel beschrieben wird. Wer anderen hilft, erhöht das Gefühl, er selbst habe mehr Belohnungen verdient.
3. Machen Sie die ›Spiegel-des-Bewußtseins-Technik‹. Sehen Sie sich selbst im blaugerahmten Spiegel ›versagen‹. Löschen Sie das Bild. Rücken Sie es ein Stück nach links. Lassen Sie den blauen Spiegelrahmen weiß werden, und sehen Sie sich als erfolgreiches Geschäftsgenie in diesem Spiegel. Von nun an sehen Sie sich jedesmal, wenn Ungeduld und Zweifel aufsteigen, als das Sinnbild des Erfolgs schlechthin – eingerahmt in Weiß.
4. Gehen Sie täglich in Alpha und wiederholen Sie eigene, auf Ihre Situation bezogene Affirmationen. Oder benutzen Sie die universelle Silva-Affirmation: »Es geht mir mit jedem Tag in jeder Hinsicht immer besser und besser und besser.«

Die Anwendung der Drei-Finger-Technik im Berufsleben

Kann eine tiefere Bewußtseinsstufe von Vorteil im Geschäft sein? Nun – hören Sie die Geldscheine noch immer nicht knistern?

Wollen Sie den Grund für das plötzliche Nachlassen in der Produktionsqualität Ihrer Firma herausfinden? Legen Sie während der Untersuchung Ihre drei Finger aneinander.

Müssen Sie entscheiden, wer einer Aufgabe gerecht werden kann? Legen Sie Ihre vorprogrammierten drei Finger aneinander, während Sie nachdenken.

Sind Sie dabei, die Fahnenkorrekturen für ein Buch zu lesen? Halten Sie die drei Finger zusammen, während Sie nach Fehlern Ausschau halten.

Eine unvorhergesehene Krise, die Geistesgegenwart verlangt? Drei Finger aneinander!

Wenn Sie bereits wissen, daß eine bestimmte Herausforderung auf Sie zukommt, können Sie die Technik verstärken, indem Sie zu dem Satz: »Jedesmal, wenn ich diese drei Finger aneinanderlege, gehe ich auf eine tiefere Stufe meines Bewußtseins«, folgende Spezial-Affirmationen hinzufügen:

»...damit ich zur rechten Zeit das rechte Wort bei der Konferenz sage.«

»...damit ich diesen Report mit vermehrter Konzentration lese und mich später an alle Einzelheiten erinnere, sobald ich die drei Finger aneinanderlege.«

»...damit ich bei der Auswahl der Prototypen die richtige Wahl treffe.«

Mit der Drei-Finger-Technik kann man seine Funktionsfähigkeit in Alpha weiterentwickeln und erhöhen. Bevor Sie nachts einschlafen, programmieren Sie sich, zum idealen Zeitpunkt für weitere Programmierung aufzuwachen. Bleiben Sie auf der Alpha-Stufe, während Sie einschlafen.

Beim ersten Erwachen gehen Sie wiederum in Alpha und legen die Spitzen des Daumens, Zeige- und Mittelfingers beider Hände aneinander. Dann programmieren Sie ein, daß Sie jedesmal, wenn Sie die drei Finger *beider* Hände aneinanderlegen, noch tiefer in Alpha gehen und vermehrte Informationsquellen in der subjektiven Dimension anzapfen.

Je länger man diese Technik praktiziert, desto größer wird die Funktionsfähigkeit in den Alpha-Bereichen.

B. S. machte eine Geschäftsreise nach Athen, Griechenland. Da er länger als einen Monat dort zu tun hatte, war ein möbliertes Appartement für ihn gebucht worden. Aber als der Geschäftsmann die Wohnung betrat, war sie viel zu klein, dunkel und laut. Auch die Wohngegend gefiel ihm ganz und gar nicht.

Auf der Stelle versetzte er sich in Alpha und bestätigte, daß er nur seine drei Finger aneinanderlegen müsse, um ein geeignetes Appartement zu finden. Er telefonierte ein wenig herum, und innerhalb von 24 Stunden hatte er eine wunderschöne Wohnung in einer baumbestandenen, ruhigen Gegend gefunden, die einer Silva-Absolventin gehörte, welche ihrerseits drei Finger aneinandergelegt hatte, um einen geeigneten Feriengast zu finden!

Zufall? Oder eine Fügung der anderen Seite?

Fortgesetzter Alpha-Kontakt als Geschäftspraxis

Der Alpha-Bereich kann jederzeit selbst von Beta aus kontaktiert werden, wenn Sie eine unbestimmte, sehr einfache Formel anwenden. Zunächst die Erklärung, dann die Formel.

Das menschliche Gehirn gleitet im Durchschnitt etwa 30 Mal in der Minute für eine Millisekunde in den Alphafrequenzbereich. Insgesamt hält sich Ihr Gehirn also ungefähr fünf Sekunden pro Minute in einem Bereich auf, in dem Sie die richtige Entscheidung treffen, oder, genauer gesagt, aufschnappen können. Der gewöhnliche Mensch trifft nur in 20 Prozent aller Fälle die richtige Entscheidung, was zum Teil wohl darauf zurückzuführen ist, daß er den kurzweiligen Alpha-Kontakt nicht bewußt wahrnehmen und für sich nutzen kann.

Mit der Silva-Formel können Sie Ihren Alpha-Kontakt verstärken und in vier von fünf Fällen die korrekte Antwort aufschnappen.

Nicht immer hat man genügend Zeit, sich körperlich und geistig zu entspannen und langsam in Alpha zu gehen. Deshalb ist es so wichtig, das Funktionieren in Alpha über einen längeren Zeitraum hinweg bewußt zu trainieren, denn allmählich bekommt man so ein Gefühl für den Zustand und kann ihn mit der Zeit immer bewußter wahrnehmen. Das Gefühl wird einfach ›heraufbeschworen‹ und noch im Beta-Zustand kontaktiert. Damit funktionieren Sie mental auf der Wellenfrequenz von etwa 10 Zyklen pro Sekunde; mit anderen Worten, in der spirituellen Welt, weil Sie die Tür zu diesem Bereich geöffnet und das Öffnen dieser Tür praktiziert haben.

Sie kontaktieren den Alphabereich von etwa 10 Zyklen pro Sekunde, obwohl Ihr Gehirn 55 Sekunden pro Minute im Beta-Wellenbereich verweilt.

Ein Ungeübter kann kaum etwas mit seinen 30 Millisekunden pro Minute in Alpha anfangen, aber Sie, als Fortgeschrittener, haben sich trainiert, die Morsezeichen der anderen Seite bewußt wahrzunehmen und sie jederzeit nutzbringend einzusetzen.

Sie können über einen längeren Zeitraum hinweg in Alpha bleiben und Ihre Probleme von dort aus analysieren oder umprogrammieren. Aber meistens sind längere Aufenthalte in Alpha gar nicht nötig. Im Umgang mit anderen Menschen müssen Sie lediglich den Wunsch haben, mit vermehrtem Einfühlungsvermögen auf sie einzugehen, und dann tun Sie es – vorausgesetzt, Sie haben die Fähigkeit entwickelt und praktiziert.

Die Kurzfassung der Formel, mit der diese Fähigkeit entwickelt wird:

1. In Alpha gehen und dort bewußt funktionieren lernen.
2. Die durch Alpha gesteigerten Fähigkeiten benutzen, um Probleme in allen Lebensbereichen zu lösen und diesen Planeten zum Himmel auf Erden zu machen. Wenn Sie diese zwei Dinge tun, werden Sie erfolgreich auf allen Ebenen sein.

Subjektive Kommunikation im Geschäftsleben

Kaum hören Geschäftsleute von subjektiver Kommunikation, leuchten allseitig die Augen auf, in der Erwartung, potentielle Kunden, Konkurrenten oder uneinsichtige Kollegen manipulieren zu können. Aber dann kommen die ›schlechten Neuigkeiten‹: subjektive Kommunikation funktioniert nur, wenn Liebe und Mitgefühl der Beweggrund für die innere Verhandlung sind. An diesem Punkt verlieren die meisten das Interesse.

Aber in Wahrheit ist das durchaus kein Nachteil. Man muß keine Polarität zwischen der eigenen Person, seinen Kunden, Konkurrenten oder Kollegen schaffen, denn dadurch macht man sie zu Gegnern, die ebenfalls davon ausgehen, daß sie sich isolieren und schützen müssen. Auf diese Weise wird das Berufsleben zum Kampfschauplatz und zum Hindernisrennen gemacht.

Wenn Sie Ihr Mitgefühl auf größere Kreise ausdehnen und sich selbst und andere in der Geschäftswelt als Angehörige einer großen Familie betrachten, wird das Schlachtfeld zum Spielfeld mit durchweg harmonischeren Ergebnissen.

Weniger Zwiespalt, mehr Einheit – mit anderen Worten: weniger linkes Gehirn und mehr rechtes Gehirn. Machen Sie die Höhere Intelligenz durch die Aktivierung Ihrer rechten Gehirnhälfte zu Ihrem persönlichen Geschäftspartner!

Was geschieht, wenn Sie in Alpha gehen, sich einen hartgesottenen Konkurrenten bildlich vorstellen und sagen: »Hallo Partner, wie wäre es, wenn wir jetzt aufhören, uns gegenseitig zu beschimpfen und unsere Erzeugnisse schlechtzumachen? Wir würden beide davon profitieren!« Und so ist es.

In jeder Situation, in der objektive Kommunikation (sprechen, telefonieren, faxen oder schreiben) erfolglos bleibt, gibt es eine subjektive Möglichkeit der Kommunikation, bei der das eigene Höhere Selbst direkt zum Höheren Selbst des anderen spricht.

Ein wissenschaftliches Experiment, das vor kurzem in Mexiko durchgeführt wurde, liefert den Beweis für die Wirksamkeit der subjektiven Methode. Zwei Versuchspersonen wurden an Elektroenzephalographen (EEG) angeschlossen, während sie in kontrollierter Umgebung subjektiv kommunizierten, also äußerlich stumm blieben.

Zunächst zeigte sich, daß die beiden Gehirnhälften der kommunizierenden Versuchspersonen begannen, annähernd synchron zu schwingen. Kurz darauf glichen sich die Gehirnfrequenzen beider Versuchspersonen bis zum gewissen Grad aneinander an. Eine Untersuchung der EEG-Muster von verschiedenen, den Wissenschaftlern nicht von vornherein bekannten Partnern, ergab, daß die Angleichung der Gehirnfrequenzen bei 70 Prozent der Partner stattfand und daher leicht zu identifizieren war.

Wenn Sie sich entspannen und einen anderen Menschen visualisieren, kontaktiert Ihr rechtes Gehirn das rechte Gehirn dieses Menschen. Die Leitungen sind unsichtbar, nicht anders als beim Telefax. Man kann diese Art der Informationsübermittlung als ›spirituellen Fax‹ bezeichnen.

Das innere Labor im Berufsleben einsetzen

Das innere Laboratorium und die selbstgeschaffenen Berater sind Gold wert, wenn es darum geht, berufliche Hindernisse aus dem Weg zu räumen und Profite zu steigern.

Bei Berufsfragen, die mit männlichen Personen zu tun haben, bitten Sie Ihren männlichen Berater um Rat; wenn es um eine Frau geht, fragen Sie Ihren weiblichen Berater. Wenn beide Geschlechter beteiligt sind, fragen Sie beide Berater. Wenn es um ein Problem geht, das nichts mit Personen zu tun hat, fragen Sie den einen oder anderen.

Die Frage sollte so formuliert werden, daß sie mit einem Wort oder zwei Worten beantwortet werden kann. Nachdem Sie die Frage gestellt haben, brechen Sie die Verbindung zu dem Berater ab und fangen an, selbst über mögliche Lösungen nachzudenken. Irgendwann wird Ihnen die Antwort eingegeben, und es fühlt sich dann an, als hätten Sie geraten, aber das ist das richtige Gefühl, wenn die Antwort von einem Berater kommt. Und aus welchen Quellen bezieht der oder die BeraterIn die Antwort? An diesem Punkt muß Ihnen klar sein, daß sie von der anderen Seite kommt.

Aber nehmen wir einmal an, Ihre Beraterin ist Florence Nightingale, und Sie wollen wissen, ob Sie lange oder kurze Röcke für die nächste Modesaison produzieren sollen. Woher soll Florence Nightingale, die eine vielgepriesene Krankenschwester war, etwas über Mode wissen?

Die Antwort ist, daß Florence, als *Ihre* selbstgeschaffene Verbindung zu Höherer Intelligenz, sehr wohl in der Lage ist, die korrekte Antwort zu übermitteln, aber wenn Sie *glauben,* daß sie es nicht kann, mischen sich Ihre negativen Gedanken in den Vorgang ein. Ihre mangelnde Zuversicht in Florence Nightingale negiert ihren Wert als Übermittlerin.

Am besten schafft man sich in einem solchen Fall einen neuen Berater, an dessen Expertise man glauben kann. Und so wird es gemacht:

Anstatt Florence Nightingale als Beraterin zu entlassen, laden Sie einen temporären Spezialisten in Ihr Labor. Sie können sich den einflußreichsten Modekritiker in Ihrem Land als Berater aussuchen. Laden Sie die Person ein, hinter der im Boden versenkbaren Tür des Laboratoriums zu erscheinen, und holen Sie sich den kostenlosen Rat des Experten.

Die Kommunikation mit einem unerprobten Berater wird durch folgende Silva-Technik erleichtert: Stellen Sie Ihre Frage. Dann nehmen Sie den Kopf des Beraters und stülpen ihn sich über wie einen Helm. Die Gedanken und/oder Gefühle, die Ihnen jetzt eingegeben werden, sind die Ihres Beraters. Vergessen Sie nicht, sich den ›Helm‹ wieder abzunehmen und ihn zurückzugeben.

Das Fachwissen, zu dem Sie sich hiermit Zugang verschaffen, ist immens und unerschöpflich. Spitzenkräfte im Management, Finanzgenies, Juristen und selbst Ihre Konkurrenten stehen Ihnen damit kostenlos zur Verfügung.

Vielleicht fragen Sie sich jetzt, ob es moralisch verantwortbar ist, das Fachwissen anderer auf diese Weise auszunutzen. Ich glaube es nicht. Wenn wir die Einheit aller Schöpfung leben sollen, ist alles verantwortbar, was diese Einheit reflektiert.

Der Inhaber eines Schuhgeschäfts in einem grandiosen, neuen Einkaufszentrum machte keinen Umsatz. Ähnlich ging es den anderen Ladenbesitzern links und rechts von ihm. Als er hörte, daß die leeren Ladenflächen zu beiden Seiten von großen Lederwarenhändlern gemietet worden waren, wollte er aufgeben. Wie sollten drei Schuhgeschäfte an einem Platz überleben, wenn einer es schon nicht schaffte?

Nach der Eröffnung der neuen Schuhgeschäfte machten alle drei Läden jedoch hohe Umsätze, und sein Umsatz verdreifachte sich sogar, weil die Vielfalt des Angebots jetzt Kunden aus allen Stadtteilen anzog wie ein Magnet.

Gemeinsamkeit bringt Vorteile. Auf Gemeinsamkeit basiert die Arbeitsweise der Inneren Helfer.

Weitere Tips für Geschäftsleute

Jack K. hörte ausschließlich sanfte, klassische Musik, während er zu Hause an den liegengebliebenen Akten aus seinem Büro arbeitete, was seine Frau nicht verstehen konnte, da beide ansonsten eigentlich Popmusik bevorzugten. Jack konnte sich auch keinen Reim darauf machen – er wußte nur, daß er sich Dinge leichter merken und sie länger behalten konnte, wenn er vor dem Hintergrund der beruhigenden Harmonien arbeitete. Ihm war nämlich nicht klar, daß diese Art von Musik seine rechte Gehirnhälfte stimulierte.

Sie, als fortgeschrittener Silva-Student, verfügen über eine noch wirksamere Methode, Ihr rechtes Gehirn zu stimulieren – die Alphafrequenz. Beim Lesen gehen Sie in Beta über, aber Sie können sich programmieren, weiterhin in Alpha funktionsfähig zu bleiben, indem Sie Ihre drei Finger aneinanderlegen. Also sollten Sie die Drei-Finger-Technik zum Bestandteil Ihrer Geschäftspraxis machen. Wenn Sie beim Schreiben eines Berichts an irgendeiner Stelle steckenbleiben, legen Sie Ihre drei Finger aneinander, und warten einen Moment, bis Ihnen die gesuchte Formulierung eingegeben wird. Wenn Sie eine öffentliche Rede halten müssen, legen Sie Ihre drei Finger aneinander. Dann werden Ihre Worte bedeutungsvoller und charismatischer, denn sie kommen von einem inspirierten Platz in Ihrem Inneren.

Bald werden Sie keine tiefen Atemzüge oder Rückwärtszählmethoden mehr benutzen müssen, um sich mitten im Getriebe der hektischsten Arbeit in Alpha versetzen zu können. Sie müssen lediglich den Fokus Ihrer Augen entspannen – sie von visuellen Eindrücken fernhalten, indem sie die Pupillen leicht aufwärts drehen – um Alphawellen zu produzieren. Auch das normale Tagträumen löst Alphawellen aus, die ganz bewußt eingesetzt werden können, um entspannt nach Lösungen zu fahnden.

Ein paar Momente in Alpha während der Arbeitszeit entsprechen stundenlangen Bemühungen in Beta, wenn man die Inspiriertheit der Alpha-Stufe für sich arbeiten läßt. Sie werden erleben, daß Ihnen pausenlos die besten Ideen einfallen. Das scherzhafte Schild, das manche auf dem Schreibtisch stehen haben: ›Genie an der Arbeit‹, weist plötzlich auf eine Tatsache hin. Sie sind hellsichtig, was zukünftige Entscheidungen, Probleme, Einkäufe oder Verhandlungen betrifft. Aber alle Fähigkeiten, die ich gerade Ihnen zugeschrieben habe, sind in Wirklichkeit Ihrem unsichtbaren Partner (der anderen Seite) zuzuschreiben, der Sie als Instrument benutzt, um seine Fähigkeiten auf materieller Ebene zu demonstrieren.

Die potentiell wichtigsten und profitabelsten zwei Minuten am Tag sind die Minuten der ersten Programmierung gleich nach dem Aufstehen. Morgens, sobald Sie die Beine aus dem Bett schwingen, können Sie einen wunschgemäß verlaufenden Tag ohne jede Schwierigkeit einprogrammieren, weil Sie noch tief genug entspannt oder im Halbschlaf sind. Setzen Sie sich auf die Bettkante. Gehen Sie auf die gewohnte Weise in Alpha. Stellen Sie sich Ihren Arbeitsplatz vor. Sehen Sie eine große Uhr über der Szene hängen, deren Zeiger den Beginn Ihres Arbeitstags anzeigen. Lassen Sie einen mentalen Film abrollen. Alles funktioniert reibungslos; Ihre Mitarbeiter sind gutgelaunt; der Tag fängt schon optimal an.

Drehen Sie die Uhrzeiger eine Stunde weiter. Ihr mentaler Film handelt von ständigem Fortschritt – alles kommt schneller voran als geplant; alles verläuft besser denn je.

Stunde um Stunde rücken Sie die Uhrzeiger vor und sehen dabei geschehen, was Sie sich in Ihren kühnsten Träumen vorstellen und wünschen.

Dies sind die profitabelsten Minuten am Tag, weil Sie äußerlich schaffen, was innerlich gesehen wird. In diesen Minuten werden nämlich nicht nur Sie programmiert, sondern auch alle anderen Personen, die eine Rolle in Ihrem Tageslauf spielen. Meine Mitarbeiter im Silva-Hauptquartier in Laredo, Texas, wissen, wovon ich spreche. Sie benutzen die Technik und haben es selbst erlebt.

Bevor ein Mensch blühende Rosen in seinem Garten züchten kann, muß er sie in seinem Bewußtsein gesät und gezüchtet haben.

Bevor ein Architekt ein herrliches Gebäude konstruieren kann, muß er es im Geiste sehen und konstruieren.

Bevor ein Maler ein Bild malen kann, muß er es sich innerlich vorgestellt haben.

Ein Ereignis, das in der materiellen Welt stattfinden soll – in Ihrem Büro, Ihrem Geschäft, Ihrer Fabrik – muß erst als Bildfolge in Ihrem Gehirn ablaufen.

11

Beistand in Krisensituationen

Sie wissen jetzt, wie es geht. Ich habe keinen Punkt von essentieller Bedeutung ausgelassen. Jetzt ernten Sie die Früchte des zentrierten Denkens. Das einzige, was übrigbleibt, ist lernen, wie man den Kontakt zur anderen Seite in Krisen und Notfällen oder bei Phobien und Angstzuständen herstellt. Darum geht es in diesem Kapitel. Und im letzten Kapitel wird gezeigt, wie Sie auf dem rechten Weg bleiben und Ihr Schiff unter der Führung der Höheren Intelligenz auf Kurs halten können.

Weitere Kapitel werden irgendwann folgen – nicht in diesem Buch und sehr wahrscheinlich auch nicht von mir verfaßt. Wir haben eben erst angefangen, die Kluft zwischen menschlicher Erscheinungsform und menschlichem Ursprung auszuloten und befinden uns noch an der Schwelle eines Wissensgebiets, über das mit zunehmender Forschung und Erkenntnis auch in Zukunft Bücher unter verschiedenen Gesichtspunkten geschrieben werden müssen. Vielleicht wird diese Art von Wissen sogar irgendwann in den Schulen gelehrt. Sehen Sie den Namen des neuen Lehrfachs schon in Ihrer Vision? ›Mit Höherer Intelligenz arbeiten.‹

Der öffentliche Gesinnungswandel in bezug auf alles, was mit körperlicher und geistiger Gesundheit zu tun hat, gibt uns einen Hinweis auf die Geschwindigkeit, mit der wir in diese Richtung voranschreiten. Im Bereich der Ökologie werden wir wahrscheinlich den nächsten kollektiven Sprung nach vorn machen. Und zum Schluß wird der Wandel sich notgedrungenermaßen auch in der Weltpolitik und Diplomatie bemerkbar machen.

Schon jetzt finden internationale Gesundheitskonferenzen statt, bei denen die verschiedenen Teile des Puzzles von Körper und Geist heftig diskutiert und neu zusammengesetzt werden. Eine derartige Konferenz wurde 1988 in Las Vegas, USA, gehalten, wo sich so unterschiedliche Spezialisten einfanden, wie deutsche Allergieforscher, Experten für negative Ionen aus Rußland, orientalische Heilpraktiker, Kräuterkundige aus Afrika, Experten in traditioneller chinesischer Medizin und Ärzte, die mit Energietherapie, Homöopathie, Ayurveda, Akupunktur und Bioenergetik arbeiten. Interessant wäre zu erfahren, ob alle diese Experten nach Vollendung ihres Puzzles ein Gesamtbild erhalten, auf dem sie Gottes Signatur erkennen.

Winston Churchill soll einmal gesagt haben: »Die Menschen stolpern gelegentlich über die Wahrheit, aber die meisten stehen sofort wieder auf und laufen davon, als wäre nichts geschehen.« Die Möglichkeit, in Alpha zu gehen, illustriert diesen Punkt. Ich begreife nicht, warum die Erdbevölkerung diese Möglichkeit nicht nutzt, um globale Probleme von höherer Warte aus zu betrachten und anzugehen.

In Alpha sind Sie mit dem Schöpfer des Planeten verbunden. Gibt es einen direkteren, einfacheren, besseren ›Draht‹?

Mit dem Verlust eines geliebten Menschen fertig werden

Eines der größten Schockerlebnisse für uns ist der plötzliche Verlust eines geliebten Menschen durch Trennung, Scheidung oder Tod.

Die erste Reaktion ist fast immer das Gefühl, zum Opfer oder Märtyrer gemacht worden zu sein. Aber Selbstmitleid führt uns nicht weiter. Ihre ersten Gedanken sollten Ihrem eigenen Leben gelten, das nun auf neue Weise sinnvoll gemacht werden muß. Negative Gedanken können in positive umgewandelt werden, und es gibt eine Silva-Technik, die eigens für diesen Zweck geschaffen wurde: die ›Spiegel-des-Bewußtseins-Technik‹.

Bitte setzen Sie sich nicht unter Druck und übereilen Sie nichts, aber nehmen Sie Ihre Gedanken bewußt wahr. Sobald Sie hinschauen, stellen Sie fest, daß Ihre Gedanken trübsinnig, negativ und unkonstruktiv sind, und um ›die Sinnlosigkeit von allem‹ kreisen. Das Bewußtsein jedoch steht über solchen Gedanken, und sobald es diese Gedanken im Spiegel sieht, wird der Wunsch, zum anderen Extrem zu gehen, geweckt.

Die innere Umkehr beginnt mit Ihrer Bereitschaft, jetzt allmählich loszulassen. Je öfter Sie Ihre destruktiven Gedanken daraufhin durch konstruktive ersetzen, desto mehr Schwungkraft gewinnen Sie in Richtung Positivität. Und schließlich kommen Sie an den Punkt, wo Sie erkennen, daß das Leben weitergehen muß.

Damit erkennen Sie auch, welche Möglichkeiten Ihnen jetzt offenstehen, und können diese in einen weißgerahmten Spiegel setzen. Außerdem sind Sie nun fähig, Ihre Gedanken auf die positiven Aspekte der Situation zu richten. Ja, Sie haben aus dieser Notlage gelernt, besser mit allen erdenklichen Krisen umzugehen; Sie haben sich selbst besser kennengelernt und verstehen auch die Schmerzen anderer in vergleichbaren Situationen weitaus besser. Sie sind an dieser Krise gewachsen und sind mehr zu dem Menschen geworden, der Sie sein sollten.

Lesen Sie diesen Abschnitt noch einmal in Alpha durch. In Alpha lassen Sie Bilder über die positiven Nachwirkungen Ihres Verlusts auftauchen. Vielleicht fügen Sie eine positive Affirmation hinzu, mit der Sie sich programmieren, endgültig aus dem ›Tiefen Tal des Leidens‹ aufzusteigen und einem neuen Leben entgegenzugehen.

Nach dem Tod eines geliebten Menschen bestätigen Sie vielleicht etwas in der Art: »Ich habe die Kraft, diesen Verlust zu überwinden. Mit jedem Tag werde ich in jeder Hinsicht immer stärker und stärker und fühle mich immer besser und besser.«

Oder Sie benutzen folgende Affirmation: »Die Vergangenheit ist vergangen. Die grenzenlose Zukunft liegt vor mir. Ich habe die Wahl, mir unter den vielen Möglichkeiten eine auszuwählen, die mein Leben kreativer, produktiver und glücklicher macht.«

Oder diese: »Ich bin ruhig, stark und in Sicherheit. Ich überstehe alle Verluste, denn ich bin in Kontrolle. Ich bin selbstsicher, wohlgemut und hoffnungsfroh.«

Falls Sie einen Menschen durch Trennung oder Scheidung verloren haben, können Sie diese Affirmation anwenden: »Wenn du ohne mich fertig wirst, kann ich auch ohne dich fertig werden. Mit jeder Minute, die vergeht, schließt sich die Tür zu dir, und dafür öffnen sich neue Türen.«

Die besten Affirmationen sind die eigenen, direkt auf die Situation bezogenen. Denken Sie daran, daß Ihre Affirmationen positiv, richtungweisend und glaubhaft sein müssen. Die Worte sollen Sie in gute Stimmung versetzen, Ihnen den besten Weg aus der Notlage zeigen, und Dinge bestätigen, die im Bereich des Möglichen liegen.

Der Verlust eines Menschen kann Zorngefühle auslösen, auch wenn der andere uns durch den Tod genommen wurde. Zorn kostet Sie Energie. Lösen Sie derartige Gefühle jetzt auf, indem Sie in Alpha gehen und die gegenseitige Verzeihungsmethode anwenden. Es ist niemals zu spät, einem Menschen zu vergeben.

Mit Angst umgehen

Die Zeit heilt die Wunden selbst des größten Verlusts. Aber während der Schmerz eines Verlusts allmählich abnimmt und schließlich ganz und gar überwunden wird, kann Angst unbemerkt zunehmen. Das Leben bietet uns eine bunte Auswahl an Dingen an, vor denen wir uns fürchten können. Wir haben die Wahl zwischen Angst vor Armut, Angst vor Versagen, vor Einsamkeit, Unsicherheit, Diskrimination, Autoritätspersonen und so weiter und so fort. Manche Leute entwickeln eine panische Angst vorm Fliegen, Fahrstuhlfahren, vor Insekten, Schmutz, der Dunkelheit, öffentliche Reden zu halten, vor Höhen, oder sogar vor Hunden. Es gibt mehr als einhundert Phobien, die namentlich identifiziert und in das Register aufgenommen wurden.

Angst tötet die Lebensfreude ab, und alles, was uns die Lebensfreude nimmt, ist ein ernstzunehmendes Problem. Drei Schritte müssen vollzogen werden, um Angstzustände und Phobien zu behandeln:

1. Eingestehen.
2. Verstehen.
3. Umprogrammieren.

Hier die nähere Erläuterung:

1. Wir neigen dazu, uns in unbegründeten Ängsten zu ›suhlen‹ und sie als tatsächliche Bedrohungen zu interpretieren, ohne je genauer hinzuschauen und sie als die irrationalen Angstprogramme zu erkennen, die sie sind. Entspannen Sie sich und konfrontieren Sie diese sogenannten Bedrohungen. Geben Sie jeder Angst den Namen, der auf sie zutrifft. Und gestehen Sie sich und anderen ein, daß Sie irrationale Ängste haben, wie vor Kakerlaken, Vorurteilen, vor neuen Menschen – was auch immer.
2. Verstehen. Das Verständnis tritt am ehesten ein, wenn man die Ursachen ergründet. Spielen Sie den Psychoanalytiker, indem Sie in Alpha gehen und sich selbst nach dem Grund für Ihre Abneigung gegen dieses oder jenes fragen. Lassen Sie Ihre Gedanken wandern. Vielleicht bleiben Sie plötzlich bei einem Bild von Onkel Eddie hän-

gen, der Sie in Ihrer Kindheit einmal zu lange unter Wasser getaucht hat. Damals meinten Sie, ertrinken zu müssen, aber Onkel Eddie hatte nur versucht, Ihnen das Schwimmen beizubringen. Und seit dem Tag haben Sie Angst vor Wasser.

3. Mit dem Verstehen setzt die Umprogrammierung auch schon ein. Beim obengenannten Beispiel reagiert die rechte Gehirnhälfte auf Ihr neugewonnenes Verständnis, indem sie sagt: »Ach so! Ja, das haben wir falsch eingeordnet. ›Wasser‹ gehört nicht in das Überlebensprogramm, sondern in das Programm für neutrale Erinnerungen.« Danach programmieren Sie ein neues Verhalten Wasser gegenüber ein. Sie gehen in Alpha und geben sich neue, positive Instruktionen.

Hier sind ein paar Instruktionen, die Sie auf Ihre eigene irrationale Angst oder Phobie beziehen und dementsprechend umformulieren können.

Angst vor neuen Menschen: »Es macht Spaß, neue Leute kennenzulernen. Es bringt mir Anregungen. Ich bin vollkommen entspannt, wenn ich neuen Menschen begegne.«

Angst vorm Fahrstuhlfahren: »Ich weiß, daß ich im Fahrstuhl sicher bin. Ich bin vollkommen gelassen beim Fahrstuhlfahren.«

Angst vor Höhen: »Ich konzentriere mich auf die Festigkeit und Unverrückbarkeit des Untergrunds, auf dem ich stehe. Die Höhe erweitert meinen Horizont und gibt mir neue Perspektiven. Ich stehe ganz oben und fühle mich wohl dabei.«

Angst vor Insekten und Nagetieren: »Insekten und Nagetiere haben Angst vor mir! Ich habe nichts an ihnen zu fürchten.«

Angst vor Armut: »Ich bin von Menschen umgeben, die mich lieben. Ich werde immer mehr als genug zum Leben haben. Ich werde von unsichtbarer Führung geleitet und getragen.«

Wiederholen Sie die Affirmation dreimal auf der Alpha-Stufe, und danach einmal täglich, bis Sie die Angst überwunden haben.

Wenn Sie eine maßgeschneiderte Affirmation brauchen, beachten Sie folgende Regeln:

1. Die Instruktionen müssen positiv formuliert werden.
2. Stellen Sie eine Tatsache fest, die das Gegenteil des unerwünschten Zustands aussagt oder seinen Wert sonstwie negiert.
3. Drücken Sie die gelassene Zuversicht aus.

Untersuchen Sie die oben genannten Beispiele, um zu sehen, wie die drei Regeln angewandt wurden. Damit versetzen Sie sich in die Lage, eigene, präzise Affirmationen für Ihre Ängste und Phobien zu konstruieren, und sie aufzulösen. Auf, in ein neues, furchtloses Leben!

Mit Zwickmühlen umgehen lernen

Wenn Sie sich tief entspannen und sich dabei mentale Bilder realistisch vorstellen...

Wenn Sie die Silva Methode mit Selbstsicherheit beherrschen und wissen, daß Sie erfolgreich programmieren...

Wenn Sie anderen Menschen bei der Lösung ihrer Probleme helfen und freiwillig an den eigenen Problemen arbeiten...

Wenn Sie keine Haßgefühle oder Aggressivität mehr hegen und jedem Menschen alle ›Vergehen‹ verziehen haben...

Wenn Sie die Gegenwart Ihres Höheren Selbst spüren, und sei es auch nur verschwommen, und das Vorhandensein einer Höheren Intelligenz anerkennen...

Dann gibt es kein Problem auf der physischen Ebene, das Sie nicht lösen und kein Ziel, das Sie nicht erreichen können. So viele lebensbedrohliche Krankheiten werden erwiesenermaßen durch unerklärliche ›Wunder‹ geheilt. So viele ›Todfeinde‹ werden irgendwann zu besten Freunden. Immer wieder werden scheinbar unerreichbare Ziele auf überraschenden Wegen verwirklicht. Man kann nur immer wieder staunen, wieviel Intelligenz, Kraft und Liebe aus den verborgenen Quellen der anderen Seite zu uns hinfließt.

Und welche Techniken stehen Ihnen zur Verfügung, wenn Sie in einer sogenannten Zwickmühle sitzen? Hier ist eine kurze Übersicht:

Benutzen Sie die Drei-Finger-Technik in Situationen, die erhöhte Wachheit und Bewußtsein fordern. Programmieren Sie im voraus: »Wenn ich diese drei Finger aneinanderlege und über (das Problem, die Situation) nachdenke, gehe ich auf eine tiefere Bewußtseinsstufe und erreiche (positives Wunschziel).

Bei komplizierten Situationen, die nicht ohne weiteres visualisiert werden können, benutzen Sie die Wasserglas-Technik.

Wenn Sie nicht wissen, welche Technik die geeignete in einer Situation ist, und auch keine Lösung sehen, benutzen Sie Traumkontrolle.

Bei Beziehungsproblemen benutzen Sie subjektive Kommunikation.

In Notfällen gehen Sie einfach auf die Alpha-Stufe (keine weitere Technik) und wiederholen positive Affirmationen.

Jede dieser Techniken kann im Krisenfall rascher und unmittelbarer als sonst wirken, wenn Sie ›einen höheren Gang einlegen‹. Hier einige Hinweise zu jeder Technik:

Die Drei-Finger-Technik. Programmieren Sie sich im voraus und zur für Sie besten Zeit. Sie werden sich daran erinnern, wie der beste Zeitpunkt determiniert wird: Vor dem Einschlafen gehen Sie in Alpha und sagen innerlich: »Ich werde im richtigen Moment aufwachen, um mich zu programmieren.« Beim ersten Erwachen gehen Sie wieder in Alpha und programmieren die Drei-Finger-Technik auf das

Problem bezogen ein. Eine Art, die unmittelbare Wirksamkeit der Drei-Finger-Technik zu erhöhen, ist mit Hilfe des Atems. Im Krisenfall können Sie Ihr Bewußtsein mit dem Überbewußtsein verbinden, wenn Sie Ihre drei Finger aneinanderlegen, tief einatmen und den Atem ein paar Sekunden anhalten. Der eingehaltene Atem mobilisiert den Überlebenswillen des Gehirns und katapultiert Ihr Bewußtsein in erweiterte Bereiche.

Die Wasserglas-Technik. Träufeln Sie ein paar Tropfen Zitronensaft in das Wasser und halten Sie das Glas mit den gespreizten Fingerspitzen beider Hände. Die Fingerspitzen der einen Hand sollen die der anderen Hand berühren, während Sie die Pupillen leicht nach oben drehen und innerlich sagen: »Dies ist alles, was ich tun muß, um das Problem, das ich im Kopf habe, zu lösen.« Unterdessen trinken Sie die Hälfte des Wassers. Den Vorgang am Morgen wiederholen.

Traumkontrolle. Diese Technik funktioniert am besten, wenn man sich an alle nächtlichen Träume erinnert. Vielleicht lohnt es sich in Ihrem Fall, die Übungen für den 11. und 16. Abend zu wiederholen, damit Sie sich dahingehend programmieren können. Schreiben Sie bei jedem Aufwachen sämtliche Einzelheiten auf. Es kann sein, daß Sie bei der späteren Durchsicht Ihrer Träume über den Schlüssel zu Ihrem Problem stolpern – in irgendeinem scheinbar unwesentlichen Detail versteckt.

Subjektive Kommunikation. Bei ernsten zwischenmenschlichen Krisen ist subjektive Kommunikation im inneren Labor die beste Methode, weil Sie im Labor auf eine noch tiefere Alpha-Stufe gehen.

Umprogrammierung in Alpha. Hier sind ein paar Vorschläge, wie Sie Ihre gewöhnliche Programmierung in Alpha vertiefen können: Benutzen Sie einen längeren Countdown oder die Fortschreitende Entspannungsübung. Oder versetzen Sie sich an Ihren entspannten Lieblingsplatz, oder gehen Sie in Ihr inneres Labor. Sobald Sie eine Alpha-Stufe erreicht haben, die Ihnen tief genug erscheint, benutzen Sie die drei Bilder (siehe 8. Kapitel, ›Unerwünschtes Verhalten korrigieren‹), bei denen Sie im ersten Bild das Problem sehen und es dann ein Stück nach links schieben. Im zweiten Bild sehen Sie eine Verbesserung des Umstands, welche Sie wiederum ein Stück nach links schieben, und im dritten Bild die Lösung. Vergessen Sie nicht, eine ›auslösende Handlung‹ in das zweite Bild einzubauen (»Mit jedem Schritt, den ich gehe«, oder »Mit jedem Schluck, den ich trinke«, usw.).

Normalerweise genügt es selbst in Krisenfällen, wenn man mit inneren Bildern arbeitet. Aber starke Worte, in unmißverständliche Befehlsform gefaßt, sind ebenfalls Waffen, die manchmal durchschlagende Wirkung nach sich ziehen.

Beispiele für Affirmationen in Befehlsform:

»Ich erwarte und befehle (dieses oder jenes Ergebnis). Ich weiß, daß es nur noch vorwärtsgehen kann, ob ich den Fortschritt wahrnehme oder nicht. Ich bringe ein Höchstmaß an Erwartung und Zuversicht mit.«

»Ich habe den brennenden Wunsch, dieses Ziel zu erreichen (dieses Problem zu lösen). Ich schreite unaufhaltsam in diese Richtung. Mein guter Wille und mein Enthusiasmus verschaffen mir die Unterstützung aller anderen (Beteiligten).«

»Mit jedem Tag werde ich stärker und mutiger. Ich sehe die Dinge, wie sie sind. Ich weiß, daß ich dieses Ziel erreiche (dieses Problem löse). Ich bin zielstrebig, kreativ, und niemand kann mich aufhalten.«

Einen kreativen Riesensprung nach vorn machen

Im Verlauf eines meiner ersten Trainingskurse im Jahr 1967 in Texas wurde ich von einem der teilnehmenden Kunststudenten gefragt, ob Künstler ihre schöpferischen Talente mit Hilfe der Silva Methode fortentwickeln können. Um seine Frage zu beantworten, rief ich eine Malerin in der ersten Reihe nach vorne, und bat sie, sich in einen Stuhl vor die versammelte Klasse zu setzen. Dann bat ich sie, in Alpha zu gehen, um ein Experiment mit mir zu machen.

Nachdem sie in Alpha gegangen war, fragte ich nach ihrem Namen. Dann sagte ich: »Mrs. F., falls es einen Maler gibt, dessen Talent Sie gern hätten, welcher Maler oder welche Malerin wäre das?«

»Van Gogh«, war ihre Antwort.

»Haben Sie Van Goghs Biografie gelesen?«

»Ja.«

»Sie, als Malerin, müssen visuell veranlagt sein und eine lebhafte Phantasie haben. Können Sie sich mit Hilfe Ihrer Imagination ein Bild von Van Gogh machen und seine Person deutlich vor Augen sehen?«

»Ja, das kann ich«, sagte Mrs. F..

Ich erklärte ihr, daß sie zuerst den Kopf von Van Gogh in ihrer Imagination schaffen und dann langsam bis zu den Füßen weiterarbeiten sollte. Mrs. F. begann ihre Hände zu bewegen, als würde sie eine Skulptur in menschlicher Form modellieren. Die gesamte Klasse sah ihr zu, wie sie sich Van Gogh als Berater schuf.

Als sie fertig war, erklärte ich ihr, daß sie von nun an nur die drei Fingerspitzen einer Hand aneinanderlegen müsse, um auf eine tiefere Stufe ihres Bewußtseins zu gelangen, von wo aus sie sich leicht auf das Bild von Van Gogh konzentrieren könne. Danach sollte sie Van Gogh Fragen stellen, wenn sie selbst nicht weiterwußte, ohne jedesmal extra in Alpha zu gehen.

»Die Antworten, die Sie in diesem Zustand erhalten, sind von Van Gogh«, versicherte ich ihr.

Dann bat ich sie, aus Alpha herauszukommen und ein Bild zu malen. Sie zählte sich nach oben, öffnete die Augen und richtete ihre Staffelei vor der versammelten Klasse ein.

Sie begann zu malen. Hin und wieder legte sie ihre drei Finger aneinander, hielt inne, und malte dann weiter.

Ihr Bild zeigte eine Vase mit blühenden Blumen. Die Klasse war hocherstaunt, denn Mrs. F. war eine Anfängerin, die erst wenige Unterrichtsstunden an der Kunstschule genommen hatte.

Später wurde ihr Bild von einem der Lehrer begutachtet, der nichts von unserem Experiment wußte. Der Lehrer begann sofort, uns auf die Ähnlichkeit zu Van Goghs Malweise aufmerksam zu machen. Die meisten Kunststudenten lehnten die Methode ab, weil sie den Stil irgendwelcher anderen Künstler auf keinen Fall kopieren wollten.

Ich wies sie darauf hin, daß es am Anfang einer Kunstausbildung nicht verkehrt sein könne, die Werke großer Meister zu imitieren. »Mit anderen Worten«, sagte ich, »Sie fangen dort an, wo die großen Meister aufgehört haben.« Dann erinnerte ich sie an die Worte des Lehrers der Lehrer, Christus: »Wer an mich und meine Werke glaubt, wird gleiche Werke tun, und Größeres als ich wird er tun.«

Ich interpretierte diese Aussage so: »Wer (auf der Alpha-Stufe) an Van Gogh und seine Fähigkeiten glaubt, wird gleiche Fähigkeiten entwickeln und größere Werke als Van Gogh tun.«

»Mit anderen Worten«, sagte ich, »ihr müßt nicht auf der Stufe stehenbleiben, auf der die Großen irgendeiner Zunft stehengeblieben sind. Ihr könnt besser als die Besten werden und weit über sie hinausgehen.«

Seitdem ist diese Methode von unzähligen Künstlern und anderen kreativen Menschen benutzt worden, um vorhandene Talente zur höchsten Blüte zu treiben und Karriereprobleme zu überwinden.

Die kurze Zusammenfassung der Schritte:

1. In Alpha gehen und eine erfolgreiche Person auf dem gewählten Gebiet visualisieren.
2. Innerlich programmieren: »Wenn ich nicht weiterweiß, muß ich nur die drei Finger aneinanderlegen, mich auf

(den/die MeisterIn) konzentrieren und die Antworten von ihm/ihr empfangen.«
3. Aus Alpha herauskommen und weiterarbeiten.
4. Finger aneinanderlegen, wenn Sie nicht weiterwissen.

Das Gehirn und seine Kapazität, Probleme zu lösen

Derzeit wird das Gehirn von einer Reihe von internationalen Forschungsinstituten auf noch unbekannte Fähigkeiten hin untersucht. Aber wenn es darum geht, Denkvorgänge zu verstehen, dann ist es ebenso hilfreich, das physische Gehirn zu untersuchen, wie Rechtschreibung zu studieren, wenn man mehr über die Weltliteratur erfahren will. Denken und Erkennen ist ein Vorgang, der weit über die drei Pfund schwere Gehirnmasse unter der menschlichen Schädeldecke hinausgeht.

Näher kommen wir der Sache, wenn wir das Energiefeld untersuchen, welches das Gehirn und, in der Tat, den gesamten Körper umgibt. Dieses bioenergetische Feld ist intelligent und hat die Fähigkeit, Körperzellen, Organe und interne Systeme mit Informationen zu versorgen. Aber wie gesagt, das ist erst der Anfang unserer Forschungen.

Wenn wir von der Annahme ausgehen, daß das bioenergetische Feld wiederum von weiteren ›Hüllen‹ umgeben ist, allesamt intelligent, dann wird das menschliche Denken und Erkennen zum Forschungsgebiet ohne absehbare Grenzen.

Bereits in den vierziger Jahren dieses Jahrhunderts untersuchte Harald S. Burr – ein Nervenspezialist an der Yale University – die Energiefelder von lebenden Pflanzen und Tieren. Er fand heraus, daß junge Salamander von einem Energiefeld umgeben werden, dessen Form und Umrisse dem eines ausgewachsenen Salamanders entsprechen, und daß die Achse dieses Energiefelds selbst im Ei eines Salamanders festgestellt werden kann. Bei keimenden Pflanzen wurde das gleiche Phänomen beobachtet: das Energiefeld des Keimlings entsprach der Form der ausgewachsenen Pflanze.

Energie ist eine schöpferische Kraft und im gesamten Universum vorhanden. Das Gehirn besteht aus physischer Materie. Aber die Ursprungsform der Materie ist Energie, wie wir heute wissen. Demnach ist Energie das Verbindungsglied zwischen dem Gehirn und den Bereichen nichtphysischer Existenz.

Das Bewußtsein ist also erwiesenermaßen mehr als das Gehirn, mehr noch als Energie, und so müssen wir herausfinden, wie die weiteren ›Hüllen der Intelligenz‹ beschaffen sind, die das erste Energiefeld in sich einschließen. Wir müssen herausfinden, was die ›morphogenetischen Felder‹ von Rupert Sheldrake im einzelnen sind, und wir müssen mehr über das, was Dr. Peter Russell das ›globale Gehirn‹ nennt, erfahren.

Was die Kapazität des Gehirns betrifft, Probleme zu lösen, so müssen wir heute davon ausgehen, daß beide Gehirnhälften gleichermaßen daran beteiligt sind, und wenn es um Krisensituationen geht, dann wird die rechte Gehirnhälfte mit ihrem Zugang zu nicht-physischen Bereichen höherer Intelligenz sogar noch bedeutsamer für uns.

Alles, was uns darin unterstützt, den Kontakt zu Höherer Intelligenz zu festigen, muß in Betracht gezogen und experimentell untersucht werden. Und damit kommen wir auf das innere Labor und die damit einhergehenden Berater zurück. Im Labor sind wir ursprünglicher Schöpferkraft weitaus näher als sonst. Hindernisse beim Schaffensvorgang – und das ist es, was Krisen oder ernste Probleme sind – werden unter Beihilfe des Labors und der Berater sehr viel müheloser eliminiert, denn die Berater sind Personifizierungen unserer Verbindung zum Ursprung aller Schöpfung.

Dazu möchte ich noch sagen, daß das Labor eine spirituelle Sende- und Empfangsstation darstellt, und daß man diese ›Einrichtung‹ nicht mit Trivialitäten überlasten darf.

Man geht schließlich auch nicht zum Präsidenten eines Konzerns, um Büroklammern von ihm zu borgen. Ich denke, daß man sich damit einen schlechten Ruf erwirbt. Wer sein Labor dazu benutzt, die spirituelle ›Obrigkeit‹ mit Routinefragen zu belästigen, die leicht mit Hilfe anderer Techniken beantwortet werden können, schlägt irgendwann einmal zu oft Alarm.

Wir müssen zwischen Problemen und echten Lebensfragen oder Krisen unterscheiden, wenn wir Erfolg bei der Lösung in beiden Kategorien haben wollen.

Aufhören, schwer lösbare Probleme zu schaffen

Peter A. verlor einen Job nach dem anderen. Sein Lebenslauf war ellenlang und beeindruckend, denn Peter wußte, wie er seine Stellungswechsel präsentieren mußte, um wie ein Experte auf verschiedenen Gebieten zu wirken. Deshalb fiel es ihm leicht, immer neue Positionen zu ergattern. Aber eines Tages fand er eine Arbeit, die so interessant und vielversprechend war, daß er seine Stellung nicht so schnell wieder verlieren wollte.

Er mußte sein Problem konfrontieren, soviel war ihm klar, deshalb nahm er zu der Zeit an einem Silva-Trainingskurs teil. Daraufhin begann er, seine Stärken besser zu erkennen, aber auch seine Schwächen wurden nun in grelleres Licht getaucht. Er sah ein, daß er sich mit seinem aggressiven Verhalten viele Kollegen zu Feinden gemacht hatte.

Er versetzte sich in sein inneres Labor und fragte seine Berater: »Was soll ich gegen meine Aggressivität tun?« Er fing an, selbst darüber nachzudenken und sah ein kurzes inneres Bild, in dem er seinem längst verstorbenen Vater verzieh. »Soll das alles sein? Was soll ich sonst noch machen?« fragte er. Aber er erhielt keine Antwort.

Obwohl er den Mechanismus des Vergebens nicht vollends verstand, versetzte er sich an seinen entspannten Lieblingsplatz und ließ seinen Vater dort erscheinen. »Er sah genauso aus, wie ich ihn immer als Kind gesehen habe«, erinnerte Peter sich hinterher. »Ich habe ihm für alle Mißverständnisse zwischen uns vergeben und um seine Vergebung gebeten. Wir haben uns dann umarmt.«

Als Peter sich das nächste Mal in sein Labor versetzte, fragte er seine Berater, was er sonst noch tun könne. Jetzt kam eine Antwort: »Mache eine Liste deiner guten Charaktereigenschaften und programmiere noch mehr um.«

Diesmal verlor Peter keine Zeit mit Zweifeln. Je mehr Worte er in seine Liste eintrug – Worte wie ›pünktlich, ehrlich, ordentlich‹ – desto mehr gute Charaktereigenschaften fielen ihm ein. Bald war seine Liste so lang, daß er mit ihr in Alpha gehen konnte, um sich umzuprogrammieren und zu bestätigen: »Ich erkenne meine Charakterstärken immer besser. Je deutlicher ich diese guten Eigenschaften wahrnehme, desto stärker werden sie. Mit jedem Tag werde ich in jeder Hinsicht immer gewinnender in meinem Verhalten.«

Das letzte, was wir von Peter hörten, war, daß seine Vorgesetzten ihn zum Personalleiter gemacht hatten.

Negative Charaktereigenschaften sind die Saatkeime all jener Probleme, die allgemein als ›schwer oder kaum lösbar‹ bezeichnet werden. Es ist, als sei dieses Universum positiv gepolt, und um erfolgreich darin sein zu können, muß man die gleiche positive Haltung dem gesamten Leben gegenüber einnehmen.

Das Umprogrammieren unerwünschter Charaktereigenschaften:

1. Die negative Eigenschaft identifizieren.
2. In Alpha nach dem Grund dafür fragen und in Gedanken in die Vergangenheit wandern.
3. In Alpha affirmieren: »Ich lösche alle Gefühle von (der negativen Eigenschaft) aus.

   Sie sind das Ergebnis von (die Ursache), und haben keine Bedeutung mehr in meinem Leben.

   Statt dessen fühle ich (das Gegenteil).«

Beispiele für das Gegenteil sind unter anderem: Haß – Liebe, Frustration – Zufriedenheit, Minderwertigkeit – Selbstvertrauen, Mutlosigkeit – Enthusiasmus, Unsicherheit – Selbstsicherheit.

Wenn die Schwierigkeit mehr durch Verhaltensmuster als durch Charaktereigenschaften entsteht, kann die oben aufgeführte Umprogrammierung entsprechend neu formuliert werden.

Benutzen Sie folgende Affirmation, um einen positiven Wandel einzuleiten: »Ich bin bereit dieses (Verhaltensmuster) abzulegen. Ich muß mich nicht mehr so verhalten. Mein neues Verhalten eröffnet mir und allen meinen Gefährten neue, ausgesprochen positive Perspektiven.«

Ernste Gesundheitsprobleme behandeln

Was auch immer in diesem Buch über Heilverfahren und Heilung gesagt wird, ist kein Ersatz für professionelle Beratung. Die Silva-Absolventen benutzen ihre Alpha-Stufe lediglich dazu, die vom Spezialisten vorgeschriebene Behandlung innerlich zu unterstützen. Eine derartige Beteiligung des Patienten wird immer vom Arzt begrüßt. Es ist ja allgemein bekannt, daß eine enge Zusammenarbeit zwischen Arzt und Patient nicht nur das Stellen der korrekten Diagnose erleichtert, sondern auch die Wirksamkeit der verordneten Medikamente erhöht. Die von Ärzten verschriebenen Heilmethoden sind letzten Endes nur dann erfolgreich, wenn die Heilkraft des Patienten stimuliert und aktiv beteiligt werden kann.

Wer durch die Silva Methode in Kontakt mit ursprünglicher Schöpferkraft gekommen ist, heilt ungleich viel schneller als andere Patienten. Immer wieder müssen ungläubige Ärzte kopfschüttelnd zugeben, daß der Tumor irgendeines Silva-Absolventen auf unerklärliche Weise geschrumpft oder sogar völlig verschwunden ist; daß alle Anzeichen dieser oder jener Krankheit verschwunden sind und die vorgesehene Operation gestrichen werden kann.

Leider kann man das genaue Erfolgsrezept keinem Arzt oder Apotheker in die Hand drücken, denn die Visualisationen und mentalen Übungen, die bei einer Person Wunder wirken, erweisen sich beim nächsten Patienten als wirkungslos. Das einzig Gemeinsame an allen medizinischen Wundern ist die Tatsache, daß der Patient gelernt hat, sich seliger Entspannung hinzugeben, und in diesem Zustand eine positive Korrektur seines Körpers zu visualisieren.

Oft wird die positive Korrektur oder Genesung durch bewußtseinserweiternde Techniken schlichtweg von den Fachleuten geleugnet. Es ist einfacher, eine ›unerklärliche‹ Heilung auf vorherige Fehldiagnosen oder früher eingenommene Medikamente zurückzuführen und den Kollegen nichts von dem plötzlichen Verschwinden der Symptome zu erzählen.

Viele derartige Fälle werden im Silva-*Newsletter* publiziert. Wer an Heilerfolgen mit Hilfe der Silva Methode interessiert ist, kann das im H. J. Kramer Verlag erschienene Buch *You The Healer* lesen.

Selbstheilung und die Heilung anderer

Bei ernsten Krankheiten können Sie folgende Methode anwenden, um den Heilprozeß zu beschleunigen:

1. In Alpha ins Labor gehen, die Berater begrüßen und ein Willkommensgebet sprechen.
2. Sich selbst oder die Zielperson auf den Bildschirm projizieren, und das Bewußtsein auf den Problembereich lenken.
3. Das Problem geistig korrigieren – dunkle Flächen ausradieren, Nierensteine zerquetschen, Geschwulste schrumpfen lassen, Wunden zunähen, das Immunsystem restaurieren, und so weiter.

4. Die Krankheit als kuriert und die Person als kerngesund sehen.
5. Den Beratern danken, ein Abschiedsgebet sprechen, und sich nach oben zählen.

Hier ist eine persönliche Beschreibung der Methode von einem Silva-Absolventen, der an einem Rückenleiden litt.

Ich bin zum Chiropraktiker gegangen, weil ich zwei Jahre lang alles andere versucht hatte, aber ohne Erfolg.

Andere Ärzte hatten mir entweder strikte Bettruhe verordnet, oder mich auf Drogen gesetzt, aber davon wurde mein Leiden nicht besser. Ich hatte Schmerzen in der rechten Hüfte, der rechten Schulter, Kopfschmerzen, Nackenschmerzen und konnte nachts nicht schlafen.

Der Chiropraktiker stellte im August fest, daß die unteren Rückenwirbel zusammengepreßt waren und zunehmenden Druck auf die Nerven ausübten, was meine Wirbelsäule immer mehr verbog und die Schmerzen in meiner Hüfte verursachte.

Nachdem er mich zwei Monate lang behandelt hatte, riet mein Chiropraktiker mir, das Silva-Mind-Control-Programm zu besuchen. Er selbst hatte vor ein paar Jahren daran teilgenommen und meinte, es könnte auch mir helfen.

Mein Gott, wie recht er hatte! Unser Silva-Lehrer zeigte uns mehrere Methoden, mit denen man einen gesunden Rücken visualisiert. Ich ging auf die Alpha-Stufe und fing an, mich dreimal am Tag zu programmieren.

Im November machte ich den Silva-Trainingskurs. Im Januar machte mein Chiropraktiker erneute Röntgenaufnahmen von meiner Wirbelsäule. Und was glauben Sie, was passiert war? Die gequetschten Wirbel waren geöffnet und genauso beschaffen, wie sie bei gesunden Menschen beschaffen sind!

Jetzt schlafe ich nachts und meine Kopfschmerzen sind ebenfalls weniger geworden.

Ein Brief des Chiropraktikers bestätigte weitere Einzelheiten im Zusammenhang mit diesem Bericht. Wodurch wurde die Heilung ausgelöst? Was geschieht, wenn das Bewußtsein sich eine Heilung bildlich vorstellt? Antwort: Die andere Seite schickt Hilfe.

Dr. Richard Gerber glaubt, daß Energiezentren vom Bewußtsein aus gesteuert und daher auch durch das Bewußtsein von Blockierungen befreit werden können, die die Ursache psychoenergetischer und demzufolge körperlicher Anomalien sind. Gerber sagt: »Wenn das Bewußtsein des Patienten in die Therapie eingebracht werden kann, wie durch Visualisationstechniken, die die physische Behandlung unterstützen, ist das Ergebnis in jedem Fall positiver als ohne derartige Beihilfe von seiten des Patienten.«

Immer mehr Ärzte beginnen derzeit, ihre Patienten ›ganzheitlich‹ zu behandeln, was heißt, daß der Mensch nicht nur als Körpersack betrachtet wird, sondern als ein ungeheuer komplexeres Wesen, das aus körperlichen, emotionalen, mentalen und spirituellen Energien zugleich besteht.

Eine Blockierung der Energie kann, laut Gerber, »den Zustrom spiritueller Energien beeinträchtigen und das höhere Bewußtsein des Individuums daran hindern, in sein gewöhnliches Tagesbewußtsein vorzudringen«.

Wenn wir uns in das innere Labor versetzen, um Krankheiten zu heilen, wird der Energiekörper geheilt, und zwar mit Hilfe des Höheren Bewußtseins, das auf der spirituellen Ebene Korrekturen vornimmt. Da spirituelle Kraft mit ursächlicher Schöpferkraft arbeitet, bewirkt sie automatische Veränderungen auf der Ebene des Geschaffenen – also im physischen Körper. Wie oben, so auch unten.

Die Silva Methode, um gesund zu bleiben

Mit der Silva Methode soll nicht erst gearbeitet werden, wenn bereits irgendwelche Probleme entstanden sind. Kluge Absolventen gehen jeden Tag in Alpha, um sich mit Schöpferkraft zu verbinden und ihrer Führung zu folgen – was bedeutet, daß man tut, was natürlich und richtig für die eigene Person ist.

Abgebrochener Kontakt zum eigenen schöpferischen Ursprung führt zu unnatürlichem Verhalten – zu lange sitzen, zuviel essen, sich Streß aussetzen und so weiter.

In Kontakt sein bedeutet, sich zu den richtigen Nahrungsmitteln in der richtigen Menge hingezogen fühlen und ein körperlich aktiveres, streßfreies Leben zu führen.

Beim ersten Anzeichen einer körperlichen Störung raten wir Ihnen, dreimal täglich jeweils 15 Minuten lang in Alpha zu gehen.

Ein Teil dieser Zeit wird darauf verwendet, die Störung vom inneren Labor aus zu korrigieren. Der Rest der Zeit wird mit angenehmen Vorstellungen verbracht.

Die andere Seite unterstützt uns in keiner Weise bei der Erzeugung von gravierenden Problemen, also haben wir diese Manifestationen uns selbst zu verdanken, denn im negativen Denken sind wir tatsächlich alle ausgebildete Spezialisten. Das Vorstellungsvermögen ist eine wundersame Einrichtung, mit der wir erst umgehen lernen müssen. Mit Vorstellungsvermögen haben wir unsere Welt geschaffen. Je lebhafter die Phantasie, desto größer ist unsere Fähigkeit, schöne und nützliche Dinge zu schaffen – und desto größer unser Talent, ernste Probleme zu erzeugen.

Um das Vorstellungsvermögen daran zu hindern, destruktiv zu werden, müssen wir es unter Kontrolle bringen, sonst wird es zur Bedrohung für unseren Körper, denn die naturgegebene Verbindung zwischen Körper und Geist kann sich sowohl positiv als auch negativ auswirken.

Auf der Alpha-Stufe haben Sie Kontrolle über Ihr Vorstellungsvermögen. Sie können es benutzen, um Ängste, Schuldgefühle, Streß und andere Problemerzeuger zu eliminieren. Sie müssen in keiner Situation und in keinem Zustand ausharren, der Ihnen nicht gefällt. Sie selbst können wenigstens Ihren Teil der Welt zum Paradies machen.

12

Die fortlaufende Partnerschaft mit der anderen Seite

So wie ich es sehe, repräsentiert die Verheißung der Wiederkunft Christi eine Erweckung und Neugeburt, die in jedem von uns stattfinden muß, denn es ist das, was man eine spirituelle Erweckung und Rückerinnerung nennt. Es ist angemessen, diese Neugeburt in der dunkelsten Zeit des Jahres zu feiern, wenn die Tage am kürzesten sind und die Zukunft wärmere und lichtere Zeiten verspricht. Aber die Symbole sind nebensächlich, solange die Menschen erkennen, daß es eine spirituelle Dimension gibt, in der alles möglich ist, und solange sie lernen, diese Dimension zu betreten.

Tragen Religionen und Glaubenssysteme zur Vereinigung der Menschen oder eher zu ihrer Entzweiung bei? Täglich sehen wir, daß Kriege geführt und Völker vernichtet werden, weil zwei Parteien unvereinbare Vorstellungen vom Leben im Jenseits haben! Unsere Philosophien, Religionen und Ideologien haben weder Kriege noch Leid auf diesem Planeten verhindert; im Gegenteil, die meisten Kriege sind auf unterschiedliche Glaubenssysteme zurückzuführen.

Unterdessen haben die großen Weltlehrer versucht, ihren Anhängern Mittel und Wege zu zeigen, die aus eben diesem Leid und der Zerstörungswut herausführen. Buddha lehrte Loslösung von der Verstrickung im Ego mit seinen Aggressionen; Lao Tse lehrte, daß wir uns den Kräften des Universums hingeben sollen, um in Harmonie mit ihnen zu leben; am Anfang seiner Mission brachte Mohammed Frieden und reformierte sein Volk, erst später wurde Gewalt gepredigt.

Jeder Lehrer vermittelte der Menschheit etwas Einzigartiges in Form und Inhalt. Die meisten, mit Moses angefangen, verkündeten Gesetze, deren Inhalt sie selbst als lebendes Beispiel verkörperten. Aber nur wenigen Anhängern gelang es, den Meistern wahrhaft zu folgen, und die Menschheit litt weiter.

Das Einzigartige an Christus ist meiner Meinung nach folgendes: Er wurde ausgesandt, um festzustellen, warum die Gesetze und Praktiken der Lehrer vor ihm so wenig Erfolg gehabt hatten. Christus kam sozusagen als Problemlöser, als ein ›Troubleshooter‹ auf die Erde. Und er identifizierte das Problem: Die Menschen gingen den Weg des geringsten Widerstands. Sie hatten sich so sehr dem Irdischen zugewandt, daß sie die spirituelle Dimension ihres Seins darüber völlig vergessen hatten. In moderne Begriffe gekleidet: sie benutzten die linke Gehirnhälfte auf Kosten der rechten. Daraufhin zeigte Christus ihnen den Weg, auf dem beide Gehirnhälften wieder in ein Gleichgewicht gebracht werden. Christus sprach von Licht, Liebe und Frieden. Sie, als Fortgeschrittener, wissen, was damit gemeint ist, denn Sie versetzen sich täglich in Alpha und werden selbst immer lichter, liebevoller und friedvoller. Sie wissen, welches Licht und welche Art von Liebe gemeint sind.

Ist es nicht endlich Zeit, unser spirituelles Erbe anzutreten, das uns von so vielen großen Weltlehrern verheißen wurde? Wir können Frieden für jedes Krisengebiet auf dieser Erde einprogrammieren und uns alle verbinden, in einer Partnerschaft des Friedens, der Liebe und des Lichts.

Liebe und Licht

Christus sagte: »Vater, vergib ihnen, denn sie wissen nicht, was sie tun.«

Laut Christus muß alles Unrecht vergeben werden und alle Bitte um Vergebung erhört. Sie haben diese Methode inzwischen selbst auf der Alpha-Stufe praktiziert. Erst, nachdem eine Situation durch gegenseitige Vergebung ›entspannt‹ worden ist, kann die negative Energie transformiert und wieder schöpferisch werden.

Sie haben persönlichen Zugang zu spirituellen Kräften, die unmittelbar auf alle untergeordneten Dimensionen einwirken und sie verändern. Eine dieser Kräfte ist Licht. Die andere ist Liebe.

Das Licht ist kein irdisches Licht, wie bei einer Taschenlampe. Es ist das Licht des Bewußtseins, der geistigen Erkenntnis. Sie müssen nicht in Alpha gehen, um diese Art von Licht wahrnehmen zu können. Sie müssen sich nur vorstellen, daß Sie von einem strahlend weißen Lichtkreis umgeben sind. Dadurch produzieren Sie automatisch mehr Alphawellen als sonst. Weißes Licht wirkt wie eine Schutzhülle. In der Gegenwart einer problematischen Energie oder eines unbewußten Menschen, schließen Sie auch diese in Ihren weißen Lichtkreis ein. Liebe und Licht gehen Hand in Hand. Sie können kein weißes Licht projizieren, während Sie von Angst oder Haß motiviert sind. Das Licht des Bewußtseins projiziert gleichzeitig auch immer Liebe.

P. J. ging mit einem zutiefst verstörten jungen Mann spazieren. Sie unterhielt sich mit ihm, als er plötzlich aggressiv wurde. Er machte eine Bewegung, als wollte er sie angreifen. Sofort umgab sie den Mann mit einem projizierten Lichtkreis der Liebe. Er zögerte, wandte sich ab, und der Spaziergang wurde ohne weitere Vorkommnisse beendet.

Das Ausstrahlen von Bewußtseinslicht und Bewußtseinsliebe sollte praktiziert und zum Lebensstil gemacht werden, wenn man mich fragt. Ich kombiniere die Projektion von Licht und Liebe mit dem Intonieren eines Mantras, dem universellen Klanglaut *Om.* Auf diese Weise beende ich auch die meisten meiner Seminare für Fortgeschrittene.

Om wird eher wie ›Aum‹ ausgesprochen, mit einem langgezogenen ooouu in der Mitte und einem verlängerten, vibrierenden mmm am Ende. Om wird das universelle Mantra genannt, nicht nur weil es weltweit benutzt wird, sondern auch, weil angenommen wird, daß die menschlichen Stimmbänder bei der Intonierung dieses Lauts dem Klanggebilde des Universums am nächsten kommen.

Wenn die Umdrehungen der Galaxen im Weltraum gehört werden könnten, wenn Planeten in ihrer kreisenden Bahn einen Ton von sich gäben, wenn die Moleküle vibrierender Materie singen könnten, dann würde es in unseren Ohren wie ›o-o-o-m-m-m‹ klingen. Und in der Tat vibriert alles im Gleichklang mit diesem Mantra. Intonieren Sie dieses Mantra, während Sie die geöffneten Handflächen eines anderen Menschen berühren. Der andere fühlt das Kitzeln der Schwingungen in seinen Händen.

Ich liebe es, wenn Leute singen. Mein Bruder machte eine Gesangsausbildung, und als er das Interesse verlor, trug ich mich für den Rest seiner Stunden ein. Ich genoß die Ausbildung.

Später nahm ich Gesangsunterricht bei einem Maestro in Mexiko City und sang Opernarien, wie die in Aida, Tosca und La Bohème. Man bot mir eine Fortbildung in Italien an, aber ich sagte ab. Was mir blieb, war die ausgebildete Stimme, mit der ich, wenn es sein mußte, acht Stunden am Tag für zehn Tage hintereinander Vorträge über die Silva Methode halten konnte.

Und Sie sollten einmal mein *Om* hören…

Ein ›Glückspilz‹ für den Rest Ihres Lebens

Während der ersten Jahre unserer Studien, aus denen die spätere Silva Methode hervorging, waren die unterschiedlichen Funktionen der linken und rechten Gehirnhälfte noch nicht von der Wissenschaft entdeckt worden, deshalb beschränkten wir unsere Forschungen auf die Verbindung zwischen Verstand und Höherer Intelligenz und untersuchten die Charakteristika der Gehirnfrequenzen. Wir fanden heraus, daß 10 Zyklen pro Sekunde – im Mittelpunkt des Spektrums menschlicher Gehirnfrequenzen – die stabilste und potenteste der vorhandenen Frequenzen war. Aber wir brauchten weitere Beweise, um unsere Theorie zu bestätigen, daß der Mensch von diesem Bereich aus den Kontakt zu Gott oder Höherer Intelligenz bewußt und ohne Mühe herstellen kann.

Wir gingen von der Annahme aus, daß wir in jeder Phase mit Erfolgen belohnt werden würden, solange wir auf dem richtigen Weg waren. Und wir wurden auch permanent belohnt. Es fing damit an, daß wir ein gutes Gefühl hatten, ähnlich wie das Gefühl, das man nach einer erfolgreich abgeschlossenen Arbeit hat.

Wir fuhren fort, richtige Geschäftsentscheidungen zu treffen und unsere Untersuchungen in die richtige Richtung zu lenken, was das Gefühl der Befriedigung allmählich in ein ausgesprochenes Glücksgefühl verwandelte. Das Glücksgefühl entsprang der tief innerlichen Überzeugung, daß die andere Seite tatsächlich auf unserer Seite war und uns unterstützte.

Wenn Sie im Geschäftsleben häufiger die richtigen Vermutungen anstellen als die falschen und daher die korrekten Entscheidungen treffen, werden Sie von anderen als ›Glückspilz‹ bezeichnet. Aber was meinen wir in Wahrheit damit? Ich glaube, daß ein Glückspilz jemand ist, der ›von oben‹ inspiriert wird, der seine prophetische Gabe benutzt und Gottesbewußtsein entwickelt hat. Das Gottesbewußtsein wird über die rechte Gehirnhälfte kontaktiert, was wir damals, vor 39 Jahren, so nicht ausdrücken konnten. Aber heute erkennen wir die rechte Hemisphäre als das Verbindungsglied zwischen uns und der Welt, aus der wir kommen – der Welt des reinen Geistes, *Spiritus*.

Die spirituelle Dimension benutzt uns, um die begonnene Schöpfung fortzusetzen und zu vollenden. Jeder Glückspilz, der fortlaufend Probleme löst und seine materiellen Profite wieder neuen Schöpfungen zuführt, die die Menschheit bereichern, ist *in tune* und wird für den Rest seines so verbrachten Lebens ein Glückspilz bleiben.

Nie hören Sie auf, der anderen Seite alle Arten von Hindernissen aus dem Weg zu räumen, die konstruktive Schritte vereiteln oder der Menschheit Leid zufügen, und die andere Seite hört nie auf, Sie immer glücklicher und erfolgreicher zu machen.

Drei Schritte zum Glück

Jesus sagte: »Suchet erst das Königreich Gottes, und alles andere wird euch gegeben werden.«

Das Königreich, von dem der Prophet sprach, war nicht das Reich, in das wir nach dem Tode eingehen, sondern ein Reich, das hier auf Erden existiert – in unserem Inneren. Wer das innere Königreich der Höheren Intelligenz, des spirituellen Bewußtseins, in sich selbst betritt, erfährt am eigenen Leib, daß ihm auch alles Irdische automatisch gegeben wird.

Auf die Silva Methode übertragen, geschieht dies in drei, Ihnen inzwischen wohlbekannten Schritten:

1. Augen schließen, und Körper und Geist entspannen.
2. Das Problem identifizieren. Es ein Stück nach links schieben, das korrigierende Element einfügen und funktionieren sehen.
3. Auch dieses Bild ein Stück nach links rücken, und die Lösung mit all ihren Auswirkungen sehen.

Lassen Sie mich ein Bild der Vollendung entwerfen:

Jeder Mensch auf diesem Planeten hat sein Vorstellungsvermögen und seine Fähigkeit, bildlich zu visualisieren, seit über zweitausend Jahren entwickelt und nunmehr bis zur höchsten Blüte getrieben. Die spirituelle Wahrnehmung der Menschen ist so akut, daß alle Völker aller Nationen, alle Nachbarn, alle Familien und Individuen gar nicht anders können, als sich selbst im anderen zu erkennen. Alle arbeiten gemeinsam an der Lösung jedes auftauchenden Problems.

Mit dieser Art von Zusammenarbeit werden Angst, Streß und internationale Spannungen vollkommen eliminiert. Angst, Streß und Spannungen sind die Ursachen der allmählichen Zerrüttung des menschlichen Körpers.

Damit befindet sich jeder Mensch in einem Zustand vollkommener Gesundheit, was bedeutet, daß man länger lebt und aktiv mitschöpferisch an der Verwandlung dieser Erde in ein Paradies mitwirken kann.

Jeder Mensch, der Imagination und Visualisation als Fähigkeit entwickelt und gelernt hat, im Zentrum des Spektrums der Gehirnfrequenzen zu funktionieren, wo das normale Tagesbewußtsein die unsichtbare Welt des Geistes kontaktiert, wird zum Humanisten, zum Philanthropen, zum Hellseher und Propheten. Dieser Mensch könnten Sie sein.

Wie Sie Ihre Lebensaufgabe erkennen

Das rechte Gehirn empfängt die Lösungen, mit deren Hilfe Anomalien auf diesem Planeten korrigiert werden, aber das linke Gehirn muß die Inspirationen der rechten Hälfte in die Tat umsetzen. Wer die Inspiration empfängt, und nicht danach handelt, weigert sich, seine Lebensaufgabe zu erfüllen. Wer in der materiellen Welt ohne Inspiration handelt, wird ebenfalls kaum fähig sein, seine Lebensaufgabe zu erfüllen.

Sie, als Fortgeschrittener, wissen, daß Sie hier sind, um als Mitschöpfer tätig zu werden. Sie haben Zugang zu kreativen Lösungen. Aber wie sollen Sie dieses Wissen in Taten umsetzen?

Drücken Sie Ihre Inspirationen aus, indem Sie Bilder malen, Prosa oder Gedichte schreiben, Skulpturen meißeln? Implementieren Sie Ihr inneres Wissen am Arbeitsplatz, im Familienleben oder in der Öffentlichkeit?

Die Höhere Intelligenz kennt die für Sie maßgeschneiderte Ausdrucksform. Wenn Sie herausfinden wollen, was Höhere Intelligenz schon längst über Sie und Ihre spezielle Lebensaufgabe weiß, machen Sie folgende Übung:

1. Nachts vor dem Einschlafen in Alpha gehen und sich programmieren, im richtigen Moment aufzuwachen, um mehr über die Lebensaufgabe herauszufinden. In Alpha einschlafen.
2. Beim ersten Erwachen erneut in Alpha gehen und von 10 bis 1 zurückzählen, bis Sie sich im inneren Labor befinden. Die Berater begrüßen, und ein Willkommensgebet sprechen.
3. Die Berater fragen: »Was ist meine Aufgabe hier auf Erden?« Fangen Sie an, darüber nachzudenken, was Sie vielleicht bisher zu tun versäumt haben. Was Ihnen dazu einfällt, wird Ihnen von den Beratern eingegeben, die Ihre Kontakte zu Höherer Intelligenz verkörpern.
4. Danken Sie Ihren Beratern, sprechen Sie ein Abschiedsgebet und zählen Sie von 1 bis 10, um in Alpha wieder einzuschlafen.

Die Schöpfung vollenden

Zur Zeit arbeitet die ›Silva Mind Control International, Inc.‹ mit mehr als 350 Lehrern in 73 Ländern, und in 22 Jahren des Trainings wurden mehr als 8 Millionen Menschen im zentrierten Denken ausgebildet. Um den Rest der Menschheit zu unterweisen, brauchen wir Tausende von Lehrern und weit mehr Zeit, als wir haben.

Deshalb bitte ich Sie hiermit, zu tun, was im Bereich Ihrer Möglichkeiten liegt, um das Gelernte an andere weiterzuvermitteln und die Mitmenschen auf Ihren Zugang zu höheren Wissensquellen aufmerksam zu machen.

Wer im Erziehungswesen tätig ist, kann Lehrer auf die Vorzüge des entspannten Tagträumens und der Visualisation, wie Kinder es von Natur aus tun, hinweisen. Eltern sollten mit den Übungen arbeiten, um Familienmitglieder im zentrierten Denken mit beiden Gehirnhälften auszubilden. Wenn unser Planet überleben soll, ist dies eins der dringendsten Anliegen überhaupt. Wir brauchen jeden einzelnen, um unsere Welt gemeinsam in das mitschöpferische einundzwanzigste Jahrhundert zu führen.

In Kontrolle sein

Der Geist ist der Materie immer einen Schritt voraus. Zuerst entsteht ein Gedanke, dann entsteht die Materialisation dieses Gedankens. Wer sich Tagträumen hingibt, wie wir alle es bewußt oder unbewußt tun, materialisiert unwissentlich die Gedanken, die ihm dabei vermittels der rechten Gehirnhälfte in den Sinn kommen. Aber Sie haben die Kontrolle über Ihre Tagträume erlangt, wenn Sie in Alpha gehen, Ihre rechte Gehirnhälfte aktivieren und sie in Kontakt mit Ihrem Wachbewußtsein bringen.

Damit kontrollieren Sie Ihr Leben von der anderen Seite aus, was bedeutet, daß Sie über das unbewußt geschaffene Leiden, die Krankheiten und Probleme der Materialisationen Ihres Vorstellungsvermögens hinausgehen. Was wir als menschliche Intelligenz bezeichnen, ist nämlich in Wahrheit eins mit übermenschlicher oder genialer Intelligenz. Es sieht aus, als würde diese Intelligenz im Diesseits existieren, aber sie geht auch immer in die jenseitigen Bereiche über. Diese Intelligenz ist das, was religiöse Menschen als Seele oder Geist bezeichnen. Sie ist das, was die Psychologen die Psyche nennen. Sie ist das, was die Metaphysiker als Bewußtsein bezeichnen.

Wer in Alpha nachdenkt, aktiviert Schaffenskräfte. Wer den in Alpha empfangenen Gedanken entsprechend handelt, manifestiert Schaffenskräfte.

Wer seine Gedanken unter Mitwirkung beider Gehirnhälften von der Alpha-Stufe aus wahrnehmen kann, hat bewußte Kontrolle über sein Leben erlangt und kann Ereignisse mit vollem Bewußtsein hervorrufen. Damit ist man in der Lage, selbst tote Materie mitschöpferisch zu programmieren und zu verändern.

Elise M. benutzte die Wasserglas-Technik, um einen Lebensgefährten zu finden. Bald darauf war sie glücklich verheiratet.

Sie können Pflanzen programmieren.

Pat M. ermunterte ihre Sprößlinge mit liebevollen Worten, schneller zu wachsen, und züchtete dreimal so große Pflanzen wie eine Kontrollgruppe.

Sie können Tiere programmieren.

Alvin S. führte telepathische Gespräche mit den Ameisen, die seine Küche überrannt hatten. Die Ameisen zogen unmittelbar darauf woanders hin.

Sie können andere Menschen programmieren.

Jean W. benutzte subjektive Kommunikation, um ihren fortgelaufenen Sohn zu bewegen, zu Hause anzurufen und zu seiner Familie zurückzukehren. Sie können größere Werke als diese mit Ihren Alpha-Gedanken vollbringen. Sie können Ihr Leben in Kontrolle haben.

Wirkungsvolles Beten

Betrachten Sie den Mann auf der Parkbank, der traurig vor sich hinstarrt und seine Lippen in einem Murmeln bewegt. Er ist arbeitslos, hungrig, verzweifelt und betet.

Helfen solche Gebete? Vielleicht. Aber seine Verzweiflung entspringt der Entzweiung, und wenn man sich von der Einheit getrennt hat, ist man dem Ziel des eigenen Gebets allzu fern; man ist ent-zweit, ver-zwei-felt.

Und wie steht es mit dem Mann, der sich entspannt mit geschlossenen Augen einem Gebet für den Frieden hingibt?

Helfen solche Gebete? Darüber kann es keinen Zweifel geben. Die Antwort ist Ja.

Kein Satz in diesem Buch spricht sich gegen irgendeine Art des Betens aus. Im Gegenteil, dieses Buch ist ein Aufruf, das ganze Leben in einem unausgesetzten Gebet zu verbringen.

Unausgesetztes Beten ist Denken in Alpha, bei der beide Hemisphären des Gehirns aktiv sind.

Wenn Sie das 20tägige Training in diesem Buch absolviert oder das 4-Tage-Training mit einem Silva-Lehrer gemacht haben, sind Sie zentriert und bereit, ein neues, kontrolliertes Leben zu beginnen.

Beginnen Sie sofort damit.

Manche Leute wollen erst warten, bis sie ›perfekt‹ sind, bevor sie ihre Mission erfüllen. Das beruht auf einem Mißverständnis. Wer perfekt und vollendet ist, befindet sich nicht hier in diesem Klassenzimmer, das ›Erde‹ heißt. Dieser Planet ist unser Übungsplatz. Lernen Sie, soviel Sie können, während Sie noch hier sind. Lernen Sie, zu lieben und Ihre Liebe den Mitmenschen gegenüber auszudrücken. Das ist eine der wichtigsten Lektionen hier.

Wir können uns aussuchen, ob wir unsere Beziehungen dazu benutzen, mit anderen zu kämpfen oder mit ihnen zu kooperieren. Wer am Wettrennen teilnimmt, in Form von Kämpfen aller Art, auf allen Ebenen, sorgt für mehr Zerstörung. Wer kooperiert, sorgt für mehr Frieden.

Beten Sie für den Frieden. Programmieren Sie Frieden ein. Leben Sie Frieden.

Handeln ist Erfolg haben

So viele Menschen ziehen sich frustriert vom Leben zurück, weil sie sich vor dem Versagen fürchten. Sie handeln nicht, und werden deshalb auch nie herausfinden, daß sie erfolgreich gewesen sein könnten.

Was Sie durch die Silva-Übungen gelernt haben, hat wenig Bedeutung, wenn Sie das Gelernte nicht in Taten umsetzen. Woher sollen Sie wissen, ob Ihre Entscheidungen richtig gewesen wären, wenn Sie die Resultate Ihrer Entscheidung nicht kennenlernen und überprüfen können?

Wer lernt, macht notwendigerweise auch ›Fehler‹. Aber was jetzt noch wie ein Fehler aussieht, mag von höherer Warte aus betrachtet lediglich eine Lektion sein, durch die man auf den richtigen Weg gebracht und in die richtige Richtung umgedreht wird.

Wir wissen, daß wir nicht passiv bleiben können und gleichzeitig mitschöpferisch tätig. Schöpferische Macht wurde uns mitgegeben. Wir sind hier, um immer neue Einfälle zu verwirklichen – unseren Ideen physische Gestalt zu verleihen.

In Alpha sind wir fähig, vorwärts und rückwärts in der Zeit zu reisen. Das nennt man das Bewußtsein der Ewigkeit. Wir sind fähig, unsere Intelligenz in die grenzenlose Ewigkeit zu projizieren. Wir können Dinge erkennen, die normalerweise verborgen bleiben – wir sind allwissend. Wir können unerwünschte oder unnatürliche Zustände ändern – wir sind allmächtig.

Ewig, grenzenlos, allwissend und allmächtig. Ja, wir gleichen unserem Schöpfer. Wir sind göttlich.

Demonstrieren Sie Ihr göttliches Bewußtsein. Folgen Sie der inneren Führung. Entscheiden und handeln Sie.

Sie werden von unsichtbaren Helfern unterstützt.

Das Diesseits und das Jenseits sind auf der gleichen Seite. Ihrer.